U0452800

本书为国家民委民族研究后期资助项目"畲族传统文化的现代运用研究"(批准号:2019-GMH-020)结项成果

畲族传统文化
当代转化与
运用研究

林毅红 著

中国社会科学出版社

图书在版编目(CIP)数据

畲族传统文化当代转化与运用研究/林毅红著.—北京：中国社会科学出版社，2024.7
ISBN 978-7-5227-3364-7

Ⅰ.①畲… Ⅱ.①林… Ⅲ.①畲族—民族文化—研究—中国 Ⅳ.①K288.3

中国国家版本馆 CIP 数据核字(2024)第 065549 号

出 版 人	赵剑英
责任编辑	鲍有情 彭 丽
责任校对	胡新芳
责任印制	王 超

出　　版	中国社会科学出版社
社　　址	北京鼓楼西大街甲 158 号
邮　　编	100720
网　　址	http://www.csspw.cn
发 行 部	010-84083685
门 市 部	010-84029450
经　　销	新华书店及其他书店
印　　刷	北京明恒达印务有限公司
装　　订	廊坊市广阳区广增装订厂
版　　次	2024 年 7 月第 1 版
印　　次	2024 年 7 月第 1 次印刷
开　　本	710×1000　1/16
印　　张	14.5
字　　数	209 千字
定　　价	78.00 元

凡购买中国社会科学出版社图书，如有质量问题请与本社营销中心联系调换
电话：010-84083683
版权所有　侵权必究

前 言

文化是民族的血脉，是人民的精神家园，文化自信是更基本、更深层、更持久的力量。中华文化源远流长、灿烂辉煌，在5000多年文明发展中孕育了各民族优秀传统文化，是中华民族生生不息、发展壮大的丰厚滋养，蕴含着独一无二的理念、智慧、气度、神韵，是涵养中国特色社会主义核心价值观和文化大发展大繁荣的沃土，更增添了中国人民和中华民族内心深处的自信和自豪。

畲族是中华民族大家庭中的一员，主要分布在中国东南沿海的闽、浙、赣、粤等省份的广大山区。在长期的历史发展过程中，畲族和汉族以及周边各民族交错杂居，形成了你中有我、我中有你、互相不可分离的经济、文化、情感共同体格局。由于长期和汉族密切交往交流交融，畲族文化和汉族文化更加密不可分，畲族传统文化来源于汉族但又有别于汉族，积累并形成了代表本民族特征的物质文化、非物质文化、制度文化、伦理文化等特色文化。不同地域的畲族文化各具特色，生活在浙南和闽东山区的畲族，受山地文化影响，形成具有山地特色的农耕文化，而生活在闽南海边的畲族，深受海洋文化、闽南文化和客家文化影响，形成兼具山地和海洋特色的民族文化。畲族文化总体以山地文化为主，兼有海洋文化气息，表现出既具有山地内向性又具有海洋开放性的双重特征，含蓄且能自我调适，又善于接纳包容异质文化，具有地域性和民族性等特点。

畲族传统文化是中华文化的组成部分，与中华民族传统文化一脉相承又具有民族特色。其蕴含着丰富的精神文化基因，承载着厚重的物质文化遗产遗存，积淀了中华民族深沉的精神追求，具有在地、在场、在线的历史记忆与文化底蕴，是坚定文化自信的历史和现实基础，也是进行共同体意识建设的"精神家园"和"粘合剂"。

党的十八大以来，以习近平同志为核心的党中央高度重视中华优秀传统文化的历史传承和创新发展。推进民族文化创造性转化与创新性发展，赋予民族优秀文化新的时代内涵，形成基于传统、跨越时空、融通内外、贴近当代的中国特色社会主义新文化，是本书研究最主要的时代意义。

根据前期调研，目前部分民族地区，特别是长期和汉族交往密切的少数民族，在传统文化现代运用方面有以下几个问题值得注意：转化运用有基因突变的倾向、传承发展有嫁接移植倾向、再现活化有俗化滥化的倾向，传统村落有推倒重来的倾向。乡村建设运用多，城市公共文化运用少，文化事业运用多，文化产业运用少，直接运用多，二次转化运用少，"穿衣戴帽"多，守正创新少等问题，低估传统文化的根脉价值和现代转化运用价值，不能更好契合新时代的时代精神和时代要求，这也是本书研究的现实意义。

习近平总书记指出："培育和弘扬社会主义核心价值观必须立足中华优秀传统文化。""抛弃传统、丢掉根本，就等于割断了自己的精神命脉。""要讲清楚中华优秀传统文化的历史渊源、发展脉络、基本走向，讲清楚中华文化的独特创造、价值理念、鲜明特色，增强文化自信和价值观自信。""要处理好继承和创造性发展的关系，重点做好创造性转化和创新性发展。"[①] 中华优秀传统文化创造性转化，就是要按照时代特点和要求，对那些至今仍有借鉴价值的内涵和陈旧的表现形式加以改造，赋予其新的时代内涵和现代表达形式，激活其生命力。这是本书研究的理论遵循和根本指导。如何背靠"历史"、立足"当下"、面

---

① 《习近平谈治国理政》第一卷，外文出版社2018年版，第163—164页。

向"未来",让转化的文化为当代所用,符合时代精神,符合社会主义新时代先进文化方向,又传承了传统文化根脉,本书从以下六个方面进行探讨和研究。

一是从历史深度,系统梳理畲族传统文化有别于其他民族的独特历史之源,探寻其源头活水,辩证取舍,守住畲族传统文化本"根",使转化与运用有"根"可寻。

二是从文化广度,系统总结畲族传统文化中最深厚的宝贵资源,包括宗教信仰、民族艺术和民间习俗,找到符合当代精神且凸显民族优秀文化的"魂",使转化与运用有"本"可立。

三是从符号学角度,挖掘畲族传统文化的代表性符号,提取和凝练畲族具有共性因素的物质文化符号和非物质文化符号。包括以"凤"为代表的系列符号和以"祖"为代表的系列符号,如凤凰山、凤冠、凤凰装以及祖图、祖祠、祖谱、祖牌、祖杖等。

四是从理论角度,探讨畲族传统文化创造性转化的原则、前提、方法、载体以及转化的三种模式,即自我演进式、被动吸纳式、重构创新式。力求对至今仍有借鉴价值的传统文化进行合理转化和恰当运用找到理论依据。转化过程中,找出历史与现实的价值共识点、利益交汇点、情感共鸣点。使之与社会主义先进文化、和谐社会相适应相协调,使转化与运用有理可依,有据可行。

五是从路径角度,探讨畲族传统文化转化的途径,概括起来主要是两个路径。一方面是在公益性的公共文化事业中进行转化。通过转化,生产出公共文化产品,为当代公共文化建设服务。另一方面在文化产业中转化,转化为文化创意产品(服务),为竞争性的个性化、特色化和多元化的大众消费需求服务,满足人们日益增长的个性文化需求。

六是以案例为基础,探讨畲族传统文化元素和符号在新时代村庄风貌改造和城镇化建设中的转化和运用。具体选择有着600多年历史的厦门五缘湾钟宅畲村的村落建筑风貌和街区的改造。通过分析新建和改建建筑主基调定位和功能分区,在建筑外观、建筑色彩、建筑立面、建筑装饰以及公共空间、街巷空间、景观小品等进行传统文化符号的合理运用,探究畲族传统文化转化运用规律,避免转化运用有基因突变的倾向,传承发展有戴帽移植倾向,再现活化有俗化滥化的倾向,使之符合历史发展的趋势和时代发展的要求。

目　录

第一章　畲族传统文化之"根"与"魂" …………………（1）
　第一节　历史之源 …………………………………………（3）
　第二节　民间信仰 …………………………………………（14）
　第三节　民族艺术 …………………………………………（24）
　第四节　民间习俗 …………………………………………（40）

第二章　畲族传统文化符号 …………………………………（51）
　第一节　物质文化符号 ……………………………………（52）
　第二节　非物质文化符号 …………………………………（65）
　第三节　畲族传统文化当代价值 …………………………（78）

第三章　畲族传统文化创造性转化方法 ……………………（82）
　第一节　转化原则 …………………………………………（82）
　第二节　转化前提 …………………………………………（89）
　第三节　转化方法 …………………………………………（92）
　第四节　转化模式 …………………………………………（101）

第四章　畲族传统文化转化路径 ……………………………（118）
　第一节　公益性文化事业 …………………………………（118）
　第二节　创意型文化产业 …………………………………（122）

第五章　畲族传统文化在当代建筑中的转化与运用
——以厦门钟宅为例 ……………………………………（130）
- 第一节　钟宅村庄现状 …………………………………（130）
- 第二节　钟宅文化现状 …………………………………（133）
- 第三节　钟宅历史建筑现状 ……………………………（141）
- 第四节　钟宅当代转化的基本思路 ……………………（151）
- 第五节　传统建筑元素在钟宅当代建筑设计中的转化 ………（158）
- 第六节　文化符号在公共空间的转化 …………………（195）
- 第七节　街巷空间转化 …………………………………（205）
- 第八节　景观小品转化 …………………………………（215）

参考文献 …………………………………………………（219）

后　记 ……………………………………………………（222）

第一章 畲族传统文化之"根"与"魂"

畲族是中华民族大家庭中的一员,在长期的历史发展过程中,畲族和汉族以及周边各民族,形成了你中有我,我中有你,互相不可分离的经济、文化、情感的共同体格局。由于长期和汉族交融共生,畲族文化和汉族文化水乳交融,形成并积累代表本民族特征的物质文化、非物质文化、制度文化、伦理文化等特色文化,这些文化是中华民族文化的组成部分,不同地域的畲族文化各具特色,总体来说,畲族文化具有地域性、民族性和共有性等特点。

畲族分布特点为"大分散,小聚居",大多数畲族主要分散居住在中国东南沿海的闽、浙、赣、粤等省份的广大山区,由于不断迁徙,在中国的贵州、湖南、安徽等省县(市)内的部分山区也有少量分布。其中在中国的福建东部山区、南部沿海地区和浙江南部山区居住着90%以上的人口。尤其是闽东广大山区,有37万余人,超过畲族总人口一半以上,占畲族总人口的52.87%,位居中国畲族人口第一。福建畲族以闽东最为集中,主要聚居在宁德市蕉城区和蕉城区的金涵畲族乡以及福鼎的硖门、佳阳,霞浦的盐田、水门和崇儒,福安的坂中、康厝和穆云等畲族乡镇,其他四个县也有零星分布。浙南山区有畲族人口17万余人,仅占全国畲族人口的24.1%,主要分布在浙江的丽水和温州地区的十多个县内。① 丽水市下辖的景宁县，是中国唯一的畲族自治县。关于畲族自治县的设立，没有选择在人口较为集中的福建闽东地区，而是在浙江南部山区的丽水市景宁县，有多方面原因。据当地介绍，20世纪80年代各地方政府纷纷上报中央请求设立民族区域自治县，为了加快民族地区发展，在当时历史条件下，在经济欠发达的景宁县设立自治县，一方面，有利于加快少数民族社会发展；另一方面，景宁县历史悠久，从唐代就有畲族人口居住，有1200多年的历史，且景宁畲族人口相对集中。在此背景下，1984年在浙江景宁设立了畲族自治县，以后中国没有再设置第二个畲族自治县，自此景宁县成为全国唯一的畲族自治县，又称"中国的畲族之乡"。无论在浙江还是福建生活的畲族，其居住特点类似，一般是几户至几十户聚居成一个畲村，有小聚居的特点。和其他少数民族不同的是，畲村周围大多是汉族的村落，往往被汉族包围，特别是被东南沿海经济发展迅速的汉族包围。畲族分布具有"大分散，小聚居"和"交错杂居"的特点。

民族文化的认同是一个民族最根本最深层次的认同，这是普遍共识。民族文化是一个民族永续发展之"根"，蕴含着民族生生不息、发展壮大的丰厚滋养，同时也是当代社会发展和经济建设不可或缺的文化之源；民族精神是一个民族自我认知之"魂"，是一个民族在长期的生存发展中不断总结、吸收和积累所达成的自我认同精神之源，生存于广阔的社会发展历史长河之中，是激发人们团结共生、积极向上的内在动因，民族精神是一个民族赖以生存并蓬勃发展的精神支柱。民族之根和民族之魂的关系在于，民族之魂来源于民族文化之根，植根于民族文化之中，并数千年绵延不绝，不断传承发展于中华民族优秀的文化传统之中。民族之"根"是民族之魂的土壤和滋养，不仅有着丰富文化内涵和历史内涵，将历史性和时代性进行有机的统一，具有与时俱进的特

---

① 《畲族简史》编写组编写：《畲族简史》（修订本），民族出版社2008年版，第1页。

点，也是时代发展的力量之源。

第一节 历史之源

一 历史之源

畲族对其他民族自称为"山哈"，畲语意思是"山里的客人"，这是因为畲族不断迁徙，每迁徙一处，当地的汉人把这些迁徙来的畲族人当作外来的客人。关于"畲"字来源，有多种说法，普遍比较认同的与他们的生计方式、自然环境有关。"畲"本义是古代南方各少数民族普遍的经济生产方式，即原始的放火烧山、戳穴点种的生产生活方式，以"畲"作为族称，是根据畲族原始的生计方式而命名的。据《畲族简史》记载：至迟于7世纪初，畲族人民就已居住在闽、粤、赣三省交界地区。[①] 直到13世纪中期，即南宋末年，史书上才开始出现"畲民"和"輋民"的称呼。畲族是经过长期历史发展形成的，关于畲族的族源有多种说法，目前并未统一，归纳起来主要有五种说法。其一，"畲瑶同源说"，即畲族与瑶族同源，同源于汉晋时代的武陵蛮（即武溪蛮），畲族在文化表征上和瑶族极为相近。其二，"越人说"，认为畲族是古代越族的后裔。持这种说法的，其主张也不尽相同，有的认为畲族是春秋时期越王勾践或范蠡的子孙；有的认为是百越的后代；也有的认为是源于汉晋时代的山越等。其三，"闽人说"，认为畲族是福建土著"闽人"的后裔。其四，"夷人说"，认为畲族源于古代河南"夷"人的一支，是属于高辛氏的近亲，其祖先是"龙麒"。其五，"广东土著说"，认为他们是广东土著的后裔。闽东和浙南的畲族普遍流传着他们的祖籍是广东潮州凤凰山，根据地方志记载，闽东、浙南的畲族大多是从闽、粤、赣三省交界地区迁去的，其时间不早于明代。尽管对畲族起源说法不一，但有一点是可以肯定的，畲族和汉晋时代的"南蛮"有

---

① 《畲族简史》编写组编写：《畲族简史》（修订本），民族出版社2008年版，第9页。

比较密切的渊源关系。

关于"畲"字，多散见于汉文献典籍记载。在中国早期经书《诗》《易》中就已出现，"畲"字意思有二：一是指刚开垦的田；二是为刀耕火种。"畲"字衍化为族称，始于南宋。刘克庄《漳州谕畲》载："畲民不役，畲田不税，其来久矣"，"畲田"指当时畲人开垦过的田地，这里畲人已作为一个族群的族称出现在汉文献典籍中，根据此记载可得知，畲人开垦的田地为生田，较为贫瘠，不缴纳赋税，这时畲人和中央王朝是较为松散的羁縻关系。"畲"字还有一种写法为"輋"，粤、赣地方志以"輋户""輋蛮"和"山輋"等称畲族。当时也有当作广东汉人俗称。如文天祥《知潮州寺丞东岩先生洪公行状》载："潮与漳、汀接壤，盐寇輋民群聚剽劫。""輋民"被认为是福建、广东一带的盐寇；关于"輋"另一种说法，顾炎武《天下郡国利病书》载："粤人以山林中结竹木障覆居息为輋。"这里将生活在山区的粤人，以其生产生活和居住方式视作"輋"。由此可见，"輋"含义并非等同于"畲"，虽然两个字均有表意生计方式，但"輋"多指古代汉族文人对生活在广东、江西一带族群的一种统称，而"畲"主要是古代汉族文献记载对生活在福建和浙江一带的族群的统称，由于二者不存在关联性，现在以"輋"代指"畲"已经停用。这一点尤其需要注意，在部分地区仍有将二者混为一谈的情况。《元史》中多次出现"畲军"等名称。明清时期，闽、浙地方志普遍以"畲民""畲人"和"畲客"等称呼，由于畲族长期和瑶族、苗族混居，其风俗习惯互相影响，有的又将畲族当作苗族和瑶族。总之，汉文献史书在不同时期对畲族的族称记载不统一，称呼也多种多样。中华人民共和国成立后，为了实现少数民族当家作主，促进民族团结，中国政府对畲族的族称问题十分重视。经过民族识别和民族调查，报国家民委批准，统一以"畲"作为畲族族称，"輋"字不再沿用。1956年经国务院正式公布确认，畲族是一个具有自己特点的单一的少数民族。从此，"畲族"成为法定的族称。

二 生存环境

畲族大多居住在丘陵和山地之间的半山腰，畲族日常生活取之于山，用之于山，衣、食、住、行受制于山，山地文化与畲族息息相关，因此，畲族的精神文化遗产多以"山"为母体，畲族对于山地环境的生存具有极强的适应性，同时山地对于畲族又有很大的制约性。如生活在闽东、浙江景宁、江西贵溪、江西兴国等的畲族，在闽赣交界的武夷山、黄岗山，闽浙交界的太姥山、仙霞山和洞宫山，闽东境内的白云山、鹫岭山，闽中境内的戴云山，浙西浙南境内的雁荡山、敕木山、天目山、括苍山等，广东境内的罗浮山、莲花山、九莲山和凤凰山等都是畲族长期居住之地。景宁畲族自治县地处浙南山地中部，这里群山环绕，峰峦叠嶂，素有"九山半水半分田"和"两山夹一水，众壑闹飞流"的地貌格局。过去，畲族大多生活在半山腰，如景宁周边的敕木山的山腰地带，山下平地多为封建社会地主占有。过去，畲族与山地相依存的早期传统居住样式是山洞和山寮，简易搭盖的峒寮成为早期畲民主要居住设施，历史上著名的"百家畲洞"就位于福建省漳平市。中华人民共和国成立后，为了改善畲族居住条件和生活环境，党和政府帮助畲族逐步从山腰搬迁至山脚，特别是改革开放后移民搬迁，大多畲族搬迁至山下平地的集中安置点，交通更为便利，生活条件大大改善，经济方式也由过去单一狩猎和农耕转变为种植香菇、木耳等多种经济作物，半山腰仍保留畲族山林和梯田。

还有部分畲民面海而居，如福建厦门、霞浦等，闽东的少部分畲民临东海而居，与台湾隔海相望，深受海洋文化的影响，历史上有"蛮疍"兼称。"疍民"为对居住在水上的汉族称呼，"疍民"中有不少畲汉混居的，因此有"蛮疍"说法。一般是在山为畲民，在水为疍民，沿海畲民不同于汉族疍民，畲民大多在陆地居住，水上捕鱼，获取食物，但和汉族疍民长期相处，相互影响。如厦门钟宅畲族是厦门沿海畲族主要聚居地，也是在厦门最早建立的钟氏畲族村庄之一，迄今已经有

600多年的历史。钟宅,并非指几座畲族宅院,而是当地汉族对聚居在厦门湖里区五缘湾这一大片钟姓畲族聚居地的统称,面积约为3.6平方公里,位于厦门岛的东北端,现有户籍人口6000余人,[①] 其中钟姓畲族占了98%,属于单一姓氏村落。钟宅也是东南沿海一个较大较集中的畲族聚居地。钟氏畲族人是厦门岛最早的建设者和开发者之一,经过600多年的繁衍和发展,厦门钟氏畲族与汉族长期杂居,形成了"你中有我,我中有你"的民族融合格局,畲汉文化互动交融,因此,厦门钟宅的畲族文化沿袭了传统畲族的部分山地习俗,在长期的历史发展过程中,融合客家文化、海洋文化和闽南文化,形成了具有闽南特色的畲族文化,具有鲜明的地域性、群体性和民族性特征。

总之,畲族文化以山地文化为主,兼有海洋文化气息,山海兼容。因此,畲族传统文化心理既有山地内向性又具有海洋开放性的双重特征,含蓄且能自我调适,又善于接纳包容异质文化。山地文化并未抗拒海洋文化,融大山与海洋文化为一体,既有山地文化因子,又有海洋文化因素,靠近东南沿海的居民,其民俗信仰大多和海洋文化与地域文化有关,充分吸收闽南当地特色文化,如妈祖文化、相公祈福文化等,又保持一定的宗族文化,是带有海洋特色的畲族文化。

三 生计方式

居住在山区的畲族,其原始固有的生计方式为游耕和狩猎。过去畲族大多居住在半山腰地带,较少居住在山脚平地,因此,可耕地面积少,以种植番薯(又称红薯)为主,兼营林业、茶叶以及狩猎等。早期生计方式较为原始,放火烧山,随山散种、捕获猎物,食尽一山则另择栖息地。从隋唐开始,由于封建社会的压迫、战争频繁,畲族游耕和迁徙相结合方式一直持续到明清。明清以前畲族主要是刀耕火种的游耕

---

① 福建省厦门市湖里区禾山街道钟宅畲族社区简介,中国社区网,http://fj.cncn.org.cn/xiamen/zhongzhaimizhu/intro.html.

农业，因此产生了斫畲、烧畲、种火田、石粉肥田以及"包罗杖"点种（原始的戳穴点种法）等习俗。畲族的"畲"字本义也是放火烧山，即刀耕火种的原始生产方式，揭示了畲族早期简单粗放生计方式。畲民一般在冬季和春分之前放火焚山，积攒肥料，《长汀县志》载"草木黄落，烈山泽雨瀑灰浏田遂肥饶，播种布谷，不耘耔而获"。也就是用烧过的草木灰作为肥料，不耕不耘，任其自然生长。陈元光《请建州县表》载唐代"蛮僚""可耕乃火田之余"。自宋代始，把这个刀耕火种群体称为"畲民"。明万历进士谢肇淛游福建太姥山时，曾目睹畲人纵火焚山西风急甚，竹木燃爆如霹雳，回望十里为灰矣，并写下"畲人烧草过春分"的诗句。这些都是对明朝畲族游耕生活的真实记录。到清朝时期，畲族生产方式才由"游耕型"转为"定耕型"。但畲族仍然是以农业为主，定居农业并出现佃租习俗和稻作习俗，佃租习俗包括"垫底""定租"以及"分租"。"垫底"是畲民向地主租种土地时需先视土地的好坏以及租额来交押金；"定租"是先确定固定的租额并按期缴纳，不论丰收还是歉收；"分租"则是按照收成来分配，主要是"四六分"与"三七分"。稻作生计包括浸种、播种、拔秧、插秧、积肥施肥、防治虫害、尝新米以及一些禁忌；畲族农闲时还以打猎补贴家用，狩猎主要捕猎和猎物分配等；副业主要包括林业的"看山""种山还山"，还有种香菇、种蓝靛、种苎麻、种茶叶、采薪烧炭、饲养家禽以及水产养殖补贴生活，手工有篾匠、榨油等。

在汉族先进生产方式影响和提高自身生产力水平的交互作用下，由"刀耕火种"逐步发展为"下田洗脚"的梯田型水稻耕作和旱地型杂粮种植两种形态。改革开放后实行家庭联产承包责任制，畲族经济生产发生很大变化，自给自足的农耕经济向商品经济迈进，畲族农民不再固守家园与土地，外出打工成为畲族年轻人谋生的主要手段，特别是20世纪90年代后，打工由副业变成主业，季节性的打工成为畲族家庭主要的经济来源。打工潮带来了生计方式的改变，也带来思想观念的更新，随着现代生活方式改变，传统文化逐渐有消亡的危险。

四 迁徙与定居

畲族在历史上曾经过着迁徙不定的生活。不断迁徙的过程，也是促进族际交往，带来民族之间的交流以及物质和精神交融的过程。畲族迁徙有主动迁徙，寻找新的生存环境，大多为被动迁徙。根据汉文献记载，至迟在7世纪隋唐之际，闽、粤、赣三省交界地区已经是畲族的聚居区。隋唐以后，畲族从广东潮州往北部和东部移动，宋元时期，畲族迁徙区已扩大到泉、潮、汀、漳一带，一部分迁入闽东北的山区定居，元末和洪武年间，一部分畲族或奉旨征讨迁徙或避祸而迁入贵州，明清时期，大部分畲族逐渐向浙南山区移动。

畲族早期离开祖居地外迁，既无固定目的地，也无明确路线，只在高山丛林、杳无人烟之处，放火烧山，开垦山地，以供糊口。其收入除交纳赋税和地租外，所剩无几，难以维持生存时，就另迁他处谋生；或因居处人口增多，依靠少量贫瘠山地，难以养活更多的人口而分迁异地。畲族迁徙虽没有固定路线，但大致由南往北和东部迁徙的总路线是清晰的。根据畲族家谱记载，明万历年间（1573—1620）入迁浙江的雷进明、钟隆熙、蓝高元、雷虎山、蓝世全等支族，其先祖由广东迁到浙江的850余年中，除在福建罗源县居住370余年外，其余480多年，曾历经广东、福建、湖南、江西4省10个县，15次迁徙活动，仅宋元丰二年（1079）至端平三年（1236）的150余年，就有10次迁徙。明万历四十二年（1614），由钟石洪带领子孙28口从福建宁德迁居景宁的支族，自宋元祐元年（1086）由广东潮州潮阳县开始迁移，至明万历四十二年迁到浙江景宁达520余年，历经广东海阳、揭阳、饶平、增城以及湖南宝庆（今邵阳）；福建南靖、同安、安溪、连江、罗源、宁德11个县，共迁移23次，其中在福建南靖县住20年就有五次迁移，平均每4年迁1次。这支钟姓畲族宗谱还明确记载，明成化十年（1474）迁至福建罗源时，开始初学种田，供给家口，实在难以维持，才又被迫迁移。可见这些频繁的移动，大多是经济上的原因。另有少数支族是为了能与本民族同居一地而迁徙，如由福建罗源县迁移至浙江台州黄岩的蓝朝振支族，在黄岩居住不久，即迁往青田县，并转迁平阳县。由福建入迁杭州钱塘（今浙江萧山）的雷顺星支族，亦由杭州钱塘迁往丽水，并转迁景宁，这亦是形成现今畲族"大分散，小聚居"的原因。浙江松阳《雷氏家谱》称，前朝上祖居广东潮州，而后太祖迁福建罗源县居住，太祖后裔二十二世，而明朝万历年间迁至浙江处州景宁居住，四五余代，康熙三十七年（1698）而迁来丽水。浙江丽水地区畲族流行的口头传说《高皇歌》中载："广东掌了几多年，尽作山场无分田，山高土瘦难做食，走落别处去作田。走落福建去作田，亦何田地亦何山，作田作土是辛苦，作田亦要靠天年。……景宁云和来开基，官府阜老也相欺，又搬泰顺平阳掌，丽水宣平也搬去。蓝雷钟姓分遂易，松阳也是好田场，龙游兰溪都向掌，大细男女都安康。"① 根据族谱记载，以上迁徙路线的发源都统一指向一个地方，即从广东出发向北迁徙移动。贵州畲族先祖入黔前居住在江西赣江流域以及赣东、赣东北一带，因此畲族现在的分布区与历史上的聚居区不同。安徽宁国的畲族是从浙江迁去的；贵州畲族先祖是从江西赣江流域以及赣东、赣东北一带迁入的。江西东部的畲族是从福建长汀、宁化、漳州等地迁去的；浙南畲族是从福建迁去的；而闽东的畲族是从闽、粤、赣三省交界地区迁去的；厦门五缘湾钟宅畲族是从河南许州（今许昌）迁徙过来，以上各省畲族都一致认为广东潮州凤凰山是本民族的发祥地，但潮州凤凰山区的畲族却说他们是从福建长汀迁去的。至此，畲族迁徙原点至今是个谜，即使大部分畲族人认为他们祖上发源于潮州凤凰山，散居全国各地畲族都是从广东潮州凤凰山迁徙北上，但至今无考古或历史发掘等证据材料证明，广东潮州凤凰山就是畲族的起源地。

关于畲族迁徙的原因，有人归之于畲族的生产方式和风俗习惯。文

---

① 浙江省少数民族志编纂委员会编：《浙江省少数民族志》，方志出版社1999年版，第68—69页。

图 1-1 畲族迁徙

来源：浙江景宁畲族自治县畲族博物馆（林毅红摄）。

献所载大致是散处各地，随山迁徙，去瘠就腴，巢居崖处，射猎为业，耕山而食，二三年一徙，有病疫，则焚其室庐而徙居焉等原因。有人认为畲族迁徙的原因在于逃避封建徭役和租税的剥削，如广东海阳县凤凰山等地畲族，遁入山谷中，贫不能存，不供徭赋，则亡徙以走。在《高皇歌》和族谱中也多有歌谣反映畲族历来向往着"自种林木无税纳，没有税纳多清闲"的生活。有的则是奉命征讨或避祸而移动，元末、明洪武年间奉旨征讨而迁入贵州。

畲族迁徙方式，有一个家庭中的部分成员分迁，也有举家搬迁，还有蓝、雷、钟姓各家族联合集体迁徙，迁时聚合，居时分开。明万历年间（1573—1620）入迁景宁县的雷进明、雷虎山，蓝法乾、蓝世全、钟隆熙5个支族，其先祖自唐乾元元年（758）迁离广东始，至宋端平年间（1234—1236）迁至福建罗源县，前后480余年，经4个省，10个县（州、府），这三姓历代后裔始终联合迁徙，明万历三十四年（1606）至四十四年（1616），此支三姓后裔先后入迁浙江仍一起居住景宁县。明正德年间（1506—1521）由福建福安迁入云和岩下的蓝敬泉，迁来浙江时是与其胞兄蓝敬华、蓝敬泰，胞弟蓝敬连等整个家族一同迁入。清康熙三年（1664）由福建古田县迁到浙江景宁县叶山头的雷孔华，共有兄弟6人，只1人迁来浙江，其余兄弟仍居福建古田。

和北迁不同，福建厦门五缘湾的一支钟氏畲族，最早由北方河南许州颍川南下迁徙，经过福建、江西辗转到达厦门。海澄（古时属于漳州府，现为漳州龙海区和厦门海沧区）钟姓的开基祖名为钟道器，是从江西吉安府迁徙到福建海澄县，闽南许多钟姓子孙都是钟道器之后。其中，钟泮儒就是钟道器六子钟化成的四子钟耿坊的第三子，也就是钟泮儒是钟道器的曾孙。宋朝晚期，据钟宅畲族村村史记载，从1368年钟泮儒开始南迁，至今有650多年历史。钟泮儒是从龙海海澄入赘到厦门钟宅的，畲族有入赘习俗，钟泮儒于明朝洪武九年，被当地人招婿而留在了钟宅，钟宅很多子孙为钟泮儒后代，钟泮儒在厦门钟宅开基后，第四代的四房钟颜于明代宣宗年间，迁居到福建云霄，繁衍至今21代，时间约为500年。钟泮儒的第四代，安溪善坛子孙的一支再迁徙到惠安的钟厝，因此安溪善坛和惠安钟厝的钟姓都属于钟宅的分支。

历史上畲族大规模的迁徙原因，主要还在于阶级压迫和民族压迫。政治方面原因有三：一是受当地统治阶级压迫剥削，难以立足生存；二是起义斗争失败；三是为逃避战祸。唐总章二年（669），唐王朝派兵镇压了畲族雷万兴、蓝奉高、苗自成等领导的起义后，相继在漳州、汀州设置郡县。唐光启二年（886）从广东经海路至闽的盘、蓝、雷、钟360余丁口，就是畲族人民反抗唐王朝统治阶级的起义斗争失败后，遭到封建王朝残酷镇压而被迫迁移的。这支盘、蓝、雷、钟300余人的迁移是一次规模较大的被迫离乡背井外迁；唐朝大军在镇压畲民起义后，对畲族地区强化了封建统治之下，导致了畲族大迁徙。宋末蒙古贵族举兵南进，南宋文天祥、张世杰等在闽、浙沿海地区组织抗元武装，由畲族人民组成的"畲军"就是其中著名的抗元武装队伍之一。宋亡，元朝统治者对"畲军"进行了残酷的镇压和分化瓦解。迫使畲族又一次大规模迁徙。明弘治年间（1488—1505）由福建罗源县入迁平阳的蓝昆冈支族，明嘉靖年间（1522—1566）由福建罗源人迁平阳的蓝朝聘支族的族谱记载，其祖先分别是因闽省倭寇、耿王作乱而避迁浙江；明正德年间，江西赣州府畲民反抗封建王朝的斗争十分频繁和激烈，明朝政府王守仁巡抚赣南。王守仁在赣南采取了联防的办法镇压人民的反抗，广泛建立保甲制度，增设许多"营哨守把"，以监视畲族和汉族人民的活动。清康熙三年（1664）由福建古田县入迁的雷孔华支族宗谱记载，祖先隋朝末年由东粤迁闽汀上杭，元朝初年由闽汀上杭迁福建古田县，均因避难而逃迁。在上述这些动乱不安和封建统治强化下，除大部分畲族就地与汉族融合外，有相当部分畲民则不断地迁徙，造成今天畲族主要居住在闽东、浙南等地的状况。

厦门钟宅的畲族最开始被当作汉族，其民族的族称认定和恢复经历一系列过程。1979年，新中国民族识别工作全部完成。直到20世纪80年代，在落实党的民族平等政策背景下，各地纷纷上报中央政府成立自治地方。钟宅畲族由于长期和当地汉族杂居，其民族特征消失，生活方式、风俗习惯和思维模式均和当地汉族一致，钟宅保留的族谱也在动乱中被销毁。但来自安溪善坛和惠安钟厝的族谱资料记载，钟宅的钟姓人和这两个地方的钟姓系出同源，旁证了钟宅的钟姓人可能就是安溪善坛的分支。基于此，厦门钟宅成立了钟宅畲族村，1988年，厦门钟宅民族成份恢复为畲族。

五 宗族之亲

畲族宗族是以盘、蓝、雷、钟四大姓氏为宗亲纽带，以家庭血缘关系为基础，以族谱、谱牒、祠堂、家族传说等为载体，其宗亲结构体系为"宗族—房支—家庭"。三者是主干和枝干的从属关系。

畲族早期虽然迁徙不定，但紧紧联络族群密码的纽带之一就是畲族牢固的宗族组织，传统宗族组织是畲族内部的组织结构主要形式，具有一定的血缘脉络关系。

宗族是维系畲族内部协调关系的重要纽带。畲族宗族与汉族宗族观念一脉相承，是长期和汉族交往过程中自觉吸收，其组织关系与汉族近似，也有自身的特点，最大的特点是以"盘、蓝、雷、钟"四姓中某一开基始祖为发端，如蓝氏宗族就是由几个或多个蓝姓家庭组成，雷氏宗族就是由几个或多个雷姓家庭组成，以此类推，畲族地区目前较少有盘姓和盘氏宗族，而瑶族盘姓普遍。畲族宗族一般建祠堂，一个宗族一个祠堂，祠堂之下有"房"的组织，按血缘的亲疏而组成。同姓近亲的人为一房，称为"介寮"（即一家人的意思），同房的人聚居在一起，有的还修有房谱。"分房"是兄弟分家时产生的，一般是大儿子为"大房"，次子为"二房"，其他以此类推，但都是以同一祖宗为基础的。每个宗族设有一个或多个祠堂，每一祠堂设族长一人，由族内辈分最高、年纪最大、办事公正、有一定威信的老人担任。族内重要活动由族长、房长组织。凡属族内公益事业，如修族谱、修葺与重建祠堂、祭祖，都有族长或房长负责发起和主持，发生严重纠纷，族长或房长有义务仲裁。族长与房长由各房推选，没有官职，也没有工资。祠堂既是族人集合议事的场所，也是共同祭祀祖先的地方，祠堂拥有公产田、山等，其收入供轮流祭祀之用，每年在冬季或清明各祭祀一次。有些村寨除有一个祠堂外，还有家庙一所，家庙的祭祀日期，比祠堂的祭祀日要晚几天。畲族家庭是宗族中最小最基本的单位。家庭中以男子为中心，女子婚后从夫居，所生孩子从父姓。在家庭中虽然男性是家长，但妇女在家庭中的地位一般比较高，女子往往同男子一样享有财产的继承权，这是畲族妇女在社会经济生活中占有重要地位的反映。在处理家庭纠纷事务中，舅父的意见往往被采纳。独生女可招婿，儿子多的有些也可以入赘女方。赘婿一般都得从妻家的姓，才可继承财产，所生子女通常从母姓，但有的还可以姓两个姓。中华人民共和国成立以前，宗族机构对畲族内部传统社会具有很强的黏合力。中华人民共和国成立以后，行政区划制度已经代替早期的宗族组织，传统的宗族势力对村民的生活影响已经微乎其微。

厦门钟宅宗族比较特殊，在畲族村以"角头"进行了划分。五房分为五个"角头"，分别为顶公仔、岁公仔、鱼池乾、涂节盎、砖仔场；五房和"角头"的划分分别为：长房钟维清，现共有91户；二房钟维明，现共有70户；三房钟维节，繁衍最盛，至今传下308户，1246人；四房钟维月，共有297户，1038人，分为六个"角头"，分别为前后角柱、大指甲花柱、顶菜池柱、小社柱、油车柱、小指甲花柱；五房钟维亮，现共有40户。

畲族宗族制度，某种程度上是封建社会汉族宗法制度的延续，特别是中华人民共和国成立后，代表封建社会的汉族宗法制度影响越来越弱，直至消失。畲族宗族制度和汉族宗法制度有较大区别，畲族更强调族群和血缘关系，是维系族群团结和谐关系的精神纽带，自觉去除汉族的私法和刑法等带有封建文化的糟粕，即使畲族有习惯法，但对族群来说，更多是约束日常行为规范，较少动用私刑家法，特别是畲族妇女家庭地位远远高于汉族妇女，从这一点来说，畲族宗族制度，更多是维系，而不是枷锁。这也是少数民族长期和汉族的交往中，辩证吸纳的汉文化因子结果，也就是说，符合本民族需求的就吸收，不适合本民族的就淘汰，这也形成了畲族与汉族文化既一脉相承，又独具民族特色的主要原因之一。

第二节 民间信仰

一 祖先信仰

祖先信仰占据畲族精神生活的主导地位，是主导畲族精神生活和日常行为规范的基础。祖先信仰主要体现在对本姓氏开基始祖的崇拜，如蓝姓畲族建有祠堂，用于供奉蓝氏开基始祖，此后不断供奉祖先牌位，祖牌地位随之产生，正中位置供奉开基始祖，根据年代依次排开。畲族不管迁徙到哪里，一定会携带祖先牌位，一旦有条件，就会寻找合适的场所供奉起来，经济条件好的畲族人会修建气派宗祠供奉，推崇祖先崇拜是畲族精神信仰的主要特征。

长期以来，祭祖仪式是畲族最隆重、最虔诚、最普遍的信仰习俗活动，其祭祖活动可分为家祭、祠祭和墓祭。家祭一般在畲民自家厅堂设置案几，供奉祖先画像或牌位，摆上贡品进行简单祭拜；墓祭一般在清明节扫墓祭祀，不供奉牌位，祭祀时畲族在祖先坟墓前摆放贡品焚香祈福，厦门五缘湾钟宅畲族人仍然保留墓祭习俗，当地称"吃祖墓"，即在清明节这一天，全族男女老少赶回来焚香祭祖并聚餐；祠堂祭祖是畲族最隆重也是最盛大的祭祀仪式，一般需要聚齐全族成员，祠堂正前方摆放各祖先牌位，有开基始祖，也有开基以后繁衍祖先，悬挂祖公画像，此外还悬挂道教三清像，在墙壁四周或正厅横梁处悬挂畲族祖图等，气氛隆重庄严。闽东畲族把"敬祖宗"列为族规条例的首要内容，且相信祖宗有灵，能庇佑福荫子孙，以至于将祖先视为保护神，虔诚敬奉。举行祭祖的时间按有关节日定期举行，或在做醮或修谱时举行。畲族不仅崇祭祖，主持祭祖的师公分级别，以祭祖次数多少为判断级别的标准。畲族"祭祖一次者，准穿红色衣，其子又祭祖一次，准穿青色衣，级分之大小，以祭祖多寡为断"，"雷姓之祠有香炉五只，蓝姓之祠有香炉六只，相传雷姓分大、小、伯、千、万字为行次，周而复始。蓝姓则分大、小、伯、千、万、念为行次，较雷姓多一'念'字"（民国《建德县志》卷3《风俗志》）。景宁畲族"时而祭祖，则号为醮明，其属相贺，能举祭者得戴巾以为荣，一举衫则蓝，三举衣且红，贵贱于是乎别矣"（同治《景宁县志》卷12《风土志》）。上述文献记载了畲族祭祖时的祭器的摆放、服饰、仪式过程等，由于祭祖花费财力巨大，由最初祭祀三年，减少为祭祖三个月，后减至三天，直至消失。

开基始祖一般认为是畲族内部的盘、蓝、雷、钟四大姓中的其中一个姓氏，率领子孙在北迁的过程中，落户某一地开始繁衍，后世子孙称最先开立基业的祖先为开基始祖，加以供奉和祭拜。祭祖时悬挂的祖公图（又称太公图）就是祭拜开基始祖的重要载体，主要流传于浙江丽水、云和、景宁等浙南畲族地区。其中，祖公图具有鲜明的民族特征，将几代祖公画像同时呈现在一个画面，由上到下并列，最多有六代祖公，称为"六代容"，即畲族六位老祖先的画像，一般是"三代容"或"四代容"，浙江丽水民间珍藏有"六代容"，后被中南民族大学民族学博物馆收藏。祖牌是畲族祭祖的另一重要载体，一般供奉在祠堂正前方，浙南、闽东以及厦门沿海地区都有供奉。除了信仰本族开基始祖，还有将族内英雄神圣化并加以供奉。神圣化的对象指历史上确有其人，曾有过非凡业绩，生前受村民拥戴，死后被神圣化，奉为神灵，不仅为本村本姓所膜拜，而且成了灵威弥漫的地域性神灵，并为当地族人所共同祭祀。如闽东福安金斗量（今名金斗洋村），"雷氏三十二公"雷朝宝，生于清康熙年间，武林高手，人称"豹子师傅"。历史传说人物的神圣化是传说故事中的主人公，因其高尚的言行或超凡的力量为族人所神往，族人以此立庙祭祀，寄托心愿，寻求心理庇护。如浙西南插花娘传说而形成的神灵"插花娘娘"。著名的畲家传说人物还有雷海清、雷万春等世俗神灵和钟景祺等。

广东东源、龙川、连平等地的蓝姓畲族，在每年的农历四月初九举行隆重的祭祖仪式"抬蓝大将"。传说蓝大将"乃盘瓠、三公主之次子"（有的传为长子，如丰顺凤坪一带），高辛帝赐姓蓝，名光辉，封护国大将军。是蓝姓畲族的直系祖宗。不少住在高山的畲族村庄都设有蓝大将庙，庙内树有"蓝大将神位"的石碑。当地畲族视其为宗族保护神，每年祭祀甚虔，由此相沿成俗。农历四月初九是蓝大将的诞辰日，届时同一宗族的各个村寨轮流做东，举族祭祀，抬"蓝大将神牌"巡游，俗称"抬阿公"。广东河源市东源县新港镇双田村每年"蓝大将"诞日，全村张灯结彩，张贴对联。其中有："苍龙化身征番国，蓝将显威护君王"，"将军出巡家家旺，引福归堂屋屋兴"。可见他们对"蓝大将"先祖的崇敬心理。

祭祖仪式中的道具有祖图、祖牌、祖杖和族谱，被称为畲族"四大族宝"。祖杖又称龙头杖，早期的祖杖顶端是天然形成的树根部虬曲形状，似龙头，大多为清代以前的祖杖；后来祖杖雕刻为一个龙头或犬状，雕刻为犬状的祖杖大多为民国以后的，而雕刻非常精美复杂的龙头祖杖，大多为近现代。

二　图腾崇拜

畲族图腾信仰主要是龙麒崇拜。在畲族中广泛流传与苗、瑶相类的图腾"盘瓠"传说，畲族称龙犬、龙麒等，各地说法不一。相传，新石器时代高辛帝有个左耳奇大的大耳婆娘娘，大耳娘娘耳朵胀痛三年，有一天，从娘娘耳朵里爬出一只小金虫，娘娘认为金虫为上天派来的神物，且从自己身体衍出，于是让人用盘子接生，当作自己的孩子一样好生照看，过了一年，小金虫逐渐长成一只像龙又像麒麟的小神兽，十分乖巧，惹人喜欢。高辛帝赐名龙麒，号称盘瓠。龙麒出世这年，邻边部落番王带兵来骚乱，高辛帝几次派兵讨伐都因番王兵强马壮，屡战屡败。于是高辛帝出榜告示，谁能取下番王首级，就将三公主许配给他。可是黄榜在城楼门前贴出好几天，就是无人揭榜。就在告示贴出这几天，龙麒在众人惊讶的目光下，若无其事地叼着告示跑出城门。高辛帝和大臣们很怀疑龙麒是否能打败番王，龙麒说，我自有妙计，说罢就往敌国方向跑去。当天深夜，龙麒就到达番王那里，龙麒见到番王，就一步蹭了过去向番王示好，番王见是这么个可爱的小东西，也就放下心来。为了取得番王信任，龙麒忍住吃了番王的呕吐物，取得番王的信任，并允许龙麒在番王身边服侍。番王醉酒倒床后，鼾声大作，烂醉如泥，龙麒见时机已到，便迅速扑上前去，一下就咬断了番王的头颅，叼着番王的头，在太白星的帮助下渡河回到自己部落。龙麒回朝，谁也没有想到一只神兽能抵千军万马，这引起皇宫震惊，高辛帝既喜又忧，喜的是番王已除，忧的是金枝玉叶的三公主怎好许配动物！自己的承诺又怎能食言！这时有人出主意，说给龙麒出难题，让它知难而退，第一个难题就是让宫中所有宫女打扮成三公主模样，蒙上盖头，并将三公主混入其中，让龙麒挑选出三公主。但仿佛有心灵感应，龙麒一眼就认出三公主，咬着其衣袖不放。第二道难题就是只有龙麒变成人形，才能将公主许配。龙麒说，给我一口大钟，我在大钟内七天七夜即可变成人形，于是高辛帝命人将龙麒置于大钟内变身，三公主早就听说龙麒机智勇敢地为本部落立下大功，钦慕不已，到了第六天夜里，善良的三公主担心龙麒不吃不喝会饿死，于是打开钟罩，七天时辰未到，相当于就打破了时间禁忌，大钟被打开，也打破了"室"封闭环境的禁忌，龙麒头部仍然是动物原型，而身体已经成人形。高辛帝无法食言，就为龙麒和三公主举行了完婚仪式，龙麒被赐封为忠勇王。龙麒不愿在朝中做官，请求带三公主到广东潮州凤凰山开拓疆土，高辛帝赏赐大量财宝，送亲到广东潮州。在广东凤凰山，三公主先后生下三男一女，请父皇高辛赐姓，据说老大出生时用盘子接生，赐姓盘，老二用竹篮接生，赐姓蓝，老三出生时雷声大作，赐姓雷，最后一个小女儿嫁给姓钟的女婿，赐姓钟，这就是畲族四大姓"盘、蓝、雷、钟"的来历。龙麒为了子孙能过上好日子，决定到茅山拜师学习道法，学成回来后，有一次在山上打猎，不幸被山羊顶撞，坠崖身亡。三公主伤心欲绝，花重金聘请高水平画工，将龙麒一生的丰功伟绩画出来，供后世子孙永远祭奠，由于龙麒的神奇、机智、勇敢，也就被他的后人尊崇为畲族的始祖。畲族人民世代相传和歌颂始祖龙麒的功绩。畲族先民以拟人化的手法，把龙麒描绘成受人敬仰的英雄形象，尊崇为畲族的图腾加以崇拜。

龙麒和盘瓠是否真实存在，不可考。据史料记载，盘瓠确有其人，是春秋时代一位历史人物，在前744年的楚与卢戎战争中，盘瓠杀敌立功，受封驸马与公主结婚。盘瓠传说之所以能演变为神话，也正是图腾崇拜使然，图腾是一个氏族部落的精神象征，具有"氏族标记"作用。图腾传说以神话故事方式口口相传，主要是依靠史诗歌谣《高皇歌》流传至今，《高皇歌》又称《盘古歌》《龙皇歌》《盘瓠王歌》，是一首长达三四百句的七言史诗。它以歌叙事，叙述了龙麒立下奇功及其不畏艰难繁衍出盘、蓝、雷、钟四姓子孙的传说，反映了畲族的原始宗教信仰和图腾崇拜痕迹。到了近代，特别是改革开放后，盘瓠故事不再传唱，图腾崇拜已经基本消亡，与盘瓠故事有关的实物也在消失。图腾崇拜不是畲族特有的，原始社会时期，生产力极其低下，人对大自然的各种现象无法解释，认为自然界具有一定灵性，这是原始崇拜的基础，原始部落将具有一定神性和灵性的动物、植物、器物作为部落保护神，尊它为本民族的原始图腾，这就是原始图腾崇拜产生的根源。图腾传说各地略有差别，但基本雷同，畲族先民把有关龙麒的传说故事，绘成连环画式的长轴（称祖图或长连图），每三年举族大祭一次。宁德畲族三年一次，于正月十四日举行。

三　道家信仰

畲族民间信仰深受道教文化影响。无论是重大年节节日，还是日常祛病逐魔以及特殊的宗教仪式，道教的文化影响如影随形。

民间传说往往将祖先信仰与道教相糅合。畲族巫师，是宗教活动的具体操作者，称为师公，师公有法门之别，分为两大派别，一派为茅山派，具体是茅山上清派，粤东畲族巫师受法于茅山，茅山为道教名山，位于江苏句容县境。畲族祖图还绘有茅山法主的画像，法术也类似于带有巫术的茅山法。另一派是闾山派，畲族《高皇歌》中有其祖公曾不畏艰苦上闾山学法内容。"闾山法"乃中国东南（包括台湾）地区的一种民间道法，道教界称之为"闾山三奶派"。该派奉祀陈靖姑、林九娘、李三娘三位民间俗神，相传陈靖姑曾师从南昌西山许真君，得许旌阳之秘术，又从龙虎山张天师学道，得斩妖宝剑。按闾山三奶派及其师从的许真君净明派和茅山上清派，宋末元初以来皆为龙虎山正一道之支派。畲族始祖"龙麒"上闾山学法。畲族信奉的道教神祇主要有：太上老君、玉皇大帝、张大帝（张天师）、中天紫微北极大帝、西王母、五方神、真武和观音菩萨以及山神土地（畲民称"社公"）、阎罗地府等。

传师学师是畲族成人礼，是为畲族青年男子成年举行的仪式；做功德是为去世老人举办的丧葬仪式。传师学师和做功德仪式蕴含较多道家文化因子。传师学师仪式主持分工为：东道主（主师公）、证坛师、保举师（介绍人）、引坛师、度法师、监坛师、净坛师、专职师、下老师、西王母（保举师的妻子）、陪伴（陪西王母的姑娘）、东王公。按规定学过师的人以能传代为荣，未传代者为"断头师"，做功德时要以学过师的人代替当孝子。学过师的人必须做功德，据说这样亡魂到阴间会受到优待，可骑马带兵。学过师的人授有一颗木质方印，印文为"日月紫微星太上老君"。有了这颗印，据说就有了神与平民沟通的道法，师公既可以将畲民的愿望传达给神祇，也可将神或祖先的福音、诫语传达给畲民。通过师公的沟通，畲民便可以得到神祇庇护。

实际上，畲族的道家信仰和巫术信仰密不可分，是原始宗教的表现形式，过去，道家和巫术杂糅的驱鬼逐疫、成人礼、丧葬礼仪渗透到生活各个方面。中华人民共和国成立后，巫术信仰逐渐淡化，特别是改革开放后，畲族紧跟时代大潮，吸收新观念和新思想，在民间已经很少有师公的用武之地，在景宁偏远地方，还有个别师公利用道符为老百姓治病，并配合打针吃药，实际上这时的巫术只能是精神安慰，随着农村医疗卫生条件改善，大多数老百姓有病都会去就医，师公在民间影响力变得微乎其微直至消失。

四 海神崇拜

海神崇拜主要流行于沿海畲族，其文化深受闽南地域文化影响，主要表现为妈祖信仰和送王船。

农历三月二十是妈祖婆生日，沿海畲族这一天要按照惯例"请火"。由于妈祖每三年都要回一趟湄洲娘家，到妈祖庙去"省亲"，也就是说，"省亲"活动三年一次。在沿海畲族的传统中，"省亲"不叫"省亲"，叫"请火"。他们认为妈祖灵气是从湄洲岛的妈祖庙请来的，所以每隔一段时间就一定要把妈祖带回祖庙，这样妈祖再回来时才能充满仙气。于是，每三年逢三月二十的前几天，沿海畲族就在妈祖庙里用圣杯决定"请火"的日子。选好日子后，大伙就分头开始筹备活动的各项事务。"请火"的主要活动人群由畲族妇女完成。

"请火"节日分为几个步骤。出发之前，主事的人和要去的族人去妈祖庙先点香，请妈祖保佑善男信女们在前往湄洲岛祖庙"请火"的路途上平安，因路途遥远不便请妈祖金身前往，则用一担"香担"代替，而"香担"是从日子定下来的当天起就开始准备，"香担"里放着一个点着火的炉子，旁边还有香、冥钱和六种水果，炉子里需燃"静香"，要一路燃至湄洲，不能熄灭，方能意寓"一路兴旺"。出发时，捧着"香担"的人先上车，主要目的是先让妈祖上车，因为最重要的是护送钟宅的妈祖回湄洲，全部人员上车，一身法师服的"响头"手持法鞭挥鞭开路，四个"响锣"敲锣打鼓，车子启动，"省亲"队伍出发。

省亲队伍热热闹闹到达妈祖的故乡——湄洲岛，族人们来到大殿，开始焚香，通过上香告知湄洲岛的妈祖："族人专程来此请火，请香火让本社兴旺"，主事的"响头"在庙前的大香炉上点燃几炷香，将燃烧过香灰用盒子包住，放进带来的香炉里，这就是请火，只有到湄洲岛的殿前燃烧过的香灰才灵验，能带上妈祖的灵性。请火后，主事的人将准备好的红包捐给庙里，称为"插炉"，接着主事"响头"一挥鞭，向妈祖告辞，仪式结束，这时会有族人男女在各个殿里祭拜，并特意留下几张冥钱回到村里的庙里焚烧，香炉的香灰也需倒回村里的香炉，这称为"发炉"。从祖庙回社的路上，炉里的火是不能熄灭的。做完以上工作，才结束了所有的仪式。

畲族信仰妈祖，或多或少是受沿海汉文化影响。妈祖原本是东南沿海渔民的保护神，无论汉族还是少数民族，都有祈求妈祖庇佑的心理需求，沿海华人普遍信仰妈祖，就有了"有海就有华人，有华人就有妈祖"的说法，在民间，妈祖是沿海居民的共同神祇，传说妈祖是一位集慈爱、无私和勇敢于一体的精神化身，也是女性象征。

海神崇拜还体现于"送王船"（烧王船）仪式，仪式每隔三年举行一次，送王船须先掷卦选吉日。然后由村里的主事在钟宅的澜海宫前造船，船以木、竹和纸为主轧制，大型王船为薄木质，王船造好后，把村里的神明金身从各自的庙里请出来，如观音、广德尊王、护国尊王等，吉日时众人抬着王船巡游，全村老少跟着王船巡游，热闹非凡，巡游完毕将王船搬到祖厝供全村人祭拜，祭拜结束后，黄昏时分，全村男女老少抬着王船去海边焚烧祭拜海神，顿时火光冲天，所以又称"烧王船"，"送王船"（烧王船）是闽南比较常见的一种民间信仰活动。

烧王船习俗来源于一个历史传说，相传宋元年间，因朝野纷争，三十六位进士被秘密杀害于闽地。暴乱平息后，为抚冤魂，皇上一一为其封王，并将这三十六位王爷分给厦门周边的百姓侍奉。钟宅分得三位。数百年过去，王爷们的灵魂早已得到安息，然而，祖祖辈辈的祭拜传统却一直保留了下来，成为钟宅民俗文化的现实图腾。

五　多神崇拜

畲族民间信仰属于多神崇拜，除了信奉祖先神，还崇拜猎神、自然神、鬼魂幽灵等。部分畲民还信仰佛教、民间俗神，有的家庭供有观音，敬有灶王爷，对关公、太师爷也十分崇拜，分布在不同地域的畲族信仰也不相同。闽东富有特色的民间信仰，以陈靖姑和林公大王最为盛行。但大多畲族有自己本民族的神祇，大多是族内或本姓的历史人物或者传说中的人物，如师公和社公等。猎神是居住在山区的畲族崇拜对象，长期的山区狩猎生活形成猎神崇拜，此外，畲家自然神崇拜与农耕有关，最为密切的是谷神、谷娘、谷仙子、种子仙、稻秧仙、青稻仙、黄稻仙等；畲族民间俗神主要有"灶神""土地神"。如江西畲族供奉土地公、银主公，每家厅堂供奉牌位，是"天地君亲师位"。

厦门钟宅畲族信奉土地公，将土地公叫"福德正神"。在闽南，有句俚语：田头田尾土地公。所谓"田头田尾"是就水流所经之处，水源对农耕社会非常重要，水稻蜿蜒流过聚落，而土地公庙就守在村后

"水尾",面向着水流的方向,意寓着村子的财富由土地公把手,财富不外流,可在厦门钟宅,随着城镇化建设,早已没有田地,代替的是密密麻麻的钢筋水泥自建房屋,土地庙既不在田头,也不在田尾,而在村子中心的菜市场里。钟宅人认为庙在哪里并不重要,重要的是人记得。

钟宅村畲族居住较为集中,菜市场便成为村民每天必到地点,一来二去,菜市场成了钟宅的中心。比起钟宅其他几个庙堂,土地公庙较为简陋,没有供桌,没有金炉,祭拜的人还因地方太小俯身都很勉强,于是这里祭拜便不讲究太多礼数,上一炷香,摆一些果礼便可,如此一来,土地公庙反倒香火不断,每逢经过都会看到土地公庙燃着香并且供奉着水果、糕点。钟宅的土地公选择了最为接地气的方式,土地公的神性与世俗紧密结合,深受钟宅村民的青睐。

畲族也信鬼神,村里流传厉鬼有五通鬼、天吊鬼、伤亡鬼等。中华人民共和国成立前,鬼神迷信在畲族的精神世界中具有很大的统治力量。畲族深受鬼神文化的支配,遇有疾病,辄指为鬼犯神责,专事祈佛问卜。有的人病了,便延巫师招魂,事毕,书符封门,禁闭七日,往往医不及施而亡。至于夜未深,鸡啼,则降童问神。鸡狗打架,亦须做木头卦,以卜吉凶,其迷信程度,相当厉害。[①] 中华人民共和国成立后,随着生产力的迅速发展,畲族人民的生活水平和文化水平显著提高,那些不利于民族发展、阻碍社会进步的陈规陋习和迷信忌讳,逐渐得到革除,有些仪式作为封建残余基本消失。此外,畲族的日常行为规范受儒家思想的浸润与牵引,闽东北畲族谱牒的谱序、谱论、谱式、谱例,都贯穿着儒家伦理准则。畲族"又信佛教,亦有受洋人宣传的影响而信基督教的,然甚寥寥"[②]。畲族被包围在浓厚的汉族历史人文氛围中,使畲族既有本民族的原生态的图腾文化特点,也有儒家文化、道教文化、佛教文化的影响。

---

① 何子星:《畲民问题》,《东方杂志》1933年第30卷第13号。
② 何子星:《畲民问题》,《东方杂志》1933年第30卷第13号。

第三节 民族艺术

畲族在长期的历史发展过程中,创造了丰富多彩的民族艺术。畲族民歌是畲族文化灿烂的瑰宝之一,优美的神话传说和故事,具有民族特色的舞蹈,源远流长的民俗文化,独特的服饰艺术、以编织彩带为主的民间手工艺以及传统体育等,都有鲜明的民族特点和地域特色。由于和汉族长期杂居,其艺术风格也深受周围汉文化的影响。

一 以歌代言

畲族民歌或地方小调,因以歌代言,以歌叙事、以歌寄情,简称"歌言",是畲族对民歌的族内称谓,畲族歌言有山歌、小调的艺术表达方式。畲族在生产劳动时以歌为乐,迎宾接客时以歌为敬,男女相恋时以歌为媒,喜庆吉日时以歌为颂,社会交往时以歌代言,丧葬祭祀时以歌代哭,敬祖神祀以歌为辞。唱山歌是畲族最喜爱的,也是最普遍、拥有广泛群众参与的娱乐活动。他们把自己日常生活中的喜怒哀乐、奇闻趣事、故事传说都用自己的语言编成通俗易懂易记的歌谣,世代传唱,其内容丰富多彩。虽然畲族人唱歌不分男女老少,但歌言有俗规,分场合而唱,不同的场合唱不同歌言,并且在常年累积的歌言文化中,不同地方的畲歌有不同的特色和曲调。歌言是畲族传统文化的重要组成部分,它不仅是歌唱者自我情感的表达,也是社会历史和事件的特殊记载,更是畲族民族精神弘扬的载体。

"歌言"大多以盘歌形式,所谓"盘",通俗来讲就是对歌的意思。畲族人自古有盘歌的习俗,如:"拦路盘""落寮盘""盘山歌"等,还有在婚庆礼俗中的"做表姐""做亲家伯"对唱也是盘歌的一种形式。畲族没有自己的文字,只有自己的语言。歌言是畲族人民在长期的生产、生活实践中创作出来的口头艺术,是一代一代人靠口传心授传承下来。如今很多畲歌已经失传,至今保存下来的据记载估计还有一千多篇，四五万行。

歌言的内容有祖宗歌、自然歌、故事歌。祖宗歌里有很多有关盘古和高辛帝的三公主这两位人物的歌谣，如畲族英雄史诗《高皇歌》。畲族对先祖十分崇拜，祭祖时，用歌言的方式传唱祖先的丰功伟绩以及民族的来源。这些口传的传说故事成为畲族史歌的来源。正是通过歌言的传承，使畲族人民对于民族的认同感十分强烈。尽管畲族人在迁徙过程中，吸收了众多其他民族的文化，但还是保持着自身民族文化的特性，并形成了自己特有的表达方式，以歌代言成为畲族人与人交往的工具。模拟自然界的声音成为畲歌的另一个特色。畲族人认为流传下来的歌很多是对大自然中日月星辰、虫鸟鸣叫所产生的声音的模仿，畲族认为祖公婆所创作的音乐，来自山野清泉等自然界。如"第三公主真聪明，近山也知鸟啼音，山客歌言从此起，流传后代教子孙"[①]。不仅描绘了祖公婆从出生到成长的经历，也赞颂了祖公婆的聪慧，能对自然界的鸟鸣加以模仿成歌。

歌言分为聊歌、劳动歌、节气歌、婚嫁歌、丧葬歌和时代歌。"聊歌"，顾名思义就是大家在闲聊或在游玩过程中与人交流时唱的歌。它根据演唱的内容又可分为正歌和杂歌两种。正歌又称古歌，指的是有一定的历史、人物和情节的叙事歌曲。它包括史歌和小说歌。史歌是反映畲族的历史来源，其中有家喻户晓的始祖史诗《高皇歌》。小说歌又称"全连本"或"戏出"。畲族称"大段"，有100多种。多由汉族民间的神话故事、传说、章回小说、评话唱本等改编成。从畲族小说歌的内容来看，体现了畲族较高的文化艺术水平，小说歌中的具体内容还有着教育的意义。杂歌是指没有故事情节，篇幅较短，但内容包含很广的歌曲。多是畲族民间即兴创作的短句子歌，它形式自由，可长可短，数量极多，包括十条起、散条、字歌、分字歌、谜歌、嫁女歌、小令等，多

---

① 钟雷兴主编，雷志华等编：《闽东畲族文化全书·歌言卷》，民族出版社2009年版，第28页。

是表现生活中的趣事等，富有艺术感染力。还有劳动歌曲，畲族人民劳动时为了减缓劳作疲劳，劳动者跟着节奏边劳作边唱歌，不仅减缓疲劳，还能使劳动效率更高。《一年一条歌》《一年三条歌》《节令歌》《节气歌》《插秧歌》《织带歌》《茶米哉》等，劳动、时令歌内容包含农事的时间概念、节气变化，告诉人们要按自然规律办事，增长农事知识。有的还唱出了畲家礼仪。作者访谈畲族民间歌者、浙江景宁东弄村的蓝延兰，据她介绍，织彩带歌为：一条彩带丝线织，织带愿是古人礼，织带愿是古人名，上祖留传下祖织。这些歌对于继承和发扬畲族勤劳简朴的优良作风有着教育作用。比如《上山砍竹响当当》：

上山砍竹响当当，落山砍竹溜落潭，
郎姐砍竹斗本领，女人卖输男人强。
女人能换男人工，男人会做女会传，
男人一工砍三百，女人三百砍一工。①

这首劳动歌讲述畲族男女的勤劳能干以及在劳动过程中的智慧。

不同地区的畲歌的曲调都带有当地的地方特色，但畲歌所用修辞手法如赋、比、兴和三重复都是一致的。虽然畲族歌言大多即兴创作，随心而唱，但歌言的韵律和禁忌是十分严格的。有其韵律规则，每条四句，每句七字。其第一、二、四句的末字要同韵；否则就不押韵，"不连句"没有韵律感。畲族男女对歌时，为了增加感染力，又使自己有准备唱下一节歌的时间，在基本歌言的基础上，把押韵改动，即能变出另一条歌，俗称"两条变"或"三条变"。三条变能增加民歌韵律回旋的美感，使歌律在同中有变，静中有动，耐人寻味，引人入胜。

歌言来源于田间地头，歌唱生活美好，劝诫向美向善，在畲族地区具有广泛的影响力，唱山歌是畲族人民日常文化生活中主要的一种娱乐方式。他们不但在各种节日和喜庆场合唱歌，即使在日常生活中，在山

---

① 钟雷兴主编，雷志华等编：《闽东畲族文化全书·歌言卷》，民族出版社2009年版，第303页。

间劳动时,也常以歌当话,互相对答。每年节日期间定期举行规模盛大的"盘歌会"。他们以歌为乐、以歌叙情、以歌教化。畲族歌言,是畲族传统文化珍贵的文化遗产。

二 工艺匠心

畲族的民间工艺美术有着鲜明的民族艺术特点,其中花斗笠等手工艺品的制作较为显著。以其历史悠久、做工精细、设计考究、美观实用为特色。由于斗笠编织有花纹,又称"花笠",畲族花斗笠及其制作技艺的珍贵,是闽东畲族竹编工艺的代表之一。由于花斗笠制作精细,不仅在农业生产中作为遮阳挡雨的工具,也是畲族女子的陪嫁品,为女子专用,制作一顶花斗笠,需要30多道工序,耗时一周,主要工序有破篾、拉丝、上漆等,编织花斗笠,最复杂、难度最高的环节是破篾和编织最初的斗笠骨架。首先要选择柔韧性较好的竹材,闽东以霞浦县崇儒畲族乡种植的袅竹最佳,这种竹子竹节间距长、纤维含量多、韧性强,当地俗称"袅(音)竹",竹生长期必须在两年以上才有韧性,将手工劈丝好的细竹篾,依附在木质的斗笠模上,斗笠分为上、下两层,上层为帽顶,下层为帽檐,用于遮蔽太阳或雨水,畲族花斗笠是宽阔大帽檐,可以当小雨伞用。上层也就是戴在头上部位,帽顶的编织从里层顶端开始,待里层编织完成后,开始外层编织,里层需要统一规格的竹篾90多条,外层则需180多条。外层编织到第17行时,需要插入花篾丝两行,总共要编织23行至25行。值得一提的是,这些民间艺人能够在插入花篾丝时不露任何接续点,与外层竹篾连成一体。完成两层的编织后,要将里层的斗笠向外进行拗沿形成斗笠初坯,而后再进行装接和收口。

畲族花斗笠,造型优美,是难得的工艺美术品,上方有三层檐、云头、燕嘴、虎牙、斗笠星等多种不同的花色图案。外形从造型来看,明显的标志是有四片虚实相间的花瓣造型,在斗笠帽顶部正中间是一个同心圆,同心圆就像一个花蕊,围绕花蕊周围是黑色漆成四片花瓣,十分醒目，也成为畲族花斗笠的一个典型符号。在斗笠第二层，也就是宽阔的帽檐，是用篾丝编织嵌入的若隐若现的四片花瓣，和第一层帽顶形成呼应。整个斗笠以五彩九重细篾编织而成，色彩艳丽，耀眼夺目。内看斗笠，除外层所有的各种相似之处，还配上了色彩艳丽的各色珠子和红、黄等色彩的绸带等，一是用于系在脖子上，再就是装饰品，最后，还使用了当地的桐油等防漏工艺，既精致轻巧，又滴水不漏，堪称畲族竹编一绝。

三　体育竞技

畲族体育运动主要在生产和劳动中产生，兼有娱乐和强身健体作用，也具有很强的竞技特色。这些运动方式受山地气候等自然环境影响，具有地域性特征，同时，畲族传统体育和早期的生计方式有关，在以山地农耕和狩猎为主的生产生活中孕育许多传统体育类型，具有民族性特征。如生产劳动类有锯木头、赶野猪、摇锅、抄扛、腹顶棍、抛茶青、采柿子等；军事斗争类有畲拳、骑海马、打尺寸、盘柴槌、连环拳等；民间信仰仪式类有问凳、舞铃刀、操石磉、跳罡等；游戏类有竹竿舞（跳竹竿）、爬竹竿、猴抢蛋、虎捉羊等；其中，流行广泛且具民族特色的体育有畲拳、摇锅、锯木、千人押加等。

畲族传统体育具有地域性、竞技性和实用性等特点，反映了畲族节庆和生产生活习俗等。畲族传统体育是为了适应自然环境和社会环境而产生的，畲族体育大多保留了原生态的特点，具有浓厚的乡土气息。在畲族与汉族大杂居小聚居的社会条件下，畲族传统体育一方面延续了山地特色，另一方面也受到了汉文化和周边民族文化影响，经过交融和吸纳，现在逐渐形成一种在节日中弘扬民族精神、增强民族凝聚力和促进身心健康发展的大众活动。随着城市化进程发展，畲族传统体育文化资源正在快速地流失。当前，在浙江景宁畲族自治县政府的大力扶持和社会的广泛关注下，"畲乡三月三"节日里的体育一条街活动受到了各界群众的热烈欢迎。随着畲族节日文化产业化的发展，畲族传统体育文化将会得到进一步的发展。

图1-2 抄杠

来源：浙江景宁畲族自治县畲族博物馆（林毅红摄）。

图1-3 操石磉

来源：浙江景宁畲族自治县畲族博物馆（林毅红摄）。

四 服饰艺术

畲族妇女服饰颇具民族风格,其中以"凤凰装"最具特色。福建霞浦畲族妇女喜用红头绳将头发高高梳起捆扎成柱状,然后将其弯曲成半圆造型的发髻,盘在头上,象征着凤髻,称为凤冠。头髻不是畲族所特有的,过去汉族女子也常用该发式,盘髻成椎状,发型高度有高、平、低三种,结椎的位置在头部前、中、左、右、后等,可以盘卷成一椎、二椎至三椎,使之耸竖于头顶或两侧。未婚少女使用红绳将头发绕在头部周围并扎紧,结婚时用红布包裹,以银牌、银钗、银花、银片作为头饰进行装扮,显得银光闪闪,是畲族婚礼盛装;已婚女性通常用红绒线将头发梳成发髻,其中有的掺假发,涂茶油,使头发厚实、高大、光亮。

畲族服饰具有非常丰富的文化内涵和美学价值。畲族崇奉凤凰由来已久,头饰、衣饰均有明显的凤凰装饰。最具有代表性的莫过于被称为凤凰冠的头饰了。相传凤凰冠是为了纪念畲族的祖先,沿袭了"始祖婆"三公主出嫁时帝后娘娘给她的凤冠。凤凰头饰极其讲究,有凤身、凤头、凤尾和凤脚。凤身为镶嵌刻花银片的冠体,前面银片象征凤头,后面高高挑起的是凤尾,两边侧垂坠有数片银片象征凤脚,佩戴凤冠时女子需盘发髻于头顶,上面固定住银质的凤身。传统的凤凰冠造价较高且脱戴复杂,现代畲族女性在节庆活动时多采用简化的凤凰冠。这种简化的凤凰冠仅以绒布头箍为主体,上有仿银制的凤身、绣花装饰和塑料珠饰,使用时戴在额前,于脑后系带固定,操作简便,方便脱戴。

凤凰装一般在重大节日时穿。穿戴民族服饰是畲族节日一项重要的内容,能增强节日的气息和氛围,也凸显民族的特点。畲族的传统服饰自成体系,经过一千多年的发展和变迁,逐渐形成独具东南少数民族特色服饰样式。

据史料记载,早期畲民的服饰与中原汉族迥然不同,为五色花衣,头饰为高髻,赤足。现在的畲族女子服饰下装多为长裤,裤脚饰带状花边。时至今日，大多数畲族妇女用轻便的改良装取代了复杂的传统服饰，但有彩带的拦腰布罩被保留下来，布罩一般为罩在外衣的一件围腰，为景宁畲族妇女常服装扮。纵观畲族服饰文化逾千年的变迁，从闽越土著、百越族群的五色花衣，到现代改良的民族服饰，畲族服饰文化的发展演变一直是在与周边各民族的融合中进行的，以客家文化为代表的汉族文化对其的渗透影响大。与过去传统的民族服装相比，现代的畲族服饰经过改良，刺绣也不再是传统的手工绣制，而是用机绣花纹代替手绣花边，款式进一步简化，裁剪更合身。

畲族服饰结构包括款式、色彩、图案以及工艺。闽西畲族传统女士服饰款式为上衣黑色右衽式，下装黑色裤装，裤口边缘刺绣花边；畲族男装上衣和裤装为同色系黑色或蓝色为主，坎肩多以白色为主，领口、门襟、下摆等边缘有刺绣装饰。畲族崇尚黑色和蓝色，故服饰以黑、蓝两色为主色调，在此基础上添加色彩鲜艳的刺绣、花边、织带等作以装饰。畲族姑娘一般只有在节日时才会穿上民族服饰参加表演或各种礼仪活动，在日常生活中穿着朴素，以蓝、黑青布为主。

服饰刺绣图案有几何图案、植物花卉、动物、人物和器物。植物花卉图案包括牡丹、莲花、兰花、菊花、石榴、寿桃、松树、橘子、荔枝、佛手、竹子、忍冬藤等和一些不知名的花草；动物图案有喜鹊、蝙蝠、蝴蝶、鹿、鹤、狮等，人物图案主要是历史文化、神话故事和日常民俗人物，器物图案有宝剑、葫芦、花篮、扇子、横笛、花瓶、琴、棋、如意、亭阁、楼台、宝塔、山石和龙门等。从图案来看，和汉族服饰图案没有明显差别。

畲族不同地方服饰样式不一样，有景宁式、霞浦式、福鼎式、福安式和罗源式等。霞浦式有东式、西式之分，色彩以青黑和靛蓝为主，多为大襟右衽，上衣襟有绣花，前后衣片等长、立领、袖口卷折、无口袋，重大节日还会戴上绣花围裙；福鼎式女子服饰则稍带有畲族特点，上衣有绣花；福安女子服饰较为朴素，上衣为青衫，分"里的衫""三步针衫"和"副牙衫"三种；罗源畲族女子服装较为奢华，上衣、围兜、腰带、汗巾、短裤、绑腿以及花鞋均有不同程度刺绣。颜色以红白色为主。

礼仪服饰是婚礼服饰、节庆服饰、做客服饰以及丧礼服饰，女性婚服为五色衣裙、绣花鞋和头戴凤冠，霞浦一带女性婚服为白色衬衫。畲族过节、庆喜、农闲走访亲友时穿的礼服又称"龙冠衫""郎冠衫"，闽东畲族男子出门做客穿"钱吊"。畲族丧服为头戴白帽，身穿孝衣，颈挂麻线。

五　彩带艺术

彩带是畲族传统手工艺品之一。彩带又称"山哈带""花带""字带""拦腰带"等，由于彩带一般较窄，多运用妇女日常服饰的边缘装饰花边，如领口、袖口的花边装饰，围腰和绑腿的边缘等，过去少量用于男子领口服饰的局部装饰。除了实用功能，彩带还是畲族青年男女的定情信物，同时也是畲族的吉祥物，畲族彩带还是畲族文化"活"的文物。畲族彩带编织技艺被列入浙江省第二批非物质文化遗产名录。

畲族彩带图案精美，做工精细，彩带有宽有窄，编织宽彩带经线较多，多到二十根至四十根经线，耗工较大，一般作为供观赏的装饰品；包袱带采用十三根经线；编织窄的彩带，一般常用七根经线；姑娘送给情郎的彩带，多数也是以十三根经线编织。过去，姑娘出嫁前，女方要送男子亲手编织的彩带，叫"定情带"。系于腰间的彩带叫"护身带"；用于定亲的叫"定亲带"；作为礼物馈赠时则称为"如意带"。现在，畲族妇女们仍然继承着本民族编织艺术的优秀传统，主要用作装饰和节日服装。

畲族彩带织造简便，没有特制的织带机，一般在门口、窗前、树下等一端可固定的地方，利用四块竹制的工具和纱线即可开始织造。要是在山野编织，可把丝线的一端拴在树干或树桩上，另一端仍束在腰身，坐在地上即可编织。彩带分棉线织、丝织和化纤三种。由于棉线和丝线成本高，现在线材多为集市购买的化纤线。彩带宽度不定，经线多则

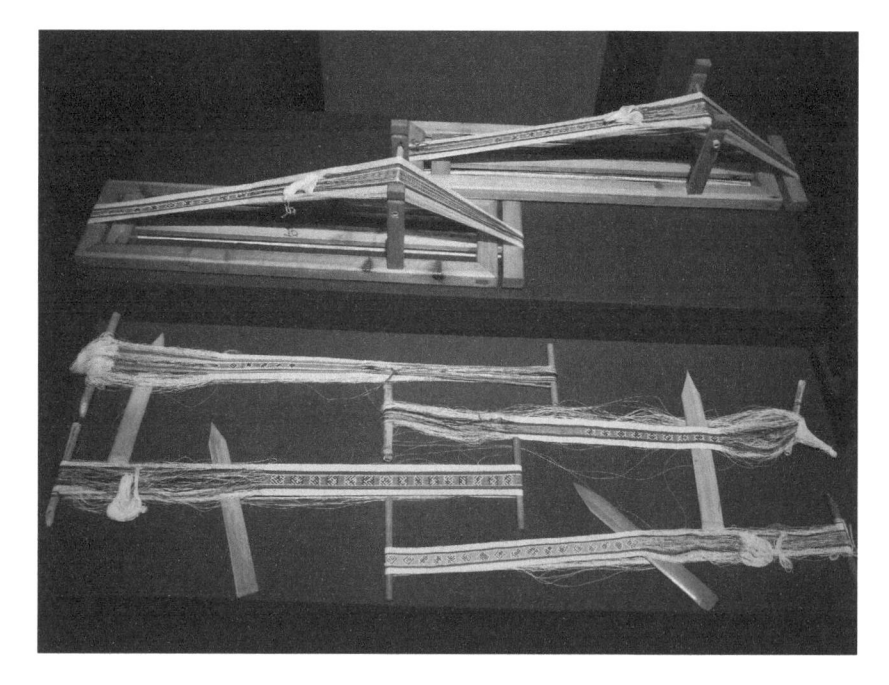

图 1-4　畲族彩带编织

来源：浙江景宁畲族自治县畲族博物馆（林毅红摄）。

宽，经线少则窄，宽的有两寸多，窄的不足半寸。纬线基本采用白线。不论带子的宽窄，穿梭编织花纹图案皆在正中的七根线上，其余的编织平面花边。

六　建筑多元

畲族建筑特色和其长期迁徙有关，畲族每迁徙一地，就学习融合当代汉族建筑样式，结合自身经济条件建造而成，畲族建筑没有一定样式，呈现多元化、地域化特点。因此，畲族建筑地域特色浓厚，而民族特色并不明显。从横向比较，畲族建筑主要受周边汉文化、自家经济状况、自然环境影响，这也是畲族与汉民族长期杂居的结果；纵向比较，畲族建筑也受历史发展影响，不同历史发展阶段，畲族建筑样式略有不同。从建筑功能分类来看，畲族建筑主要分为民居建筑和祠堂建筑，民居建筑形成和发展的时间较长，具有历时性特点，祠堂建筑较为奢华繁复，兴盛于明清时期，受汉族儒家文化影响大，不同地域建筑具有地域特色。

（一）民居建筑

畲族民居具有典型的乡土建筑特征，外观、结构、材料均反映与当地的气候环境、地形特征、经济发展和生活状态有密切关系。民居建筑以实用为主，其营造方法深受当地汉族的影响，表现出了和汉民族文化融合的特点。浙南和闽东两个地方的畲族传统建筑保持了一定的相似度，但因经济发展不平衡也造成了局部细微的差异。

从历时性角度看，畲族的民居经历了几个发展阶段，按时间发展为序，大致经历了茅寮、草寮、土库、瓦寮、砖寮几个阶段。

浙南畲族将早期建筑称为"寮"，"草寮"就是草房子的意思。当地汉族称"畲寮"即指此。闽东称为"厝"，都是房屋的意思。定居后，逐渐改进为土木结构，称为"土厝"，随后为"瓦厝"和"砖厝"。畲族传统民居的发展和演变，归结起来主要有生计方式、人口增长、逃避封建赋税徭役等原因。如文献记载："畲民巢居崖处，射猎其业"，这里的"巢居"指早期畲族随处散居的生活和居住状态。

（1）茅寮。又称草寮，是畲族早期的原始居住样式。畲民定居前，随山散处，刀耕火种，采食打猎，食尽一山迁往下一处。处于不断迁徙和流动状态的畲族，由于经济条件所限，大多就地取材，依山而建。以当地山上野生茅草、毛竹等作为原料，用竹木扎成篱笆或房屋墙壁，用茅草覆盖，作为简易栖身场所，谈不上建筑格局和样式，仅为畲族早期的原始生存状态。如果迁徙他处，就弃茅草屋而走，到新的一地又搭"茅寮"。茅草房是简易居住场所，为了防风，竹木骨架大多垂落至地面，又称"千枝落地"。草寮有多种简易样式，如"人"字形，又称"孩儿撑伞"式。草寮搭建一般在棚中央竖一排三五根木头，木头上架横杠，两边斜靠若干木条，好似千枝落地，屋顶用茅草覆盖而成，大多为单间，没有窗户，较为低矮；也有用竹篱笆或泥当墙，大的茅寮隔出三间或四间房屋，中间设有供奉祖宗的神位，东侧一间为厨房，西侧一间为卧房。草寮本身结构低矮，室内阴暗，光线不足，泥土地面在雨天或梅雨季节十分潮湿。寮内陈设简陋，只有一座土灶，两张床，几条木凳或竹椅，外加空间有限，人畜同居，非常不卫生。因此，当年畲族地区各种流行疾病也特别严重。作为原始居住状态，现已基本消失。

图1-5 茅寮

来源：浙江景宁畲族自治县畲族博物馆（林毅红摄）。

正如畲族古歌所唱："磨石磨刀两头翘，刀子磨利砍茅苑；茅苑来起寮屋住，起座茅寮在岗头。郎起茅寮在山上，茅叶做瓦茎做墙；也无厅堂无隔间，也无瓦盖无神堂。郎掌茅寮在山上，四脚环转柴苑王；未见日头照一下，百鸟全夜叫天光。郎岱茅寮难了难，一日难等一日晚；从小艰苦无楼住，脚下溪水转团团。"茅寮也是南方山区各民族早期较为普遍的原始居住形式,建筑材料、样式具有共同性特征,据《铅山畲族志》载,畲民"定居之后,畲民便自己动手建造'埋杈屋'(即茅棚)。这种屋以带杈的杂树为柱。……以树枝、小树或竹条为椽。用竹箬代瓦,以瓦形杉树皮压脊。……这种阴暗、狭窄、低矮原始的埋杈屋,在太源畲乡先后存在约200年"[1]。此外苗族、瑶族、傣族、白族、侗族、壮族和黎族等南方少数民族早期都使用茅草房,各民族称呼不一样,黎族称茅草屋为船形屋。

(2) 土厝。又称土墙房,是以泥土为墙面,茅草为屋顶的一种较为落后的居住形式。定居后畲族开始将茅草房进行改造,改善居住条件。用夯实泥土砌墙面,成为土库,有的有上、下两层,下面住人,上面置物。屋顶盖以茅草或树皮。这种建筑样式称为"泥间""土厝"。由于空间较小,房间内并没有楼梯,上下楼层靠爬临时梯子。土墙房内有一灶两锅,没有烟囱,土厝冬暖夏凉,还具有防火作用,土厝最大的特点是居住舒适度增加,功能更完善,只不过屋顶还是用茅草覆盖,每隔1—2年就要修缮或更换。土厝是畲族从草寮向瓦寮过渡发展的居住形式,土厝在20世纪80年代前就逐渐消失。

(3) 瓦厝。是以木结构为墙,以青瓦为屋顶的一种中国南方民间共有的居住样式。民国时期,随着畲族经济条件的改善,畲民的住宅充分学习和借鉴当地汉族建筑样式,并根据自家经济条件和当地自然环境进行改进,有的是纯木结构,有的是土木结构的瓦房,浙江一带畲族称"瓦寮"。瓦寮屋顶呈"金"字斜坡顶,俗称"人字栋",有利于排水,也是适应南方多雨环境的产物,具有地域性特征。根据自家经济条件,瓦房有三扇、五扇和七扇之分,由此形成的大三间、大五间之分。过去多采用汉族通用的穿斗式结构,穿斗式结构多用于民居建筑,原材料为木料,穿斗式结构由七根木柱以穿枋连接成一榀屋架,再搭横梁,钉椽子,盖青瓦,这种梁、柱、穿枋多达几百根,为汉族民间较为常见。畲

---

[1] 江西省铅山县民族宗教事务局编:《铅山畲族志》,方志出版社1999年版,第232页。

第一章 畲族传统文化之"根"与"魂"

图1-6 土厝
来源：浙江景宁畲族自治县畲族博物馆（林毅红摄）。

家建房，也是一件大事，一般选黄道吉日，请邻里乡亲帮忙搭建，发扬互助、团结、友爱的传统美德。帮工的一般不计报酬，只招待饭食。请木工、泥瓦匠的，需付工钱。由于盖房子工序繁多，造价较高，畲家盖一幢房子不是一气呵成，而是分期进行，农闲时多干，农忙时少干，盖一栋瓦房往往好几年时间才完工。同汉族一样，畲族建房保留了传统的上梁仪式。木结构的房屋，极大改善了当时畲民的居住条件。

（4）砖厝。又称砖瓦房或小洋楼，是利用钢筋水泥等现代原材料搭建的民用房屋，结构多为砖混结构，相比较传统木结构瓦房，其实用性大大提升。改革开放后，随着畲族地区经济快速发展，畲家也有条件盖和汉族一样的小洋楼，这种小洋楼在外观上和汉族无异，已经完全融入当地。同汉族一样，畲族小洋楼一般采用预制板平顶或坡顶，三开间带走廊，坡面顶盖青瓦或机器瓦，结构多为砖混结构。

图1-7 瓦厝
来源：浙江景宁畲族自治县畲族博物馆（林毅红摄）。

（二）祠堂建筑

相比较畲族民居，最能体现畲族建筑特色的是畲族祠堂。在汉族地区早已消失的祠堂建筑，在畲族地区仍然保留，闽南畲族祠堂一般规模宏大，气势庄严，闽东畲族祠堂恢复重建，而浙南畲族祠堂已经衰败。

祠堂是畲族用来祭祖、聚议、修谱、神事活动的重要场所。明清时期，畲族四大姓中的"蓝、雷、钟"畲族，均修有规模宏大的宗族祠堂，盘姓未见有宗祠。

正因为早期的祠堂具有祭祀等神事功能，因此畲族对祠堂的选址、建筑朝向、方位等风水因素选择还是比较讲究的。祠堂通常和畲族民居群保持一段距离，建在村口或者村后，以突出其特殊的功能，也可能是

第一章　畲族传统文化之"根"与"魂"

图1-8　畲族祠堂
来源：江西乐安县金竹畲族乡流舍畲族村（林毅红摄）。

为了防火。畲族祠堂的形制和汉族大致相似，分前堂和后堂，有的位置分左、右两堂，一般祠堂分正殿（上殿）和偏殿（下殿），正殿建有供祖牌的神龛，偏殿为戏台和看台，偏殿是举办盘歌会的场所，有的地方是正殿和偏殿合为一间大殿。畲族祠堂区别于汉族祠堂的地方在于装饰和摆放的物件，畲族祠堂正殿之上供有密密麻麻祖先牌位，祖牌俗称"龙牌"，为木制品，雕有复杂的纹饰。此外，还供奉畲族特有的龙首师杖（祖杖），如闽东蕉城区雷氏宗祠、蕉城区七都北山蓝氏宗祠、八都猴盾雷氏宗祠都供有祖杖。此外，还有族谱、香炉、祖图、楹联等。族谱是家族传承的历史记载，类似汉族的家谱，畲族族谱是以姓氏为体系，通常祠内设有专人保管，平时不拿出，只有在修谱等重要时候拿出。正殿还供奉香炉，按各姓行第排列，因蓝姓要多排一个字，蓝姓祠堂内的香炉有6个，其他雷姓、钟姓有5个。早期在宗祠室内两侧悬挂祖图和楹联，由于祖图存世较少，较为珍贵，现在的墙壁上绘有龙麒传说或者道教信仰的壁画，如景宁东弄村祠堂，在白墙壁上绘有上古传说壁画。宗祠一般在屋顶上有木雕和火砖雕，雕有精美的凤图腾图案，这些都是畲族祠堂区别汉族祠堂的标志符号。畲族祠堂一般是同姓同宗建一祠堂，如雷氏祠堂、蓝氏祠堂、钟氏祠堂等。根据一地同族人丁多少和财力多寡情况，祠堂规模有大有小，有奢华有简朴。闽东畲族祠堂建筑规模以古田富达村为最早，规模也最大，限于财力，大部分畲村的祠堂建筑规模不大，有的是祖厝改的，有的是民房改的，有经济财力后进行了翻修和重建。畲族祠堂除了富达和巴地两个村子的宗祠较早，大部分建于清中叶以后。事实上，清代以前畲族处于迁徙不定的游耕时期，畲族先民还没有具备建造祠堂的条件，只有定居下来，逐渐积蓄了一定的财富后，建祠堂才提上日程，早期畲族祠堂用祖厝和房屋代替，等筹足了资金，才开始修建搬迁，这种祠堂的不同形态的演变，也证明了畲族家族由小到大，由弱到强，不断发展的见证。"文革"时期，祠堂破坏严重，大多已经破败不堪，或改作办公场所，如福建福安的凤阳村钟氏祠堂就被作为村文化站。

中华人民共和国成立后，祠堂作为封建社会的象征被破坏，特别是"文革"时期，不仅数量大为减少，建筑本身也破损严重。改革开放后，随着民族地区经济快速发展，祠堂作为传统文化一部分，得到保护、修复和重建。如福建宁德上金贝村的钟氏祠堂、浙江景宁的东弄村的祠堂均在新时期得到不同程度的重新修建。

第四节 民间习俗

一 祭祖习俗

畲族极重祭祖，祭祖是畲族一项神圣的仪式，表达对祖先的怀念和崇敬，也是对子孙的训勉。通过祭祖，追述民族起源的历史，借以激发民族的自豪感，增强民族内部的团结。畲族祭祖，称为醮明。能参加祭者以戴包隶巾为荣，祭祖一次者穿蓝衫，祭祖三次者穿红衣，通过衣服颜色可区别祭祖的级别，级分之大小，以祭祖多寡为断。父已祭祖，子必祭祖，不祭不得为父治丧。已祭祖者，死后必做功德。不做，其人不得葬。

祭祖多在年节或冬季举行，时间不定，具体由师公择定，四姓家族如蓝姓、雷姓、钟姓祭祖，在祠堂举行仪式，供奉祖先牌位、挂祖图，场面宏大。过去，畲族深受封建社会压迫，祭祖一般半夜举行，天亮前祭祖完毕；家庭祭祖一般都在祭祖者家中举行，仪式较为简化。祭祀时，先祭开基始祖，再祭拜上几代祖先，神案上置放祖杖，并按姓氏排列数目不等的香炉。另在红布条上书写祭祖人的姓名，系于祖杖，作为祭祖的标志，祭过祖与未祭祖者的社会地位明显不同，一家之中，祭过祖的人愈多，愈受人尊重。

畲族祭拜的祖先不局限于某一具体人物，比较宽泛。在祠堂祭祖，除祭拜共同祖先以外，也祭拜地域性保护神，包括区域神话传说人物和历史上有影响力的英雄等。祭祖是父系家族制度的产物。与祭祖相关的还有迎祖、醮名、招兵等多形式，上述活动的主持者和组织者主要是族长、房长，操作者是巫师，又称"师公"，畲族民间尚无完善的宗教组织和教规仪轨，但原始民间信仰渗透在畲族传统的衣食住行、人生礼仪、生产祭仪和歌唱活动中。过去畲族巫师的地位是仅次于家族领袖的显赫人物，支配着畲族传统的精神世界，巫师可以行罡作法，驱鬼招魂，去邪治病，并卜吉兆凶，以祈求子孙繁衍、谷物丰盈。巫师并未独立成为职业，日常也参加生产劳动。

畲族祭祖习俗带有明显的迷信色彩、巫术色彩和道家色彩，对于当今社会来说，有些是糟粕，要加以辨别。随着社会发展进步，产生于生产力低下时期的祭祖习俗已经不适应当今时代发展，畲族地区无意识地放弃甚至抛弃传统习俗，从社会功能角度看，祭祖习俗是需要抛弃的糟粕，从文化学角度看，祭祖习俗也蕴含一定积极因素，祭祖过程有劝诫子孙，凝聚并规范着民族的文化心理、信仰心理、伦理道德、价值观，祭祖在历史上、文化史上、民族史上曾起到积极作用，调节人与人、人与社会、人与自然的关系，促进人与社会的和谐，如能通过现代转化，挖掘其积极意义，应该也能发挥其积极作用。

二 年节习俗

畲族年节习俗与汉族大致相同，主要有春节、元宵节、清明、端午、中元（农历七月十三或十四）、中秋、重阳、冬至等，其中以春节、端午最为隆重。

但畲族也有自己的本民族特有节日，畲族节日体现较为典型的农耕色彩，有祭祀类节日，主要内容是祭祀神灵、祭奠祖先亡灵、祈福禳灾、驱恶避瘟；祭祀祖先的节日有蓝公节、祖公福和乌饭节；祭祀神灵的有猎神节、奶娘节、凤凰节、林公节、补天节等；也有农事节日，农事节日大多与农业生产和季节有关，如有乌饭节、牛歇节、做福等。根据时间节点，主要有以下节日类型：

正月初四蓝公节。每年农历正月初四日，蓝公节主要流行于福建蓝姓村民当中，是蓝姓畲族的祭拜蓝应潮的日子。传说畲族祖先蓝文卿曾为唐朝节度使，晚年迁居古田县富达村，蓝文卿之子蓝应潮成为古田县富达村蓝姓开基始祖。村民在每年正月初四日抬蓝应潮塑像巡游一圈后，将塑像抬回"蓝公殿"祖祠内，供奉祭拜，并上演神戏，蓝公节要举办7—10天才宣告结束。

正月初六祖公福。农历正月初六日，是宁德雷东、丹斗畲族钟姓祭祀先祖钟友文之日。该村村民在各自家中厅堂上摆供品香案祭拜祖先。在广东，类似的节日称为"拜祖节"。东源、和平、连平、始兴、南雄、龙川等地的畲民，以图腾崇拜与祖先崇拜相结合，把各自直系祖先诞日定为拜祖节。因此，拜祖时间和称呼各地不同。

正月十四奶娘节。流行于福建沿海一带，是海洋文化的象征。传说为纪念海神陈靖姑（奶娘）而举行生日。每隔一两年到古田县临水宫迎接（请）奶娘神，迎神场面很隆重。

二月二会亲节。是畲族团聚的日子，流行于福建、浙江的山区。相传畲族不断迁徙，子孙分散各地，便约定在每年春耕前的农历二月二相聚，视为会亲节。节日中人们从四面八方云集而来，访亲友、致问候、提灯游村和放炮仗。

三月三乌饭节。一般在农历三月初三举办，家家染乌米饭、做乌米饭、吃乌米饭，村里要办歌会，山歌对唱，通宵达旦。乌饭是用一种植物汁液把糯米饭染黑而成。三月三乌饭节来源有多种说法，有"纪念英雄说""祭拜祖先说""瞒骗敌人说""消灾避难说""祈求丰收说"等多种说法。其中纪念畲族首领雷万兴比较普遍，传说在669—715年，畲族首领雷万兴率领各族人民进行反抗唐朝统治者的斗争中，被困在山上，靠吃"乌饭"的野果充饥，于次年三月三冲出包围，取得胜利，畲族人民为了纪念他们，在每年三月初三吃乌饭以作纪念，也有祈祝丰年之意；另有三月初三为米谷生日，畲民染乌饭，意思是要给米谷穿上黑色衣服，涂层颜色，准备春耕，祈求平安丰收，三月三染黑米，便成特有的习俗，这个传说反映了原始农作物崇拜的遗迹。浙南畲族认为吃了乌饭上山劳作不被蚊虫叮咬，干活格外有力气，由于乌稔树的嫩叶在农历三月发芽，因此，每年畲族农历三月三采集乌稔树，做成乌饭，逐渐成为一种习俗。

四月八牛歇节。这一天不鞭打牛，清早就把牛赶到山上吃草，梳洗牛身，做牛栏卫生，还以泥鳅鸡蛋泡酒或用米粥、薯米粥等精饲料喂牛。村里有"牛王庙"的，要在这一天供祭。农历四月初八日为牛生日。传说是五更清早，天上的玉皇大帝要向大地人间的耕牛撒放馒头。馒头只有三个半，哪头牛有幸吃到就会长得体壮膘肥，力大无比。这一天，凡养有耕牛的畲家，一大早就牵牛出门吃露水草，希望自家的牛能吃到上天降下的馒头。同时，不论有事无事，农活忙闲，这一天耕牛都不耕田，不犁地，全天休息。

春分猎神节。由于畲族经历过"家家皆猎户"的时代，所以普遍供奉猎神，但是猎神节的日期，各地不尽一致。在广东，凤凰山、莲花山和罗浮山等地畲族的猎神节没有固定日期，只在出猎前后拜祭。而九连山区的畲族则不同，他们将春分日定为猎神节，届时族长带领男丁，备三牲供品前往猎神坛前拜祭，点烛焚香，献供品、念祭文，非常隆重。在福建，九月初九是民间猎神节日。

五月五端午节，畲族也过端午节。他们过节插艾草、悬菖蒲，辟邪祈福之类习俗一般与当地汉族相同。但浙江畲民认为，他们插艾蒲，不同于汉族的"辟邪禳灾"，而是纪念祖先颠沛流离、骨肉分散的苦难历程，寄托着和平团结的愿望。浙江畲民将端午节又称为五月节，有"人歇五月节，牛歇四月八"之说。除备肉、豆腐、酒等过节外，已出嫁的女子都要回家探望父母。

六月六晒服节。每年农历六月初六日，畲民在这一天不仅晒衣物，凡珍藏的书籍、歌本、契约文凭等，也在这天翻晒，使其不受虫害。

七月尝新节。农事节日，农历七月，正是稻谷快要成熟的季节，水稻收割后要尝今年新收的大米，又称为"食新节"。传说是为了纪念米谷生日，畲族先择吉日，认为第一把稻谷具有美好寓意，寓意来年好收成，把第一把割下的稻谷碾成米，煮熟后供祭祖公神和灶神。祭祀完了后，请亲戚邻居一起品尝新米，新米饭不能全部吃完，要留一碗，称为"剩仓"，寓意年年有余。

冬月圆冬节，是每年的立冬日，也叫"加东节"。这天，家家户户的畲民都要舂糯米做糍粑，杀鸡宰鸭，全家聚餐，庆祝一年辛勤劳动所取得的好收成。

此外，东南畲族流行做福习俗，做福又称"合福""吃福"。畲族春、夏、秋、冬一年四季都做福。开正福，是指初一至初四日，主要是祈求一年四季平安；农历二月初一（或初二），为春福，祈求春耕顺利，五谷丰登；夏福，是指立夏日，这一天畲族有吃面条和夏饼的习俗，庆祝麦子收成。端午节前后（或农历五月三十日），水稻番薯都已栽插，为保苗福，祈求庄稼免遭灾害，禾苗茁壮成长；白露福，指白露日，答谢神明保佑秋粮进仓；冬福，指冬至日做福，庆贺丰收，谷物入仓，全年安泰；完满福，也称年满福、余满福，除夕日做完满福，以答谢神明庇佑并庆祝一年的农事活动顺利。

三 婚嫁习俗

在和汉族长期交往过程中,畲族婚俗和汉族大体相同,女嫁男是畲族婚配主要形式。举行婚礼仪式时,畲族有自己独特习俗,即有男跪女不跪习俗,即男方要下跪,拜父母和天地,女子不用跪,这是畲族女子地位的体现,在封建社会,由于礼教束缚,女子地位较低,但畲族女子同男子一样参加家庭劳动,在家庭地位上和男子平等。

畲族本民族的婚俗有"男嫁女"习俗,也就是女婿入赘,畲语称"卖崽"。男嫁女后,男子不负供养父母义务,也不继承父母财产。男嫁女者,大多为女方为独生女,没有儿子,而男方父母儿子较多,且经济生活较困难。男嫁女后从妻居,所生子女从妻姓,可继承女方财产,所生子女加入女方宗谱。这既是畲族妇女地位的显现,也是经济条件有限的权宜之计。

畲族婚俗还有"两家亲",俗称"两头家",种两头田。男女双方均为独生子女,男女青年同意成婚,经双方父母同意则可婚配,两家合并一家,子女供养双方父母,继承双方财产。两家合并后,为主一方要把对方祖宗香炉接来与本家祖宗香炉同排放在祖宗香龛,年节同样祭祀。

畲族也有抱养童养媳习俗,这一习俗和汉族类似。一般家庭经济生活困难的,且儿子较多,担心长大成人后娶不起媳妇,就抱养经济条件更差家庭的女儿作为童养媳,长大成人后,只有经过男女双方同意,才能进行婚配,并举行婚礼,请过"缘亲"酒,拜过祖宗,才能成为正式夫妻。

闽南畲族婚俗,新人要以新婚夫妇的名义拜天公。凡是有重大喜庆都得拜天公,因为家里得喜都是天公保佑和赐福的结果。天公是天地间最大的神,在拜天公的同时也夹杂着祭祀其他的神,比如三皇五帝、土地公等。拜天公时,祭品也很有讲究,必须用单数,如五大样或者三大样,每一大样也都得用单数。猪头加上四种其他祭品构成一大样,猪头必须带猪尾,代表一整只猪。其他四种叫牲礼脚,都必须是肉类,鱼和鸡必不可少,另外两种一般用猪内脏,这样就能与猪头猪尾构成更完整意义上的整猪,当然也有人家用整猪。供品中要有五样水果,有糯米糕和发粿。这两种物品同样也是逢年过节必备物品。酒,一般用三杯,也有五杯,称五清。冥纸,畲族称为银或金。寿金是烧给家里或是庙里的神,天金烧给天宫,另一种烧给孤魂野鬼。准备好祭品后,祭拜仪式就开始了,长辈先点上四支香拜神、请神,嘴里念着讲着,请求神明保佑新人健康,百年好合,早日添子,并跪拜十二次。接着新人双方同样行礼十二次。在完成所有行礼后,开始给众神烧冥纸,是一种献礼活动。最后,祭神的结束礼是放鞭炮,以渲染喜庆的气氛,在收祭品时,需将那些几百的酒一杯一杯画圆,然后倒进已经成灰的冥纸堆上,意为团团圆圆。

四 饮食习俗

(一) 山地食俗

畲族饮食的材料、口味、方式以及禁忌具有山地民族的特点。早期畲族先民长期过着随山而种的游耕生活,生活非常艰苦。其饮食来源单一,主要以适宜在山区栽种的玉米和番薯为主。虽然畲族也种植大米,但因山区水源有限,大米并不普及,一年四季以番薯、玉米等杂粮为主食,食米极少,纯米之饭,仅宴贵客时一用而已。普遍用番薯切丝,掺米饮食,叫作"番薯丝饭"。有的用玉米磨成细粉,加少量食盐和米炊食,叫作"苞谷糊"。闽东一带畲族称番薯为地瓜米,早期地瓜米占口粮的70%—80%。[①] 1929年德国学者史图博先生在景宁敕木山所见到畲民的饮食情况是:"吃的非常简单。只有富裕的人才吃得起大米饭,所以主食是甘薯。……每天吃两餐,很少吃三餐。"[②] 景宁畲村有这样

[①] 邱国珍等:《畲族民间文化》,商务印书馆2006年版,第71页。
[②] [德]哈·史图博:《浙江景宁县敕木山畲民调查记》,李化民译,载浙江省少数民族志编纂委员会编《浙江省少数民族志》,方志出版社1999年版,第627页。

一种习惯，一甑要煮三种饭：纯白米饭用以招待客人，半杂粮饭供老人小孩吃，杂粮饭给年轻人吃。正如畲族谚语所谓："火笼当棉袄，辣椒当油炒，番薯丝吃到老"，正是畲族生活困苦的写照。

现在，随着畲族地区生活水平的提高，过去作为主粮的番薯也早已"退居二线"，人们主要用它作为饲料养猪，或者加工成薯粉等副食品。如福安金斗洋畲村从原先单一的粮食种植转向以种植粮食为主，兼以多种经营，茶叶、食用菌和果树的栽培成为农民的主要经济来源。随着脱贫攻坚取得胜利，畲族地区种植经济作物，有了经济来源，畲族人不仅可以吃到本地大米，还可以买到中国东北和泰国等地大米食用。

居住在山区的畲族饮食口味嗜辣重咸，喜食野味、河鲜，善腌制食品。先民种植蔬菜少，主要有萝卜、南瓜、豆类、丝瓜、洋白菜、空心菜、芥菜等。此外，春天有毛竹笋，六月至九月有芦竹笋，还有干菜、酱菜等佐餐。有时也时常购买酱油、咸鱼、虾皮、海带等佐食。畲族山区盛产黄豆，畲家经常以豆做菜，常吃"豆腐娘"。几乎家家有小型石磨，自磨自制，"豆腐娘"略带甜味，配上辣椒调味，香辣可口。畲族喜欢在炒菜煮食时加辣椒调味，这种饮食习俗是生活在山区普遍存在的习俗，大山阴雨绵绵，潮湿多雨，冬季气温较低，吃辣能去湿驱寒。

畲族饮食风俗中有喜食野味、河鲜习俗。这些习俗也与当地的自然环境有关，畲族日常狩猎，以野味调节和改善日常生活水平，山区多小溪小沟，小河流中鱼虾蟹丰富，畲族常捕捞改善伙食。由于食物来源单一，且具有季节性，为了保存食物，畲族先民特别重视腌制和腊制食品。和山区汉族一样，将新鲜的肉加盐腌制在大缸或木桶之中，再进行熏制或晾晒，成为风味独特的烟熏食品，常年不腐；此外，还有咸豆、霉豆腐等。鱼类河鲜、小鱼泥鳅之类，如果捕获较多，则烘干或腌制，制成风味独特的腌鱼干。

畲族人长期生活在山区，冬季寒冷，饮食文化是喜热食。和汉族一样，冬季在桌上架炉煮火锅，随煮随吃。山区餐桌之上常备有一只小风炉，风炉中用木炭烧火，风炉上架小铁锅，将畲家美食如竹笋、豆腐酿、青菜之类煮沸食用。

畲民热情好客，善饮酒，以自家酿制的美酒待客。客人一到畲家，主人除了泡茶待客，还常恭恭敬敬地用双手捧上一大碗米酒请客人品尝，这是畲家最高的待客礼节。畲族一年四季过节日，办红白喜事，没有酒就不算过节；没有酒请客人喝醉就不算办喜事，不算请过客。所以畲家一年四季，家家均酿有米酒，建房时有"上梁酒"，生日时要吃"生日酒"，定亲时要喝"定亲酒"，嫁女时要吃"嫁女酒"，娶亲时要吃"讨亲酒"，真可谓无酒不欢，无酒不成席。

畲族善酿酒，尤其是米酒。据客家文化史研究专家考证，从北方中原南迁的客家人酿酒技术就是跟当地畲族先民学习的。畲家酿酒，先自制酒粬，制好的酒粬呈红色，又叫红粬，将红粬拌煮熟的糯米一起发酵，酿成米酒。畲家米酒的味道关键在于制粬，是一项讲究经验的手艺，是畲家长期经验总结。制粬一般在秋季开始，制粬先要选择能够发酵的植物，畲家有一种生长于沟溪边的植物叫红苕草，畲家称"酒脚"，采集红苕草与米粉一起发酵，制成红粬的"粬娘"。农历十月是最好的酿酒季节。在酿酒时，畲家根据不同的需要，加入中草药滋补，称"药酒"。酿酒后的酒糟，加上番薯丝经第二次发酵，用来蒸烧酒。这种白酒的酒精度可高达50度左右，称"番薯烧"；酒糟和其他菜混合炒着吃，如酒糟萝卜、酒糟豆腐等；酒还可以腌制各种风味食品，如酒糟鱼、酒糟肉等。酒糟类食品腌制后需要扎紧坛口，腌制月余，即可食用。

首先，畲家注重食疗，将中草药和食物配合，产生一定的保健作用。生活在恶劣的自然环境下，由于生产力水平低下，现代医疗不发达，为了谋求生存和繁衍，经过长期实践经验总结，发现很多草药和食物搭配，能强身健体，甚至治病，于是采集草药，大胆地将各种草药与食物搭配吃，形成了富有山地特色的饮食文化——食疗。畲家民间谚云："九药不如一补"，认为吃药不如预防性药补，用来减少疾病发生。有些中草药经过简单炮制，也可用来治疗一些常见的疾病。畲族民间食疗和汉族类似,有以形补形,以脏补脏的说法,认为动物的内脏与人体组织结构有类似之处,比如治疗关节痛,用猪蹄加酒炖食后服用,用于治疗关节风湿病;治头痛用猪(羊)脑加白糖、姜根适量煎服。其次,畲族食疗注重辩证思维,如将人体分为寒性和热性,体质寒者要配热性食物调和,体质热性者要用凉性食物调和。并经过长期的经验总结,将很多食物总结为寒性食物和热性食物,如白糖、冰糖性凉,红糖性热;白酒性凉,米酒、黄酒性热。随着畲家生活水平的提高,很多疾病得到及时治疗,但很多食补和药补方子仍然在民间流传,用于强身健体。

(二)海洋食俗

东南沿海畲民饮食习惯与当地汉族相同。如福建厦门畲族饮食习俗基本和闽南习俗接近。厦门有道菜——海蛎煎,是用新鲜的海蛎在滴了猪油的平锅上生煎,海蛎要调些地瓜粉、佐以大量的青蒜、再配上黄白的鸡蛋,做法虽然简单但是火候难调。而这对于畲族而言,家家都会,且家家都能做好,在厦门街坊间曾流行一句"吃海蛎,到钟宅"的俚语,甚至海蛎除本地销售外,还远销到广东等地。这与沿海畲族以讨海为生息息相关,由于水质好,当地海蛎特别好吃,因此也成了畲村主要的经济来源。

五　畲族文化特点

(一)原生态性

长期以来,畲族以刀耕火种作为经济方式,以宗族血缘关系为主要的社会组织形式,在和汉族长期交往过程中,既深受地域文化影响,又保留一些民族特色,具有典型的原生态特点。畲族把文化活动寄于生计生产和祖先信仰中,既有封建社会烙印,也较好保留了文化的本来面目。如有些体育活动源于狩猎生产;抛茶球、击草刀源于畜牧生产;抢茶子源于采集生产;问凳、舞铃刀、擦黑、红脸等存于宗教仪式和婚俗中。

（二）民族性

畲族在其生产发展过程中，特殊的生活环境和生计方式构成富有民族特色的文化形式。畲族聚居在土地相对贫瘠的半山腰，居住分散，很多文化形态具有本民族特点，如登山对歌就成为山地文化具有的显著特色。人们在登山劳作过程中，通过对歌抒发自己的情感，表达自己的思想，传承先祖的遗志，形成了具有鲜明特色的文化形式。畲族对祖先的崇敬，孕育了畲族的独特的祭祀文化，由此产生了与本民族祭祀有关的宗教仪式。

（三）地域性

畲族分布较广，属于大分散小聚居的居住方式，畲族每到一地，就能较快融入和适应当地的生产生活方式，形成畲族地域性文化特点。如畲族建筑特征、饮食习俗等均具有地方特色。山地畲族主要聚居在偏僻的山区，耕地较少，其建筑和民俗主要为了适应山地气候和自然环境，形成山地型民族文化形态；而迁徙到沿海的畲族，如厦门、霞浦，在和当地长期交往中，已经形成了具有海洋特色的文化形态。

（四）节庆性

畲族节日较多，几乎每个月都有节日，节日文化是传统文化重要的展现形式，节日承载了畲族众多的物质文化和非物质文化，也是畲族物质文化和非物质文化的大集合。很多非物质文化形式是通过节日呈现，如每年二月二会亲节、三月三乌饭节、四月八牛歇节，男女老少身着盛装，扶老携幼参加节日活动，在庄稼丰收或猎获野物的时候，也要举行各种体育活动。

第二章　畲族传统文化符号

　　符号，是指具有一定内涵或者特殊意义的外在标识。文化符号是符号学系统中的一种，是通过文化呈现的标识，文化符号内涵丰富，它是一个民族、一个地域或一个国家独特文化的抽象体现，是文化内涵的重要载体和形式。民族符号是本民族区别其他民族的重要标识，符号由不同元素构成，元素有抽象元素和具象元素，如图案、结构、样式等为具象元素，而风俗、信仰具有抽象特征。同时，符号具有显性和隐性特征，建筑、服饰、节日等均有显性特征，而蕴含在服饰节日背后的思想观念、文化内涵具有隐性特征，二者相辅相成，互为表里。民族文化符号是该民族在长期历史发展过程中酝酿形成的具有广泛认同的标识，凝结着本民族精神，并体现民族利益的形象和元素。民族符号既是民族认同的基础，也是国家认同的基础。

　　畲族文化符号不是孤立存在的，是与中华民族文化符号系统息息相关的，是中华民族符号体系的一部分。凡是在中华民族融合、演化与发展过程中逐渐形成的，都可以称之为中华民族符号的组成部分。畲族是中华民族大家庭中的一员，其形成不可避免地与中华民族的发展演化有着密切关系。从畲族起源可以看出，无论是"越人说""闽人说"还是"夷人说"，都属于中华民族的一部分。畲族文化符号一般由畲族人在吸收融合了汉民族和其他少数民族的基础上创造、传承，反映畲族人文精神和民俗心理，具有畲族特质的文化成果，都是畲族文化符号，也是畲族区别其他少数民族的标识。包括有形的物质文化符号和无形的非物质文化符号。如建筑样式、服饰艺术、民俗事象、生活习惯、宗教信仰、习惯法、伦理等。

文化符号是对传统文化中的优秀因子进行系统总结和高度概括，具有概括性和识别性，又被称为一个民族的标志。同时，文化符号有天然形成和后来打造两种形式，无论是内部自然产生，还是借助外力打造，文化符号的前提在于代表本民族最突出文化特征，且引起本民族情感共鸣、价值认同、心理认同的，充满乐观积极向上的文化元素，才能称之为该民族的文化符号。文化符号有代表性符号和一般符号，突出符号和通用符号，作为创造性转化和创新性发展的基础，需要树立、挖掘、提炼有代表性的、有特色的突出符号，有利于进一步凝聚力量，促进民族团结与和谐，也是社会和谐稳定的基础。

第一节　物质文化符号

一　凤凰山

"凤凰山"为一地名，被认为是畲族发祥地。很多民族都在追溯和探询自己的起源地，如瑶族的千家峒、土家族的武落钟离山、黎族的黎母山等。在畲族人民心中，"凤凰山"家喻户晓，人人皆知。当走进闽、浙、赣、皖等省的畲族山区，只要一提起有关畲族的来源，老人们都会告诉你：他们的祖先很早就在广东凤凰山居住，目前散居在浙江福建的畲族都认为他们是从广东潮州凤凰山迁徙过来的，他们的始祖名叫盘瓠，死后就葬在那个山上，山上还保存有一座祖坟等。[①] "凤凰山"坐落在广东省潮州市潮安区北二十五公里处，方圆几十里，山峦起伏，连绵不断。浙江丽水地区的畲族族谱还记载着广东凤凰山祖坟的四至为：前至雷家坊，后至观星顶，左至会稽山，右至七贤洞。相传凤凰山上有一口坟墓，中间有一块碑，上写"皇敕高皇墓"，两旁有石旗杆，

---

① 《畲族简史》编写组编写：《畲族简史》（修订本），民族出版社2008年版，第20页。

中间仅能一人通过。在凤凰山有两个遗址：当地人称"高皇寮"，有的又称"陈吊王寨"。"高皇寮"与畲族古歌《高皇歌》是不是巧合不得而知。陈吊王，宋末元初抗元英雄，"陈吊王寨"与纪念起义领袖陈吊眼抗元事迹有关。据史书记载，宋末元初，居住在福建南部和广东潮州一带的畲、汉两族人民，在陈吊眼和许夫人的率领下，掀起了大规模的抗元斗争，起义军前后共坚持斗争达六年之久，给元军以沉重的打击，但起义最终失败。畲族人民一直缅怀陈吊眼，尊称他为陈吊王。虽然畲族大多逐步迁徙到浙江、福建等东南沿海一带聚居或散居，但从"高皇寮"和"陈吊王寨"的古迹说明，广东潮州一带畲族具有悠久的历史，他们的祖先早在明代以前就居住在此。

对发祥地的追溯与崇拜成为畲族符号象征体系中的物质起点，"凤凰山"一直是萦绕在该民族的"根性"情结，畲族很多文化现象和凤凰有关，如凤凰装、凤凰头、凤冠等，均和凤凰山有着不解之缘，因此，凤凰山成为畲族认祖归宗地理标志和物质象征，也理所当然成为畲族的物质文化符号。

二 凤凰装

畲族服饰有个特殊称呼——"凤凰装"，"凤凰装"的来源与畲族女性始祖三公主有密切关系。传说"大耳婆"（始祖婆）的三公主嫁给龙麒时，赐凤凰装。"凤凰装"成为畲族女性出嫁时服装的称谓，是畲族特有的民族服饰，后来在重大节日时所穿民族服装也称凤凰装。穿戴民族服饰是畲族节日一项重要的内容，能增强节日的气息和氛围，也凸显了民族的特点。畲族的传统服饰与周边汉族客家人有一定联系，但具有本民族特色。经过一千多年的发展和变迁，逐渐形成具有东南少数民族特色服饰样式。凤凰装根据不同分布区域，分为景宁式、宁德式、霞浦式、福鼎式、福安式等不同类型，各地区样式虽略有差异，但均以蓝底为布料，在领口、袖口等处刺绣少量花纹。

据史料记载，早期畲民的服饰与中原汉族迥然不同，男女均穿五色花衣，头饰为高髻，赤足。在《后汉书·南蛮传》中就记载着有关南方少数民族将布料用植物、果实和根茎进行染色，衣裳颜色斑斓多彩的情形。虽然史料是较为笼统的记载，但也反映了早期畲族服饰斑斓多彩的特点。随着时代发展，经过长期和汉族交往，加上劳作等现实需求，现在的畲族女子服饰进行简化和改良，下装多为青布长裤，仅裤脚饰带状花边，多彩颜色和刺绣工艺仅为装饰局部，时至今日，畲族凤凰装刺绣越发简化，但饰有彩带的围腰仍被保留下来，还有部分畲族妇女在日常生活中穿戴。

三 凤凰冠

"凤凰冠"为畲族女子头饰，是畲族凤凰装中最具特色的一部分，在凤凰装逐渐简化的当下，凤凰冠是保留民族特色的装饰符号。各地凤冠样式不一，但一般都称为凤冠，成为畲族文化的一个标志性符号。凤凰冠是为了纪念畲族女性祖先"始祖婆"三公主出嫁时的装扮，[①] 所以凤冠的造型多模仿仰头翘尾的凤凰头造型，装饰物件一般用少量银饰和毛线绳等材料盘发而成，造型尤像一只高高仰头的凤凰，虽不及汉族皇后娘娘奢华，但胜在造型的突出，具有很强的标识识别性。凤凰头饰有凤身、凤头、凤尾和凤脚。前面的立面象征凤头，凤身为三角形镶嵌刻花银片的冠体，后面高高挑起的是凤尾，耳侧垂下数片银片象征凤脚。佩戴凤冠时，女子需盘发髻于头顶，上面固定住银质的凤身。福建畲族女性发式随地区不同，显示出不同的艺术特点。还依照年龄显示出不同的艺术特点，可分为"小凤凰头""大凤凰头"和"老凤凰头"三种束发形制。小凤凰装头饰为未婚或未成年女子头饰，一般分为两种，第一种以福建霞浦地区最为典型，发前留有刘海，发辫内掺入红色的绒线，与头发编成红黑相间的发辫，高高盘于前额上方。第二种以福建福鼎地

[①] 吴微微、骆晟华：《浙江畲族凤冠凤纹及其凤凰文化探讨》，《浙江理工大学学报》2008年第1期。

区最为典型。是将头发盘梳成扁圆形，用两束红色绒线绕头捆扎。大凤凰装头饰为已婚畲族女性的头饰；"老凤凰头"以年长的中老年妇女为主，装饰极为简单。节日期间，未婚的青年女子头上盘上凤凰头，上身穿有绣花的民族服装，下身着阔腿裤，腰系绣花围腰，腿裹绑腿，甚为好看。年轻畲族姑娘一般只有在节日时才会穿上民族服饰参加表演或各种礼仪活动，在日常生活中穿着朴素，以蓝、黑青布为主。

纵观畲族服饰文化逾千年的变迁，从闽越土著百越族群的衣饰身影，到现代改良的民族表演服饰，畲族服饰文化的发展演变一直是在与周边各民族的融合中进行的，以客家文化为代表的汉族文化对其的渗透影响大。

服饰和凤冠，承载了畲族历史文化变迁，也保留了畲族文化特色，当今畲族文化中认同度高，因此可以提炼为畲族物质文化符号。

四 山哈带

山哈带又称"彩带""花带""字带""拦腰带"等，是畲族传统手工艺品之一，也是节日用品之一。按照传统习俗，畲族男女定情之时女方都会送上自己精心织成的彩带作为信物。[①] 畲族彩带织造简便，没有特制的织带机，坐在地上即可编织。彩带分棉线织、丝织和化纤三种。由于棉线和丝线成本高，现在线材多为集市购买的化纤线。其花纹有抽象的几何形、动植物形等，如"蝴蝶""蜻蜓""梅花"等。彩带最有特色的纹样是"字带"纹，也就是将汉文字的偏旁部首或笔画较少的汉字如"田""井""日"编入花带中，另外还创作一些文字，在汉字的基础上加上装饰，显得古朴而有韵味。被称为"活"的畲族女书。山哈带的颜色变化多样，有红、黑、白、绿等色交织，凸显民族特色。

畲族彩带图案种类丰富，和其他少数民族一样，有共性纹样，如动

---

① 金成熺：《畲族传统手工织品——彩带》，《中国纺织大学学报》1999年第2期。

物纹、植物纹、几何纹和汉字纹等，动植物纹样大多是将具有地方性特点的动植物进行抽象简化后织在带子上，汉字纹是畲族妇女识字后，将有吉祥如意意思的词语织进彩带中，期望带来好运和祝福；彩带最有民族特色的是会意字纹样，是将本民族特殊符号织在彩带中，畲族有本民族语言而没有文字，用象形符号代替汉字，创造出具有表意会意简单符号。

彩带的会意符号类似于中国古老的象形文字，但畲族还没有形成系统文字，因此只能是表意的符号，具有象形特点，这些符号都是生产劳动中的体验感知后的智慧总结。如"日"表示白天，以弓箭象形表示狩猎；以菱形格表示田地；以波浪线表示老鼠的牙齿；以菱形中一点，表示怀孕；以"S"表示曲折；以"井"字表示水源等。彩带符号大多以菱形格形式，两头尖中间粗，这种会意字与湖南江永县女书有异曲同工之处。女书，严格讲应称为"女字"，即妇女书写的文字，是一套奇特的汉字。湖南江永县妇女将自己的情感用会意字的形式，书写在布面、折扇、手帕、纸张上，分别叫作"三朝书""歌扇""帕书""纸文"。有的绣在手帕上，叫"绣字"，字体外观形体呈长菱形，右上高左下低，斜体修长，似风吹杨柳摆动。每个字与汉字相像但又有区别，乍看上去似甲骨文，又有许多眼熟的汉字痕迹，但又不是汉字。畲族彩带会意字带有符号和文字功能，既有汉字的影子，也有符号的意义，形式表达在文字与纹样之间，是一种特殊女性文字。和江永女书相比，畲族彩带上的文字仅限织于彩带中，未在折扇、手帕、纸张等处写下，也就是畲族彩带主要为装饰用，含义表达不及江永女书丰富，但并不代表畲族彩带文字就没有解读的意义，畲族彩带上文字在畲民认为，那是祖传的字，是祈福的。目前在畲族地区已有部分字被解读出来，如"吉祥如意"等字。过去，畲族大多没有机会进学堂学习文化知识，由此，在畲族内部，特别是妇女之间，用这种象形符号来代替文字，有关专家认为这种特殊文化符号承载着远古时代畲族对知识和文化的渴望。中华人民共和国成立后，畲族摆脱了封建社会压迫，很多畲族女子进入学校识字，随着畲族文化程度不断提高，象征着表意的符号也在减少和消失，只有部分老年人会织有符号的彩带，也只有少数年长者能看懂符号表达的含义。

彩带之所以提炼为畲族传统文化的物质符号，是因为彩带是畲族传统工艺中不可多得的精品，彩带中的表意符号承载了即将消失的畲族历史文化信息（见表2-1）。

表2-1　　　　　　　　　畲族彩带纹样释义

	纹样	闽西畲语（汉语）		纹样	闽西畲语（汉语）		纹样	闽西畲语（汉语）
1		上（土）	10		融合	19		蜘蛛
2		开始（正）	11		成立	20		麦穗
3		日间工作（日）	12		伟貌	21		日
4		威望高者（巫）	13		曲折	22		雷
5		平顶（王）	14		掩	23		川
6		诚心（王）	15		缺月之时	24		敬龙
7		继业（田）	16		（亚）	25		怀孕
8		水源（井）	17		（勻）			
9		民族移动	18		老鼠牙			

来源：喻颖绘。

五　花斗笠

斗笠是畲族妇女外出劳作、赶集或走亲访友时遮阳避雨的工具，由于编织有美丽的花纹，又称"花斗笠"，后来渐渐演变成一种装饰物，是畲族姑娘出嫁的陪嫁品和节日盛装必备的用品。斗笠在很多南方少数民族都有流行，如毛南族的"顶卡花"，壮族斗笠、苗族斗笠等，是带有地域性特色的生活器物。畲族花斗笠突出一个"花"，这里的"花"

指斗笠的顶部编织有一个造型独特的花朵纹样，这也是区别其他花斗笠的视觉形象特征。畲族花斗笠的编织工艺精细，一顶斗笠编织下来，需要37道制作工序。从砍竹、裁竹、削篾、打顶、做坯，到修边、夹料、编织等，每一道工序都有着严格的操作要求。第一道工序是选材，必须选用当地特有的一种竹节间距长、纤维含量多、柔软性强的竹子，而非其他竹子可随便替代。编斗笠的竹篾长60厘米，竹子的枝干经过破篾、削篾、打磨等精细的工序后，粗大的枝干便被削成一根根细可穿针的竹篾，每根的长度都有统一的规格，不差毫厘。斗笠夹层的竹叶，一顶斗笠由内、外两层竹编网眼组成，内层由86根竹篾编织而成，外层消耗的竹篾为内层的两倍，共需172根，两层竹编网眼间夹一层油纸和竹叶，笠面上再漆以桐油和彩漆。一个花斗笠全部制作完工，至少需要6天至7天时间。花斗笠装饰有"虎牙""斗云""舌子"三种形状，它们都是畲族特有的文化特征。

花斗笠之所以能提炼为畲族文化符号之一，是因为花斗笠不仅承载了畲族手工艺人"工匠"精神，也是婚俗的物化表现。

六 祖图

畲族祖图又称"盘瓠图""太公图""长联""环山轴"等，是畲族早期祭祖时的重要供品，也是畲族祖先信仰的主要物质符号之一。每年农历二月、三月、七月和八月十五是祭祖日，畲族举行祭祖活动都要把祖图拿出来供奉。现存的祖图多为清代绘制，以麻布、棉布或纸质为底，矿物质原料平图勾勒，兼用黑、绿、蓝、红、白、金等色浓墨重彩，一般画面配有简要文字说明，图文并茂，以连环画的条状横幅长卷居多，也有直幅多屏组合而成。畲族祖图是根据畲族内部的口头传说《高皇歌》的故事绘制而成，《高皇歌》又称《盘古歌》《龙皇歌》《盘瓠王歌》，是一首长达三四百句的七言史诗。它以神话的形式，叙述了畲族始祖盘瓠立下奇功及其不畏艰难繁衍出盘、蓝、雷、钟四姓子孙的传说。一般绘有"龙麒诞生""龙麒揭榜""智擒番王""金钟变身"

"迎娶三公主""繁衍子孙""闾山学法""坠崖身亡"等情节。在"龙麒诞生"环节,一般最前几节是三皇五帝,广东潮州雷氏祖图有天皇氏、地皇氏、有巢氏、盘古氏、神农氏、量天王等,有的祖图是"盘古圣王开天辟地、伏羲皇帝画八卦、龙马负图、神农皇帝尝百草知苦味甘咸,鲁司务(师傅)始造架屋,有熊氏始制衣服"等。个别祖图还有"燧人氏取木造屋"一节,《高皇歌》开篇载"盘古开天到如今"。与汉族大体相同,说明畲、汉两族具有相同的史前认识和观念,祖图反映了畲族的原始宗教信仰和图腾崇拜痕迹。

祖图也是区别畲族和其他民族的重要信物,虽然瑶族也有过山榜等长幅连环画,但畲族祖图绘制盛行期为清中期至民国时期,人物众多,绘制复杂,成本较高,艺术价值、文化价值、历史价值凸显,特别是"文革"期间烧毁、损毁严重,存世较少,尤其显得珍贵,当代的复制品大多以清代祖图作为依据进行复制。更重要的是祖图承载畲族的民族迁徙史、来源传说、发展演变、精神信仰等众多民族密码,可以提炼为畲族共有的文化符号(见图2-1)。

图2-1 畲族祖图(局部)
来源:中南民族大学民族学博物馆供图。

七 祖杖

祖杖是畲族祭祖的器物,也叫师爷杖,一般为木质。畲族人对祖杖奉若神明。早期祖杖的杖首形象不是龙、虎,而是象征始祖盘瓠的形象,是畲族氏族社会时期祖先崇拜的主要标志,后期的祖杖头改为龙头,并漆成金头红身。祖杖既管阴又管阳。它上面挂着一根根红布条,是参加图腾组织的"花名册",写着某府某县某村某年某月某日某人"法名"等。只有把参加仪式的人的名字挂在祖杖上,才算正式成为组织成员。

祖杖之所以能成为畲族物质符号,是因为祖杖承载了畲族的图腾信仰、祖先信仰、民俗事项等诸多精神信仰,和汉族拐杖相比,畲族祖杖的功能早已不再是协助人走路的工具,而是承载民族信息密码,符号化鲜明,可识别性强,认可度高,且现存祖杖在民族博物馆保护完整。

八 族谱

族谱是畲族念祖、存史、教化、帮助族内管理的最基本最直接的文书形式,具有一定的文献参考价值。族谱又称宗谱、家谱、家乘等,畲族祭祖时在祖龛上要摆放族谱。畲族族谱分别有蓝姓、雷姓和钟姓族谱,少见盘姓族谱。族谱根据宗族支派的大小和涉及入谱人丁的多少情形,又分为连谱、通谱、总族谱、分族谱、大族谱、小族谱、支族谱和房谱等,统称为谱牒。谱牒格式统一,由四部分组成:第一部分是"族姓渊源",内容主要为上古传说,以盘瓠等远古神话为主体框架,但这部分不同于史料,只能通过表象去解读一个民族的远古记忆。第二部分是家训、家法、家规等训诫子孙的言论。这是谱牒不可缺少的部分,虽然篇幅不大,对族群具有一定的约束力。第三部分是世系表,这是谱牒的主体部分,篇幅占谱牒的一大半,世系表详细记载了全族男丁的名讳、字号、生卒年月、配偶姓名和生育子女数量等,对于中举、为官者还要记载其简历、立传赞颂。第四部分是附录,记载祠堂、祖坟、祖产、祖田的坐落方位、形制以及地契、山契和官方批文等。畲族族谱续修的时间通常为25年至30年,即相隔一代人的时间,这样才能把家族的两代人衔接起来,确保家族血缘关系记载上的清楚,防止因年代久远或异族迁入造成家族血缘关系的混乱。

族谱作为畲族民族延续和传承的纸质文书，在畲族内部认同度极高，修族谱，成为族内人的一件大事，是反映畲族人口代代相传的物质见证，也是畲族精神代代相传的物质载体，也能成为物质文化符号之一。

九 祖牌

祖牌是祠堂供奉祖先的神位，为上等木料雕刻而成，俗称"龙牌"，畲族在祭祖时，一般与祖图、族谱同时展示。祖牌通高50厘米，中间书写有祖先名讳行第、职衔等，两边雕有精美的龙首、吉祥图案，福建福安大林种氏祠堂、金斗洋雷氏祠堂、溪塔雷氏祠堂都供奉有数量不等的精雕细刻的祖牌，景宁畲族博物馆也收藏有精美的祖牌，目前存世祖牌多为清代原件。

作为祖先牌位，是畲族崇祖敬祖的物质载体，也是畲族物质文化符号的体现。

十 祖像

祖像指畲族历史上的祖先画像和雕像，画像多为纸质版，雕像有木雕和泥塑两种。包括始祖像、本族支开基祖像。始祖像为忠勇王雕像，有木雕和泥塑两种，高1.5米左右，平时供奉在祖龛，重大节日抬出祖像迎祖。福建蕉城钟氏祠堂、北山蓝氏祠堂供奉有忠勇王祖像；富达、巴林的蓝氏祠堂供奉有本派的开基祖像。祖先画像，畲族称为"三代容""四代容""五代容"，也就是从开基至绘制上一代的祖先像，一般是"三代容"像，最多见过"六代容"像，收藏于中南民族大学民族学博物馆内。

祖像是畲族祖先崇拜的物证反映，在畲族内部作为珍贵遗产被珍藏，是畲族物质文化符号的一个象征。

十一 祖祠

祖祠是畲族祭祖的物质空间场所，又称祠堂，如蓝氏祠堂、雷氏祠堂、钟氏祠堂等。祖祠是畲族举办族内公共活动的特殊场所，一般用来祭祖、聚议、修谱、神事等重要族内活动。当今，其神事功能早已弱化甚至消失，闽南祠堂演化为祈福纳祥，消灾祛祸的祈福场所。但祖祠仍然承担着凝聚民族力量，是寄托精神信仰的公共场所，特别是闽南厦门钟宅祠堂，气派华丽，香火旺盛，族人自发捐钱捐物，维持祠堂的正常运转。

祖祠作为物质文化符号，在此空间开展的民俗活动和祈福活动，有利于维系和凝聚民族情感，调节和维系族内的纠纷矛盾，化解族内危机，有利于社会稳定和社会和谐。

十二 惠明茶

中国茗茶文化由来已久，惠明茶作为少数民族不可多得的茗茶，早在20世纪初就已经名震海外，是畲族为之骄傲和自豪的民族农产品。惠明茶来源于浙江景宁畲族自治县有一个叫惠明寺的地方所产的茶叶，以地理为名称为惠明茶。其是浙江景宁畲族自治县的特有的茶叶，也是国家地理标志产品。

惠明茶为外界瞩目，是来自1915年在美国旧金山为纪念巴拿马运河开通航行而举办的万国博览会上的评比，中国选送的就是浙南畲族地区景宁一带产的惠明茶，当时被公认为是茶中珍品，在此次万国博览会上荣获一等证书和金质奖章，从此惠明茶名声大振，人们称其为"金奖惠明"。从20世纪80年代起，惠明茶先后获得多项殊荣，1991年又被评为中国文化名茶和中国文化名茶。1986年评为中国十大名茶之一，2010年批准"惠明茶"实施地理标志产品保护。

为什么叫惠明茶？据《景宁畲族自治县志》载：唐大中年间（847—859），景宁已种植茶树。惠明茶起源于唐代惠明和尚建寺（图2-2）于南泉山（今景宁鹤溪镇惠明寺村，寺因僧名，村以寺名），惠明长老和畲民在寺周围辟地种茶。该处所产的茶叶品质好，因僧而得名，称"惠明茶"。①清同治十一年（1872），"茶随处有之，以产惠明寺大漈者为佳"（同治《景宁县志》卷12《风土志·物产》），可见当时景宁种茶之普遍，茶业发展之盛。

图 2-2　惠明寺

来源：浙江景宁畲族自治县（林毅红摄）。

关于惠明茶，还有一段传说。相传唐代永泰年间，四川峨眉山老和尚听说敕木山有甘泉水，不辞辛劳从峨眉山长途跋涉到此，由于路途遥远艰辛，来到敕木山就昏倒了。景宁县敕木山半山腰住着一对畲族母女，母亲叫蓝二婶，女儿叫山明。这天，蓝二婶上山看见一个老和尚昏

---

① 《景宁畲族自治县志》编纂委员会编：《景宁畲族自治县志》，浙江人民出版社1995年版，第198页。

迷，善良的蓝二婶将老和尚背回了家，打来山泉水给老和尚喝，老和尚喝了山泉水，就缓了过来。在蓝二婶的精心照料下，老和尚逐渐恢复健康。一天老和尚拿出种子，让蓝二婶将种子种在屋前屋后，春天到了，种子发芽、吐叶，长成了一棵棵小树，老和尚教蓝二婶将树苗上的嫩叶摘下，放在铁锅里用火炒、搓、揉、烘干并收藏起来，告诉蓝二婶，这种小嫩叶叫"云雾茶"，能醒脑、明目、清胃、润肺，还可治病，教完蓝二婶种植茶叶技术后，老和尚继续云游去了。不久，蓝二婶种的"云雾茶"能治病的消息传开了，不少人来求茶。蓝二婶的生活比以前好多了，为了纪念那位老和尚送来茶籽，二婶用女儿山明的名字给这茶取名为"惠明茶"。

又有传说老和尚并没有云游他乡，而是被当地气候和景色吸引，于是留在敕木山，在半山腰盖了一座寺庙叫惠明寺，老和尚自称惠明和尚，是惠明寺第一代住持，并在寺庙周边种上云雾茶，用山中泉水浇灌，敕木山云雾茶品质高，得到当地百姓的追捧，由于茶叶与惠明寺和惠明和尚有关，取名"惠明茶"。

惠明茶的高品质主要与当地的气候和自然环境有关。惠明茶产区景宁地形复杂，产区属酸性砂质黄壤土和香灰土，pH 值 4.5—5.5，全土层在 100 厘米以上，有机质达 2%—4%。位于景宁县敕木山东北半山腰的惠明寺村一带，海拔在 600 米左右，空气清新、负氧离子高、云雾缭绕、雨水充沛，年平均气温 15.2℃，年降雨量 1829 毫米，气候适宜，尤其有利于茶叶含氮物质、氨基酸、儿茶素、芳香物质的积累，因而提高了鲜叶的持嫩性与品质。

居住在山区的景宁畲族人喜欢种茶，喜欢制茶，喜欢喝绿茶，并且形成了自己民族特有的极其丰富的节日"茶俗"。首先是敬茶，这是畲家待客之道，"客来奉茶""浅茶满酒""续茶换茶""掊盏谢茶"是畲家礼仪。畲家称"一碗苦，二碗补，三碗洗洗嘴"，一碗是客套茶，只有喝了第二道才能走，如果给你续了三次茶，你还没有"掊盏谢（谢绝）茶"，主人就会热情地为你"换茶"，直至喝满意为止。充分折射出畲族人特有的极其好客的饮茶礼俗文化。如今茶产业成为畲乡"以茶富农"主导产业，惠明茶的经济价值、生态价值、品牌价值、文化价值得到了不断提升，成了名副其实的致富茶、幸福茶。

第二节 非物质文化符号

一 畲乡三月三

"畲乡三月三"被列为国家级非物质文化遗产。畲乡三月三，民间称"过三月三"，是以农历三月初三为节期，以踏青、对歌、吃乌饭、祭祖、祈福等一系列活动形成的一种节日文化。"三月三"期间，畲族家家户户采集乌稔树叶，蒸煮乌饭，举家团圆吃乌米饭、亲友间相互走动，馈赠亲友乌米饭，并举行家庭对歌，村里还要举行山哈歌会。三月三以缅怀祖先、准备春耕、预祝丰收和祈求幸福作为节日核心精神，浓缩地反映了畲族传统文化的种种特点，蕴含着丰富的文化内涵，在畲族群众中有较深的民族根基和影响力，是凝聚畲族内部感情的重要纽带。"畲乡三月三"文化内容丰富、广博，包括思想观念、思维方式、价值取向、道德情操、生活方式、礼仪制度、风俗习惯、宗教信仰、文学艺术等。在节日里，人们通过特定仪式，祭拜祖先，劝诫子孙，增强民族自豪感和凝聚力；通过馈赠乌米饭、走亲访友，维护血缘与族缘的情深，共享天伦之乐，期望和睦家庭关系，通过"三月三"踏青郊游，期待人与自然的和谐，通过无拘无束的盘歌，表达乐观豁达、含蓄而热烈的民族性格，实现人与人和谐相处。"三月三"以特定时间作为一种节日文化，具有群体性、地域性、民族性、传承性、自娱性等特点，是畲族传统文化延续和传播的重要途径，有着畲族传统文化积淀场的作用。同时，三月三节日有利于民族交流交往。畲族居住分散，平时忙于劳作，四季没有闲时，唯节日是他们聚会相见的日子，三月三成为畲族的集体记忆的象征。现在，景宁畲族自治县政府以其约定俗成的节日活动，一年一次的频率，周而复始地强化着畲民的集体记忆和民族情感认同。

汉族也过三月三，称为"上巳节"，上巳的"巳"字即"子"，因此，上巳节的最初意义是为求子。中原汉族的"上巳节"是祛病纳福的日子，称为"祓禊"，即祓除灾祸，祈求吉福，主要内容是净身洗浴，所以也称"春浴日"。这个习俗在畲族三月三是没有的。汉族三月三在民间有在溪边或河边摘柳条，戴柳圈，放逐鸡蛋、红枣的习俗，用于求子，红枣在汉族民间有"早生贵子"一说，三月三这天，汉族也有郊外踏青和吃青精饭以及歌会等活动；汉族三月三祭拜的先祖据说是生育之神高禖，高禖是民间传说主管婚姻和生育的神，从这里可以得知，中原的"上巳节"主要跟求子有关。

畲族三月三与汉族的三月三既有相同之处，也有各自特色：（1）节日时间大体相同，都是农历三月初三，但汉族是三月上旬第一个巳日举行，而畲族的三月三，在农历三月初三这天举行。（2）汉族的三月三是以文人为主的群聚性的踏青活动，主要以亲朋好友为主，其地点不固定。而畲族三月三是以吃乌饭为主的民间习俗，不论是达官贵人还是普通百姓都约定俗成参加，属于民间群体性节日活动。（3）汉族的三月三是文人雅士在初春举行的诗歌创作活动，文雅有余，质朴不足。而畲族的三月三节会则主要是民间对歌，乡土特色非常鲜明，即兴创作和传唱民歌是其主流的文化形态。（4）汉族三月三节日文化内涵主要是和清洁、祛病、纳福和求子有关，文人雅士借此进行诗词创作，畲族三月三没有求子和祛病等内容，主要蕴含农事祭祀和祖先祭祀等原始信仰。（5）畲族和汉族都有吃乌饭习俗，但汉族在农历四月初八有吃乌饭的习俗，而且非常看重相互馈赠。

从上述几方面我们可以得知，畲族的三月三虽然与汉族三月三同宗同源，与中原汉族三月三在习俗上有些差异，但仍是一脉相承，是中华民族传统节日的一部分。

作为中华民族共有的特色节日，不仅畲族有三月三，南方很多少数民族，如壮族、布依族、侗族、黎族、仫佬族、瑶族等都过三月三。只是每个民族的节日表现形式和节俗、内容不同。壮族三月三是青年男女唱山歌,并借此寻找如意伴侣,是自由恋爱的一个传统节日;土族三月三这天举行鸡蛋会,在寺庙里举行祭祀,献牲酬神,保五谷丰登,人畜两旺;布依族也有三月三,俗称"地蚕会";侗族每到三月初三,寨子青年男女欢聚一团吹芦笙、跳芦笙舞,预祝今年五谷丰登,有的在三月三举行抢花炮、斗牛、对歌和踩堂等活动,亦称"花炮节";瑶族三月三举行纪念先祖盘古;黎族称三月三为"孚念孚",为预祝黎族山地特有的旱稻——山兰稻的丰收和打猎有收获,届时,青年男女跳竹竿舞和打柴舞庆祝节日,也是青年男女自由交往的日子。从以上各民族节日习俗得知,中国南方少数民族三月三主要和农事、祭祀以及恋爱有关,有着农耕时代祈求风调雨顺、五谷丰登和自由恋爱的节日特征。

"畲乡三月三"之所以称为畲族文化的象征和符号,是因为畲乡三月三承载了畲族丰富历史文化传统,有传统的乌饭习俗、祭祀习俗和对歌习俗。今天畲乡赋予传统节日更多新的内涵,增添新的内容,创造新的形式,不仅是畲族传统饮食、民歌、民族服饰、民族舞蹈、民族体育传承与发展的重要载体,也是畲族展示自身形象和宣传优秀传统文化的重要舞台,"畲乡三月三"成为民族文化展示、文化交流与旅游融合的综合性盛会。使这一古老的民族节日不仅继承了优秀传统的精髓,民俗活动融入了时代的气息,民俗功能也由早期祭祖求福向娱乐性、传承性、多样性等复合性文化方向转换。"畲乡三月三"已经超越了传统民间自发过节的民俗特征,对民族认同、民族团结、民族和谐等均具有重要意义。

二 龙麒

"龙麒"是畲族古歌《高皇歌》中传唱的主人公,是畲族图腾代表,并非真实存在的历史人物。根据《高皇歌》传唱,龙麒是帮助高辛帝平息外患,得以迎娶高辛帝的第三位公主,婚后龙麒不愿在朝廷为官,希望自己能开辟一片疆土,于是带着三公主千里迢迢来到广东潮州凤凰山定居。龙麒被高辛帝封为忠勇王，婚后生三男一女，高辛帝分别赐姓"盘、蓝、雷、钟"。

龙麒成为畲族文化符号主要有以下几个原因。一是畲族双重崇拜的复合体。龙麒作为一个动物，是原始图腾崇拜的对象，这是很多早期氏族部落的共同点，即寻找一个动物或者植物，赋予神性，成为本部落的保护神，龙麒同样具有此项功能。但由于龙麒具有其他氏族图腾不一样的功能，就是龙麒的特殊性，不仅庇佑氏族子孙，也成为氏族始祖的象征，也就是龙麒是祖先崇拜的一种体现。既有图腾崇拜的痕迹，也有祖先崇拜的因素，是图腾崇拜和祖先崇拜的二者复合体。二是龙麒在繁衍畲族四大姓之前，历经磨难，直至打猎身亡，反映了畲族勤劳质朴、机智勇敢、敢于斗争、不为名利的精神。这种精神是激励后世子孙继承先祖优良品格，具有劝诫教育的功能。

三 三公主

"三公主"是和"龙麒"相对应的传说人物，也是以传说故事中的人物形象出现，出现频率仅次于龙麒，三公主作为龙麒的妻子，她的故事和龙麒密不可分。三公主在畲族内部具有很高地位，也是作为祖先和图腾双重崇拜对象加以膜拜。畲族地区，妇女地位较高，如婚嫁中有男跪女不跪习俗。过去畲族女子通常不裹脚，参与家庭体力劳动，决定家庭大小事务。在家庭中虽然男性是家长，但女子同男子一样享有财产的继承权，这是畲族妇女和男子同等地位的体现。畲族独生女可招婿，儿子多的有些也可以出赘，在畲族是普遍认同的习俗，入赘女婿一般从妻居，所生子女通常从妻姓，方可继承女方财产，有的还可以姓两个姓。部分学者认为这有着原始社会母系社会的痕迹。其实，这主要是因为封建社会时期畲族经济条件有限，劳动力缺乏，畲族妇女同男子一样要参与体力劳动。虽然畲族有儒家思想的影响，但现实条件决定大多数畲族妇女受儒家桎梏较少，并不完全是母系社会的痕迹。南方很多少数民族中女子地位较高，这类现象具有共性特点。

"三公主"之所以成为畲族代表性符号，是因其承载了畲族许多美好的意愿，成为畲族一种精神象征，从某种意义上看，三公主的认同度以及传唱度，早已超过"龙麒"的影响力。和"龙麒"具有图腾功能相比，"三公主"也是始祖婆的化身。通过分析畲族古歌《高皇歌》和畲族祖图关于三公主的描述，可以得知：首先，三公主出身高贵，金枝玉叶，三公主是高辛帝的女儿，在以血缘关系为纽带的原始社会时期，其血统非常重要。其次，深明大义。当龙麒揭黄榜，智斩番王为国除患，三公主被父赐婚龙麒后，能明大义，甘愿下嫁，且协助龙麒变人身。再次，具有吃苦耐劳精神，随龙麒远离朝廷，远离锦衣玉食，落户偏远的蛮荒之地广东潮州凤凰山，男耕女织，过着刀耕火种艰难日子，并养育三男一女，具有贤良之德。最后，忠义可嘉，龙麒间山学法打猎身亡后，独自抚养三子一女，且教育后世子孙，不忘先祖，并将龙麒一生丰功伟绩，请画工绘制在一张长卷上，供后世子孙永世瞻仰和祭奠，至此，畲族敬祖崇祖直至尊敬长辈的优良传统代代相传，与三公主对后代的教育分不开。基于以上因素，三公主内在的优良品质成为畲族引以为傲的精神象征。

在畲族地区，很自然将三公主和凤凰图腾联系在一起。这是因为在中国传统文化中，凤凰是中国古代传说中的百鸟之王，在中华文化中具有极高地位，是礼记四灵之一。秦汉以后，龙逐渐成为帝王的象征，凤开始成为王后的象征，凤凰的形象逐渐被整体女性化。其标识常用来象征祥瑞，在《山海经》《大荒西经》《证类本草》等中都有记载。

中华民族两大公认的图腾系统为"龙"和"凤"，崇凤是一种浓厚的中华民族共有的心理情结。畲族将龙麒与畲凤（三公主）作为本民族的两大图腾系统，这也再次证明畲族传统文化与汉族一脉相承的关系。中国传统文化赋予了凤凰很多美好的特征：美丽、吉祥、善良、有德。凤凰的起源约在新石器时代，在出土考古发掘中，原始社会陶器上的很多鸟纹都是凤凰的雏形。这说明，崇凤源远流长。凤鸟作为一种现实与理想相结合的飞禽，在经过了漫长的历史演变，已成了纳福迎祥、驱邪禳灾的象征。从某种意义上说，它是中华民族对美好生活的向往以及审美的外在体现。在经历了数千年演变的凤纹艺术，今天仍在不断创造着新的形式。畲族人把三公主作为凤凰的化身，被子孙世代敬仰、崇拜，从而创造出丰富灿烂的图腾文化。畲族崇凤，也是中华民族共同符号一脉相承的，三公主就是畲凤的化身，成为畲族传统文化另一重要符号。

四　雷万兴

雷万兴是畲族以史料为基础进行故事改编中的人物，是畲族人民心目中的历史英雄之一，其传说故事代代相传，是将历史人物与假象传说杂糅的人物。

据汉文献史料记载，"高宗总章二年，泉、潮间蛮獠啸乱"（嘉庆《云霄厅志》卷11《宦绩》），唐王朝对泉州、漳州一带的少数民族进行残酷剥削，激起当地少数民族武装反抗。畲族人雷万兴、蓝奉高、苗自成等人揭竿起义，组建义军，起义军杀死征赋纳税的地方官员，焚毁唐王朝所建的粮仓。农民起义从泉潮迅速向汀赣蔓延，声势浩大，畲族农民起义军与唐王朝将领陈元光率领的正规军，双方交战持续了三十多个年头，最终雷万兴、苗自成等畲族起义军首领在战斗中先后被杀，加上双方力量悬殊，最终起义失败。这就是史书上所说的唐朝初年发生在粤东和闽南的"蛮獠啸乱"。

在畲族民间，关于雷万兴等畲族起义领袖的故事有着与官方不同的版本，这个传说有故事情节和故事人物，充满着对本族群英雄的崇敬之情。传说畲族起义军异常勇敢，百战百胜，唐朝官兵非常吃惊，派重兵将雷万兴部队团团围困在一座山上，山高险峻，易守难攻，官兵企图通过死死围困，将畲族义军饿死，令其不战而亡。被唐朝官兵围困三个月后，义军已经弹尽粮绝，眼见义军每天都有人饿死，雷万兴心急如焚，突然有一天，雷万兴试着吃了山上的一种黑色的野果（据说是乌稔树结的果子）后浑身有了力气，于是雷万兴下令以野果为食度日，积蓄力量。第二年春天畲族义军趁唐朝官兵不备冲下山,突破官兵的包围,粉碎了唐朝官兵将义军困死山上的企图。后来,雷万兴突然想起乌稔果的香味来,命义军上山摘野果,由于没有到果实成熟季节,只能摘点乌稔树叶回来,将饭染黑了,结果染黑的米饭异常香醇。畲族人民为了纪念本民族英雄不屈的反抗精神,自此,民间有农历三月三,采摘乌稔树叶做乌米饭的习俗。

有的地区传说雷万兴曾被关进牢房,其母给他送饭,但都被同牢犯人所食,其母遂将饭染成黑色送去,其他犯人怕中毒不敢食,雷万兴终于吃上饭。后来,雷万兴越狱,三月初三战死沙场。后来族人每年三月三日,染食"乌饭"以示悼念。

以雷万兴为代表的人物,在畲族人心目中有较高的地位,是族群敢于反抗、敢于斗争精神的化身。新时期,将传说中的历史人物作为文化符号需要一分为二,用马克思历史唯物主义和辩证唯物主义看问题,既不能作为农民起义代表给予弱化和消解,也不能过于提倡和宣扬,应找到其中有利于当今时代价值,且契合当今社会发展的积极因素,抛弃其中糟粕和不利因素,挖掘人物中不畏强权,敢于斗争,勇敢智慧的一面,才能发挥符号正能量的作用。

五 吃乌饭

"乌饭"又称"乌米饭",顾名思义,是指黑色的米饭,畲族三月三有吃乌饭习俗。吃乌米饭要有"染乌饭""吃乌饭""赠乌饭"几个环节。畲族吃乌饭有几个来源,一是"纪念英雄"说,传说畲民为了纪念本族群英雄雷万兴、蓝奉高等人英勇抗敌精神,每年农历三月三蒸乌饭,遂世代相传衍成风俗。畲族民间过乌饭节不仅是为了纪念英雄,更是希望后人不要忘记前人的功绩,从而珍惜今天的幸福生活,并不断开创畲族美好未来。二是"纪念先祖"说,传说畲族始祖盘瓠喜欢吃乌饭,其子孙便以此做祭祀供品,用于缅怀先人,祈告平安。三是"消灾避难"说,传说有一年春天发生罕见天灾,蚊虫遮天蔽日,漫天飞舞，不仅将田里的庄稼都吃光，而且虫子疯狂叮咬畲民，深受其害，痛苦不堪，偶尔一次吃了乌稔树染黑的饭食，结果漫天飞舞的飞虫逐渐散去，更神奇的是吃了乌饭，飞虫不再叮咬，身体越发强健，十分神奇，因此，畲族认为吃乌饭能消灾避难，都爱吃。四是传说三月初三是畲族民间神祇米谷娘娘的生日，三月三也是春耕的开始，这一天，畲民备春耕，为了来年有个好收成，春耕之前要给大米染上黑色，寓意大米"穿新衣"，并将染黑的大米煮熟后在家里或祠堂供奉，用于祭奠米谷，祈求五谷丰登，三月三染黑米，便成特有的习俗。这个传说体现了原始农耕和稻作文化的特点。

吃乌饭，并非畲族独有，汉族也吃乌饭，只是做法、习俗不一样。汉文献就有零星散记载有关吃乌饭的事例。唐代陈藏器说："乌饭法：取南烛茎叶捣碎"①，这里染乌饭的植物材料和畲族不一样，也是就地取材，是用南烛茎叶制成；南宋林洪《山家清供》一书中也记有青精饭的制作方法："按《本草》：'南烛木，今名黑饭草，又名旱莲草。'即青精也。采枝叶，捣汁，浸上白好粳米，不拘多少。"② 宋代苏颂《本草图经·木部下品·南烛》记载，宋代制作青精饭的米，不同的季节有不同的浸泡方法，四、五月中作，可用十许斤熟舂，以斛二斗汤渍染得一斛，以九斗淹斛二斗米。比来正尔用水渍一、二宿，不必随汤煮渍米，令上可走虾，周时乃漉而饮之。初渍米正作绿色，既得蒸便如绀，若一过汁渍，不得好色，亦可淘去，更以新汁渍之。③《山家清供》上卷载："青精饭，首以此，重谷也。……采枝叶，捣汁，浸上白好粳米，不拘多少，候一二时，蒸饭。曝干，坚而碧色，收贮。如用时，先用滚水量为米数，煮一滚即成饭矣。用水不可多，亦不可少。"从以上

---

① （明）李时珍编纂，刘恒如、刘山永校注：《本草纲目》（新校注本），华夏出版社2002年版，第1033页。
② （宋）林洪撰，章原编著：《山家清供》，中华书局2013年版，第3页。
③ （宋）苏颂撰，尚志钧辑校：《本草图经》，安徽科学技术出版社1994年版，第427页。

记载得知，汉族吃乌饭，各地制作时间、制作方法不一，相当讲究，具有共同性的是染乌饭的植物均为南烛叶。

染乌饭的植物原料，不仅限于南烛一种。据现存的各地县志，不难发现，染饭的材料，除了南烛茎叶，还有枫叶、楝叶、乌桕叶等。《中国地方志民俗资料汇编·中南卷》收录的广西壮族自治区《宾阳县志》载："四月初八日，炊黑米饭食，俗以食之可以辟疫。按，黑米饭以枫叶汁渍糯米炊之。"《宜北县志》载："四月初八日为'乌饭节'。家家采取枫叶，捣滥（烂）酝酿一二日，使之发酵，煮出乌水，以之染米，尽变乌色，蒸熟以供家神，并备猪仔祭三界公爷，以望禾苗丰熟。"[1]

除了原材料，汉族制作乌饭的工艺各个时期也不尽相同。明代乌米饭的做法，十分复杂，制作流程是"先煮后染"，即将生米煮熟、晒干，再浸乌饭树叶汁，反复蒸复晒9次，所谓"九蒸九曝"，成品米粒坚硬，可久贮远携。梁代用南烛草木叶与茎皮合煮后染色，梁代陶弘景《登真隐诀》介绍了太极真人烹制流程，即将南烛草木叶与茎皮合煮后，取其汁浸米并上锅蒸制，令饭作青色，高格曝干，当三蒸三曝，每蒸辄以叶汁溲之。

《中国地方志民俗资料汇编·华东卷》收录的浙江省《临安县志》载："四月八日，俗传'浴佛'，采栋（楝）叶染米作饭，曰'乌饭'。"《处州府志·遂昌县》载："四月八日，'浴佛'之辰。乡俗取枫叶等汁渍米，名曰'乌饭'。"[2] 清代屈大均《广东新语·食语》中也提到广东西宁有类似青精饭的食法："以青枫、乌桕嫩叶，浸之信宿，以其胶液和糯蒸为饭，色黑而香。"[3] 可见，虽同名为"乌饭"，但不同时期、不同地区、不同民族制作乌饭的植物原料各不相同。

---

[1] 丁世良、赵放主编：《中国地方志民俗资料汇编·中南卷》，北京图书馆出版社1991年版，第899、931页。

[2] 丁世良、赵放主编：《中国地方志民俗资料汇编·华东卷》，书目文献出版社1995年版，第612、916页。

[3] （清）屈大均撰：《广东新语》，中华书局1985年版，第380页。

从以上史料记载可知，历史上"青精饭"的制作和畲族乌米饭制作虽大致相同，但原材料和制作工艺也有许多差异，主要差别表现在五个方面：第一，染色的流程不一样，在明代制作方法是"先煮后染""九蒸九曝"，而畲族乌米饭是"先染后煮"，染色效果一次完成，不需要反复蒸、染、晒。第二，使用的材料不一样，而畲族仅用乌稔树叶的嫩叶染色，染色后乌米饭乌黑发亮，历史上染料随地域不同也有所区别。唐代乌饭法是取南烛茎叶捣碎，渍汁浸粳米，而颜色并未有详细描述。第三，畲族乌饭用糯米蒸煮，古时用粳米。第四，乌饭的食用方法不一样。古时乌饭米粒坚硬，适合远携，食用时用水泡食，或直接就水干食，可能当时乌饭主要是作为干粮。而畲族乌米饭一般趁热吃熟食，主要功能是节日食用。第五，制作乌米饭有不同的季节，宋代吃乌饭可在四、五月时，也可在九月至次年三月，没有严格规定；而畲族约定俗成一般在农历三月三制作乌米饭。而且，吃的季节不一样。在中国南方许多地区人们保留着农历四月初八吃乌米饭这一古老的习俗。有的地方在清明寒食节吃，而更多的则是在四月初八这天吃。闽东畲族约定俗成只在农历"三月三"前后的时间吃，只有在浙南少数畲族地区也保留四月初八吃乌米饭的习俗。

吃乌饭习俗之所以称为畲族文化符号，是因为其承载了畲族的丰厚传统节日文化，是畲族共有的民俗记忆，在民间有广泛的群众基础，且民族特色鲜明，体现在食材的特殊性、地域的差异性、家庭的传承性、信仰的规约性、社交的媒介性、馈赠的礼仪性、年节的自娱性等各种民俗事项上。三月三吃乌饭，又常和畲族社交、婚恋、欢聚、游乐、竞技、集市相结合，带有很强的娱乐性，洋溢出健康、向上的精神，在调适个人或家庭的物质生活与精神生活方面，具有积极意义。

从社会功能看，吃乌饭之所以可以作为畲族一项有特色的文化符号，不仅是吃乌饭具有各民族共有的特征和习俗，而且畲族乌饭习俗更承载畲族特有的民俗记忆和文化内涵，是继承传统，延续文化根脉的纽带，此外，畲族乌饭习俗具有明显的教育功能和社会和谐作用。三月三吃乌饭，不仅有利于人与人之间交往和交流，还能进行传统教育，增强文化自信和民族自豪感，有利于促进社会和谐。

六 千人押加

"千人押加"是畲族传统的体育竞技项目，具有群体性特征。由多人组队拔河，又称大象拔河，由于参加人数众多，又称"千人押加"，现已被列为全国民运会竞技项目。"千人押加"由畲族传统的押加（拔河）比赛演变而来，畲族"押加"和汉族"拔河"，同属于我们传统体育中对抗性体育项目，在竞技方式上有一定区别，汉族拔河侧重"拔"，也就是两组成员分别用手紧握绳子，用"拔"决定胜负，而畲族押加侧重"押"，即两组队员背对而行，双手着地爬行，用肩膀为主的力量决定胜负。"押加"时，选一块平地，先在地上选两条平行线作为河界，中央又画一条中界，准备一条粗壮且结实的长长绳子作为主绳，主绳长度不一，根据参加人数决定，人数越多，主绳越长，和汉族拔河不同，还需在主绳两边各扎上多条副绳，副绳多少不一，根据参赛人数决定，副绳主要用于套住押加的队员身体，一般套在肩部和胸部的上半部，用于队员发力。比赛正式开始前，两边队员趴下，双手着地，处于匍匐状态，随着一声哨响，两边队员同时发力，奋力用手爬行，全身力量集中在肩胸部位，脚和腿用于稳定重心，爬拉动作模拟大象，因此，称为"大象押加"。

之所以将"千人押金"选定为畲族非物质文化符号之一，是因为这项体育活动承载了畲族传统体育精神的精髓，具有历时性、群体性、民族性、参与性和娱乐性，群体性中蕴含团结协作精神，对抗性中蕴含拼搏精神，符合社会主义核心价值观的要求，对当今社会仍然有积极的因素。

七 畲拳

畲拳是畲族传统体育中较为有特色体育项目，且为本民族体育的代表。"畲拳"源于早期防身健体，内容丰富，形式多样，从手法、指法、拳法均形成了一个完整的武术体系。"畲拳"套路和打法与中国南派武术类似，既有南派武术的共性特征，又受到畲族特定的历史条件和地理环境的影响，从而形成一种易于掌握、朴实无华的武术形式。畲拳特点是"一疾、二硬、三力"，被誉为"三绝"，其中以"手狠而多变、步法稳固、劲力刚猛、形威而幅度小、腿法少而低"为主要特点。

畲拳中的"手狠"，是指手法急、短、快，发力猛，善于将拳、掌、指三种手法变换使用，尤以小招式居多，进攻时就有十数种拳、掌、指手法交替变换，且招招手狠，攻击对方要害。畲拳中的"指法"尤其变换多样，有一指点穴、二指摸珠、二指锁喉、三指挑裆、四指插肋、五指抓拿等狠招。拳中的"掌法"也见真功夫，由于长期练习"铁砂掌""竹把功"等掌硬功，从而使其掌指达到一定的硬度，在实战中多以掌指伤人要害。畲拳中也扎马步，传统的步法有八字马、丁字马、虚实马等，稳马是南拳的主要特点之一，"马"即步，也谓之"桩"。演练时步法稳健，固如磐石。为了达到步稳的目的，要练习"坐桩"和"拖桩"，将诸如石锁、沙袋、石磨等重物绑在腰间、腿上，增加身体负重，目的使"坐桩"更稳当，在遭受击打时能控制身体稳定性。人们通常用"推桩"的办法来检验一个练习者的功力，故"马实"被认为是习武最基础的也是至关重要的一环。

畲拳注重基本功的练习，有戴石帽、劈树桩、插竹把、抓石豆腐等训练基本功，同时也很重视气与力的配合，其"千招易躲，巨力难防"之拳谚正说明这一点。其发力动作要求气息吞吐沉稳，发劲借助积蓄的"气"将"力"猛烈催发，即所指的"以气催力"，以调动全身之力发出刚猛之劲。畲拳"以气催力"常伴有"嗨"的吼声，以助发拳威。畲拳在演练中讲究形象威武，体格剽悍，效仿虎之勇猛、豹之悍烈，并常配合稳健步法，以威慑对手，眼似铜铃，嘴像狮形，达到从心理上战胜对手的目的。

畲拳最大特色是短手短技，进攻出短手，能快速收手，加上变化多端的掌法和指法，不仅有利于防卫，更有利于伺机进攻。畲拳以稳马为主，不翻腾，和北拳的翻腾冲拳相比，畲拳对拳部力量、速度和稳定性要求极高。传统套路中，腿法和步法并不多见，腿法不过腰，与北拳的"拳打三分脚打七"形成鲜明的对比，这也是畲拳的特点，由于力量集中在拳术，发力刚猛，颇具勇猛剽悍特点，也是有别于其他武术拳派的重要特征。

畲族拳术门派众多，各具特点，如四斗畲族拳术经过数百年的传承形成了比较完整的攻防套路，具有南拳短促有力、迅速凶猛的特点。拳术的攻防有半龙虎、五虎、七星、十八罗汉等，其中以半龙虎为最基本的五套，一共有12个动作，即三箭、挖鞭、三碰、牵基、圆化、赴掌、牵马、掩耳、断桥、三跨、按手、十字套路。

和畲拳配合使用的是畲族杖法，在畲族拳术中占重要地位。杖有两种：一种叫齐眉杖，也叫七尺杖，可单练也可对打。单练叫"中栏"，对打叫"盘槌"，它有三步进三步退、金鸡啄米、猴子翻身、采脚、牛牯转栏、三步跳、四步半、七步、九步、天观地测、双头槌等10多种套路，每套4—20节。其基本动作有点、拨、戳、劈、盖、翻、转、挂、撑、跳、架等，要求眼疾手快，连贯有力，虚实难辨，变化多，幅度大。畲族拳术夹有棍术，除了专用的杖槌，还有利用拄杖、扁担、扦担、锄头等生产工具进行演练的套路，有的在杖头加套铁环，两头可用，练就了劈、撩、拦、挑、戳、击等套路，都有相当威力。

畲拳早期用于驱赶虎狼豺豹、维护家园平安、搏斗野兽以及防身御敌之用，随着时代发展，其早期功能已进行转化，成为畲族群众强身健体的载体，作为一项非物质文化遗产进行保护和传承，畲拳符号化明显，民族特色鲜明，能体现畲族敢于拼搏，勇于挑战自我，加强体格锻炼的意识，成为一种文化符号进行传承。

第三节　畲族传统文化当代价值

一　国家层面

第一，有利于社会主义核心价值观塑造。优秀畲族传统文化是畲族的精神财富和文化基因密码，是中华优秀传统文化的重要组成部分。畲族传统文化中蕴含社会主义核心价值观的因素，有利于激发各民族对国家认同、对文化认同，有利于增强人民的归属感，成为推动社会发展的内核动力。传统文化是社会主义核心价值观的重要思想基础和历史来源。畲族文化在节日庆典、礼仪规范、风土人情、宗教信仰等各个方面都有利于激发民族自信心、自豪感以及归属感，这也是文化的力量，文化认同也是最深层次的认同，传承畲族优秀传统文化有利于塑造和滋养中华传统文化的精神内涵和独特价值，有利于社会主义核心价值观的塑造，有利于保持文化自信。

第二，有利于铸牢中华民族共同体意识。畲族传统文化中，蕴含丰富的民族团结和谐因素，对于铸牢中华民族共同体意识具有重要基础性作用。畲族以盘、蓝、雷、钟四大姓为民族姓氏认同，各姓氏之间不是互相对立，而是互帮互助，共同团结奋斗。畲族分散杂居的分布格局，从地理上分割了畲族之间空间距离，但从心理上又促进民众之间有交流和交往的需求，这是以民族认同和文化认同为基础的交融。畲族与汉族长期互嵌式混居，形成了你中有我，我中有你，谁也离不开谁的经济共同体、文化共同体和情感共同体，畲汉在长期的交往中，互帮互助、互相学习、取长补短、相互融合、共同进步。畲谚云："畲汉一家亲，黄土变黄金""远水难救近火，远亲不如近邻"，这是畲汉团结一致的真实写照。

此外，畲族作为中国东南方单一的少数民族，不是孤立存在的，而是与周围的苗族、瑶族、壮族、侗族等少数民族杂居，各民族经济相互依存，文化相互借鉴，畲族传统文化必然蕴含在南方各民族共有的文化特性中，并不奇怪，这是相近的生存空间、相近的历史际遇、相近的生活习惯而形成的，文化特征具有地域性、民族性和群体性，这些因素都是铸牢中华民族共同体意识的基础。

畲族起源也是中华民族多元一体格局的体现，对于铸牢中华民族共同体意识具有历史依据。从民族族源来看，虽然畲族起源有多种说法，无论是起源于汉晋时期的武陵蛮和山越，或是古代越族，还是战国和秦汉时期百越，还是源于古代河南"夷"人的一支，或是广东的土著民族和福建土著"闽"，总之，畲族是中华民族的一支，其文化与中华民族文化具有非常密切的渊源关系已经毋庸置疑，畲族历史根植于中华民族的历史，与中华民族同根同源，是中华民族的组成部分，这一点也是铸牢中华民族共同体意识的历史基础。畲族祖图中绘制的龙麒为高辛帝后大耳婆耳中衍生物，也就是畲族图腾与高辛帝有关，高辛帝为中华民族三皇五帝之五帝之一，帝喾，号高辛，为东夷部落首领，也是华夏人文始祖，虽是传说，但从另一个角度证明，畲族祖先和中华民族历史的渊源关系，畲族是中华民族重要组成的一部分。

从历史发展角度看，畲族长期和汉族交流交往，无论经济还是文化都有互动和影响。明清是畲族历史发展的重要时期，也是畲族传统文化与汉文化互动的重要时期。明清以后，由于封建统治者的民族压迫，大量畲族迁出闽、粤、赣交界区域，向闽、浙、皖、湘、黔等四周扩散迁移，在这五百多年漫长的历史进程中，畲族与当地汉族不断加深接触，又吸收汉族先进生产技术，采用先进的生产工具，生产力有了提高，逐渐由游耕和狩猎经济发展为定居农业经济。现今闽西闽南畲族文化，既保留了本民族山地文化特点，又明显受客家文化和当地福佬文化的多重影响，从文化交融的角度体现各民族文化的交融。

第三，有利于文化自信。畲族传统文化历史悠久、内涵深厚、内容丰富、思维广博，包括思想观念、思维方式、价值取向、道德情操、生活方式、礼仪制度、风俗习惯、宗教信仰、文学艺术等。特别是节日文化载体，在节日里，人们通过特定仪式，祭拜祖先，劝诫子孙，增强民族自豪感和凝聚力；通过馈赠乌米饭、走亲访友，维护血缘与族缘的情深，共享天伦之乐，期望和睦家庭关系，通过三月三踏青郊游，期待人与自然的和谐，通过无拘无束的盘歌，表达乐观豁达、含蓄而热烈的民族性格，实现人与人和谐相处，民歌的质朴、手工艺的精湛、体育竞技的民族特色，这些都是民族文化自信的基石，也是中华民族文化自信的基础。

二　社会层面

从社会层面来说，传统文化在现代社会的运用，促进社会主义正能量和社会主义文化的大繁荣。

虽然畲族传统文化产生于农耕年代，建立在传统农耕文明基础上的传统文化，但并不等于传统文化与当代社会需求就是对立面，而是可以找到与时代需求的结合点和共赢点，这就需要找到同当今社会有契合度的文化价值。畲族传统文化主要有物质文化、非物质文化以及伦理文化。物质文化价值主要体现于畲族留存的传统建筑文化、神图文化、服饰文化、彩带文化等客观存在的物质形式，非物质文化价值主要体现于畲族传统的节日文化、信仰文化、民间习俗、体育竞技、民间歌言以及传统工艺。这些文化蕴含的文化传承价值和社会运用价值，有利于社会和谐共生，是当代社会发展不可或缺的源头。

畲族传统文化具有很明显的社会功能和群体意识，是社会和谐共生重要的文化基础。无论是畲族民俗信仰还是民间文化，其功能具有社会教化和族群认知特点，特别是二月二会亲节和三月三畲族乌饭节等节日文化，具有很强的文化归属感和文化认同感，畲族的春节、端午节、中秋节等民间节日与中华民族节日同根同族；节日文化是畲族凝聚民族力量、弘扬民族精神的重要载体，具有很强的社会和谐价值。此外，畲族歌言中反映祖先文化部分，具有一定的族群教化作用，畲族有些禁忌也反映畲族对自然和生命的敬畏。这些文化现象既反映历史上畲族的信仰及民俗，具有一定的社会功能，其精神实质也具有一定的时代特色。

畲族文化保护传承工作得到党和政府高度重视，畲族干部群众增强了保护和传承本民族文化的意识，增加了文化自信和文化自觉。畲乡政府每年举办三月三歌会把濒临失传的畲族民间传统歌言赋予新的生命活力，发掘畲族传统民歌精华，赋予时代文化精神，创作大批契合时代精神的民歌小调，并通过大型庆祝活动进行展演。畲乡每年三月三歌会期间举办"百项非遗技艺大比武""少数民族工艺品大赛""金奖惠明茶歌会"等，还有畲族特色的传统体育活动，如"摇锅、千人押加、操石磉、锯木、摘柿子、龙接凤"等表演，畲族三月三歌会，培养了新一代畲族文艺工作者和一大批新歌手，使畲族山歌后继有人，政府扶持和保护传承人，在节日期间进行交流与比赛，促进传承人不断学习和创新，这些都有利于畲族民族文化的保护、挖掘与传承，使民族文化不至于断裂、断层。

三 个人层面

作为社会一份子，个人不是游离社会之外的个体，个人的发展也与社会进步有密切关系，个人的价值观或多或少要受文化的影响，文化贯穿于个人成长、生活和工作的方方面面，认识传统文化、传承传统文化，为促进个人发展和树立正确人生观、价值观起到了重要的作用。畲族传统文化同样对个人也有积极意义。畲族在长期生活中形成的族规和家规，如敬父母、和兄弟、慎交友、勤节俭、戒淫恶、禁赌博、守安分、睦乡邻、重丧祭等，这些社会活动中不成文的规定，有的约定俗成，有的以文字载入宗谱，作为族众行为规范，这些行为规范是个人为人处世的标准和准则，也是营造社会和谐的基础。族规、家规延伸出来的传统文化是中华民族向美向善向和的传统美德，尊老爱幼，以和为贵，勤俭节约促进了个人成长，有利于家庭和谐，家庭稳定则国家稳定，因此，个体层面也是传承传统文化的载体，也是传统文化传承的重要体现。

第三章　畲族传统文化创造性转化方法

第一节　转化原则

一　三个必须

（一）必须契合时代精神

适应时代需要，符合时代主流精神，是畲族传统文化创造性转化和创新性发展（简称"双创"）的基本原则。党的十八大以来，党中央高度重视传统文化创造性转化和创新性发展。习近平总书记指出，中华优秀传统文化"创造性转化，就是要按照时代特点和要求，对那些至今仍有借鉴价值的内涵和陈旧的表现形式加以改造，赋予其新的时代内涵和现代表达形式，激活其生命力"[1]，"我们要结合新的时代条件传承和弘扬中华优秀传统文化……'以古人之规矩，开自己之生面'"[2]。习近平总书记非常明确提出了创造性转化的方法，三个层面理解：一是挖掘传统文化中有积极意义和借鉴价值的因素，不是一股脑儿全盘转化所有的传统内容，传统文化，有精华，也有糟粕，有的是需要淘汰的，比如一些陋习和反映封建社会的迷信思想，转化是有选择性地挖掘，有的文

---

[1] 中共中央宣传部编：《习近平总书记系列重要讲话读本》，学习出版社、人民出版社2014年版，第101页。

[2] 习近平：《在文艺工作座谈会上的讲话》，人民出版社2015年版，第26页。

化需要保护，有的文化不仅需要保护，还需要有序传承和合理创新，使之良性发展，创新是文化进一步发展的途径，不是所有文化都需要创新，有的必须坚持传统，有的本身处于动态变化中；合理运用是传承的一种方式，利用重在"合理"，也就是"度"的把握，不是将简单的、破坏性的开发利用当成合理运用，是在恰当运用过程中进行有效传承。二是对其陈旧的外在形式加以改造，而不是内容的颠覆，是用新的形式替换旧的形式，其实质还是传承传统文化中的积极因子。三是符合时代要求。这就为中华优秀传统文化创造性转化及传承发展提出了要求，指明了方向。2011年10月18日通过的《中共中央关于深化文化体制改革　推动社会主义文化大发展大繁荣若干重大问题的决定》，提出要努力建设社会主义文化强国，以改革创新为动力，发展面向现代化、面向世界、面向未来的，民族的科学的大众的社会主义文化，培养高度的文化自觉和文化自信，增强国家文化软实力。如何背靠"历史"、立足"当下"、面向"未来"，让转化的文化为当代所用，符合时代精神，符合社会主义新时期先进文化方向，又传承了传统文化根脉，这是畲族传统文化运用的根本。

（二）必须传承文化根脉

在创造性转化和创新性发展的过程中，坚持对文化的原真性的传承至关重要，这是文化运用的关键，所谓文化的原真性，又称文化的本真性，本义是表示真实的而非虚假的，原本的而非复制的，忠实的而非虚伪的，20世纪60年代，原真性被引入遗产保护领域，并逐渐在世界范围内达成共识。本真性的核心是保护原生的、本来的、真实的历史原物，有效防止"伪遗产"占据可贵的保护资源。[1] 离开文化的原真性，就无法延续文化根脉，创造性转化就成为无本之木，无源之水，创新性发展就成为空中楼阁。合理运用的目的虽有实用主义和功能主义倾向，但对传统文化来说，在运用过程中将文化进行"形式"创新，其"本

---

[1] 王文章主编：《非物质文化遗产概论》，文化艺术出版社2006年版，第323、324页。

源"不变，不仅有利于传统文化与时代结合，服务国家战略需求，还能使其在运用过程中进一步传承发展，这也符合文化演进的规律。其主要手段是创造性转化，创造性转化的方式多样，其中形式的改变和功能转化，以一种新的面貌"活"在当下，使文化的脉络不至于断裂，同时在运用过程中，剔除不利于国家战略和时代发展的文化沉渣，这样在运用过程中，传承的是优秀的文化基因。

（三）必须尊重历史

尊重历史，历史不容亵渎，敬畏历史，不至于断章取义，俗化滥化甚至亵渎，均对文化发展是破坏性甚至是毁灭性的打击。对于物质文化的运用，发挥其历史价值、文化价值、文物价值和景观价值，对历史物质文化，应以保护为主，适当开发运用，运用的目的，使其不至于无人问津，继续衰败，发挥服务当下的作用，如历史建筑、历史宫庙，不能推倒"真古董"，建"假古董"，中国对于历史建筑已经立法保护，但有些民族地区的偏远村寨老建筑或者"城中村"老建筑，并没有纳入文物保护范畴，认为不具备旅游开发价值而推倒重来，缺乏对历史的敬畏。尊重历史，不是复古主义，不是将历史生搬硬套，而是复兴，是通过现代技术手段和方式进行激活，使其重焕生机，为社会主义现代化建设服务。同时，对于历史和当下，要注重传统与现代的对话，传统文化与时尚文化的融合，达到新旧和谐共生。

二 避免三个倾向

（一）避免基因突变的倾向

传统文化在现代运用的过程中，不可避免出现"新"文化形式、状态和表征，这种新形式有内容创新和内容革新，运用的过程中，需要对原有文化原真性加以辨别和分析，既不能复制，也不能使文化的基因变异。特别是避免基因畸变的倾向，这种倾向不利于文化的传承发展。在文化传承的实际过程中，由于外来因素影响，也会产生变革，导致新文化与传统文化的断裂和切割。文化基因犹如一条文化磁带，记载带有编码信息的文化信息，正常情况下，文化基因自身具有稳定性，维持文化细胞和结构功能的缓慢推进，而当外部受到不良影响的刺激，就像磁带受潮了一样，基因的拷贝数、序列都发生改变，文化基因发生串联和变异，医学上称为基因突变。一方面，基因突变自然发生，基因也可以从原来的存在形式突然改变成另一种新的存在形式，于是后代的表现形式也就出现与祖先不一样的外在表现形式，这是基因的进化，也是生物的多样性选择，这种突变，从文化发展角度来看，是一种正向的选择和变化，对文化的传承发展是有利的，也是文化不断进步、发展、多元的表现。另一方面，由于外来不利因素影响，导致基因发生不受控制的恶性突变，就会发生畸变。从文化发展角度来说，这种基因突变，是对文化发展的不利变异，是对文化的破坏性突变，导致文化往不利方向发展，纯粹功利化和短期效益，对文化进行低俗扭曲和歪曲，就是文化基因突变。基因突变既是生物进化的重要因素之一，也是文化基因进一步发展的因素，我们要传承优秀的传统文化基因分子，使传统文化谱系朝着正确方向发展，要防止文化基因突变或畸变。

（二）避免穿衣戴帽倾向

传统文化的现代运用，不是简单穿衣戴帽式面子工程。所谓"穿衣戴帽"工程，就是近一二十年在建筑外立面的屋顶、挑檐等部位做成仿古造型，美其名曰传统文化的利用，既让破旧和凌乱的街道建筑更加整洁美观，也让传统文化因素在现代社会有生存空间。这种"穿衣戴帽"工程，在新农村建设早期，确实让人耳目一新，但随着时间推移，弊端不言而喻，有千城一面的雷同感，特别是旅游景点的仿古街道，统一装饰为仿木的形式，有斗拱有彩绘，使之看上去只有一股脑儿的中国古建筑的外在形式，缺乏对传统建筑的理解和取舍，也无法融合现代生活，是标签的简单化移植。还有的大量使用青瓦白墙的马头墙，也是徽派建筑的简单移植；在南方土家族、苗族、瑶族等少数民族地区，吊脚楼风格的建筑形式也是遍地开花，在车站、码头、景点等公共部位，在屋顶、墙角、立面等统一装饰为仿古吊脚楼木质风格。类似这种穿衣戴帽工程，举不胜举。滥用程式化风格，装饰简单粗暴，制作粗制滥造，没有很好挖掘地域或民族传统建筑的精髓，就出现了现代建筑与仿古建筑生硬黏合现象，"穿衣戴帽"工程成为形式主义的代名词。

在传统文化尤其建筑文化的现代运用过程中，需要避免"穿衣戴帽"倾向。优秀传统建筑文化与现代建筑深度融合，或者通过现代建筑这一载体，传承传统建筑文化精髓，需要结合现代社会审美和精神需求，运用设计语言进行二次创意设计，使传统建筑文化能穿越时空，与当代需求对话沟通，而不是简单地标签化。

（三）避免俗化滥化的倾向

传统文化的现代运用过程中，不是二次呈现或再现，而是通过一定的途径方法，使其内化、深化和活化。如何在现代环境中活化运用，避免俗化和滥化倾向？古人讲，习俗移志，安久移质。人文风俗是一个民族长期形成的习俗习惯，无论好坏，都有不可忽视的影响。畲族婚丧嫁娶、规制礼仪等民风习俗，看上去只是日常生活中的一些仪式和习惯，却对百姓具有重要的精神价值，也在社会发展中扮演着重要角色。然而，根植于传统农业社会的那些风俗，并未随着现代社会的转型而转型，而是作为一股习惯力量发挥着复杂的作用，亟待以社会主义核心价值观和现代治理予以重塑。在农村仍有巫术治病、丧葬做法事等大操大办现象，甚至有的丧事出现庸俗表演，群众苦不堪言。变味走样的习俗，以及一些迷信化、低俗化的风气，既不符合现代文明，也并非人们内心真正的向往，应该以更坚决的态度反对。

制度对人产生刚性约束，文化调适人的心灵和精神。文化的"活化"过程中的娱乐化倾向也随之显露出来。过度娱乐化篡改的文化不应是文化传播的方向。文化有它本身独特的历史特征、文化特性、美学属性和艺术品性，对文化的"过度娱乐化"应当引起高度警惕。

三 做到三个实现

(一) 实现历史性诠释

传统文化与当代社会有时间的距离,传统文化如何融入现代生活,或者现代生活如何借鉴和吸收传统文化的精华,这就需要将传统与现代进行转化,只有经过恰当的转化,才能发挥传统文化的优势,而不是直接囫囵吞枣。传统文化的历史起点往往处于原始社会末期,原始社会形成的巫术文化、图腾文化以及民间习俗,经过几千年的发展,有的文化具有很强的惯性和延续性,如畲族图腾崇拜和民间巫术治病等,有的文化随着时代发展也有新的表现形式,如畲族节日节庆等非物质文化遗产。因此,畲族传统文化现代运用要观照历史、读懂历史、诠释历史,同时,立足当下,着眼未来,实现历史性诠释和历史性解析,对文化的解读,经得起历史的推敲,只有从历史维度和现实角度观照传统文化的现代运用,才能实现传统文化的当代发展。

(二) 实现综合性创新

畲族传统文化的现代运用,离不开思维理念、路径创新、载体创新、技术创新和方法创新等多种渠道,不同的创新方式是一个有机整体,创新是综合手段运用创新,而不是单一方式创新。理念创新是根本创新,也就是我们通常所说的创意和设计,离开理念的创新,技术创新都是无本之木,技术创新依托创新理念,创新手段依托创新技术,载体创新是形式创新,方法创新是手段创新,路径创新是具体执行线路的创新。在实际工作中,这五种创新渠道往往是综合运用。关于创新和继承的关系,有人认为创新会背离传统,是对传统的破坏,传统就应该是原汁原味地保存,这里的创新,是指在继承传统优秀因子基础上的创新,离开基础和本源,创新就成为无源之水;同时,创新是事物进一步发展的必然规律,也是必然过程,没有创新,无论文化还是思想,容易故步自封,停滞不前,社会就难以进步,落实在文化上,文化就难以多元和多姿。社会主义先进文化是各民族优秀文化的集大成者，是各民族文化不断发展的集合，社会主义先进文化需要发展，更需要创新，因此，创新要处理好创新与继承的辩证关系。此外，创新是一个继承扬弃、破旧立新的过程，需要对一些过去陈规陋习、过时的不利于国家发展和民族团结的因素加以辨别，创新要有实事求是的科学态度，具有批判和怀疑的勇气，具有不满足于现状的进取精神。创新还要有正确的方向。一切创新，最终都是为了服务社会发展、服务国家战略，不断满足人民的日益增长的精神需求，让民众从创新中得到实实在在的惠益，不是赶时髦比新潮，否则就会南辕北辙，劳民伤财。

（三）实现选择性继承

马克思主义所提出的对待传统文化和外国文化应有的态度和方法，主张对传统文化和外国文化做去伪存真、去粗取精的工作，抛弃其糟粕，吸收其精华，在批判的基础上予以继承，在继承的同时予以批判，这就是选择性继承，也是马克思主义基本理论。批判性继承就是取其精华去其糟粕，吸取其中好的部分，去掉不好的部分，这是对待传统文化的基本态度。鲁迅在这个问题上，跟海德格尔思想非常接近。其哲学的一个基本命题认为人是有限的，任何文化都是有限的。人的意义在于自己选择。有批判、有选择、有目的地继承。其选择标准是按历史唯物主义所确立的科学标准，即人民利益标准和历史进步标准。其实质就是"扬弃"。

畲族传统文化内涵丰富，需要不断去挖掘和深入研究，并加以辨别和选择，不是所有的传统文化都是优秀文化，也不是所有的文化都是符合时代精神的正能量，有些已经过时的陈规陋习和封建迷信，只能作为历史加以研究。对传统文化选择性继承与批判性继承不同，批判性继承是对传统文化先否定再继承，而选择性继承是正视历史和传统，历史上出现的任何文化现象都有其合理成分，只不过随着时代发展，有的文化已经不符合时代的需求，需要加以辨别和选择，而不是站在现实角度进行批判，这就没有从历史唯物主义角度去看待问题。比如畲族刀耕火种的生产方式，这种生计方式是符合当时的历史发展规律的，不能以现代人的生活方式来对比，就认为刀耕火种是落后的原始的生产方式，反而刀耕火种的生存智慧是值得现代人借鉴和思考的。

第二节 转化前提

一 传统与现代的互利共赢

畲族传统文化的当代运用，不是从功利主义和实用主义出发对其进行开发利用，竭泽而渔，这种自我优越感是对传统文化的错误认知，对传统文化的当代运用，其前提应是互利双赢，在保护中运用，在运用中传承，这里，"利用"和"运用"是两个不同的命题，其出发点和落脚点不同，"利用"是站在自身功利主义角度，单方受益，"运用"是站在历史和传统角度，促使其良性传承，利用的目的是为我所用，运用的目的是互利共赢。互利双赢体现在对传统文化的理解，也体现在多元一体格局下，挖掘其价值，认识其精髓，实现传统文化的当代复兴。

中华优秀传统文化，是中华民族在历史上创造和传承的一切文化的总和，其中，少数民族文化成为优秀中华文化重要组成部分。所谓优秀的传统文化，则是指整个中华文明发展中有利于推动社会发展和社会进步的文化，这些文化往往也是长期发挥正能量的文化。少数民族传统文化，历史上曾经是少数民族同胞日常生活的有机组成部分，在长期历史发展过程中，曾经发挥过积极作用。畲族传统文化是畲族在千百年历史进程中经过长期实践发展出来，是生存智慧和群体智慧的结晶。由于时代的发展，有的无法适应新的社会历史环境和条件，逐渐淡出了人们的视野，如上文提到畲族的祭祀文化、节日文化、图腾文化以及建筑文化等。传统文化不仅在历史上发挥了重要作用，而且在今天还有很大的经济、文化、艺术、情感等价值，对传承文化根脉和丰富当今生活具有积极的意义，如畲族祭祀文化中，对于解释人与自然关系，人与祖先的关系、人与社会关系以及人与人的和谐相处关系，对当今仍有借鉴意义；传统工艺的美学和艺术价值，在当今仍有永恒的魅力，也是今天重要的美育源泉；传统建筑文化，体现人与自然的和谐，人与生态的契合，对于人居环境的可持续发展具有生态意义；传统民俗、宗族组织和节日文化，对于形成民族认同感和铸牢共同体意识具有基础性作用。

二 处理好继承与发展关系

对于传统文化当代适应、继承与发展，习近平总书记指出，弘扬中华优秀传统文化，"要处理好继承和创造性发展的关系，重点做好创造性转化和创新性发展"[①]。党的十九大报告再次强调要"坚持创造性转化、创新性发展，不断铸就中华文化新辉煌"，所谓创造性转化，就是要按照时代特点和要求，对那些至今仍有借鉴价值的内涵和陈旧的表现形式加以改造，赋予其新的时代内涵和现代表达形式，激活其生命力。所谓创新性发展，就是要按照时代的新进步新进展，对中华优秀传统文化的内涵加以补充、拓展、完善，增强其影响力和感召力。这就为文化的继承和发展指明了方向。转化是方法论问题，是传统文化进一步发展的具体方式，党的十九大报告有很明确的示意，传统和现代面临时空距离，只有将传统的形式加以转换，融入当代社会，传统文化才能焕发生机。转换成连接传统与现代的链条和焊接点；创造性是思维模式问题，创新性是发展宗旨，发展是根本目的。创造性转化和创新性发展是密切相关、前后相继的关系。只有把传统文化中对今天社会发展和进步有利的因素进行提取，对陈旧的表达形式加以改造，运用新的表达方式，赋予其时代内涵，才能激活中华优秀传统文化的生命力，才能进一步增强其影响力和号召力，推动整个中华优秀传统文化内涵的创新和发展。这种改造和转换是站在当今时代的立场提出的，但并不等于就忽视传统文化自身的特点，传统文化本身就有惯性思维，一种文化的形成，是长期

---

① 《习近平谈治国理政》第一卷，外文出版社 2018 年版，第 164 页。

历史发展的结果，一旦加以改造，有人担心传统文化就会断裂，这里，实际是对文化发展规律的误解，文化本身就是处于动态演变的，没有一成不变的文化形态，只是有时发展快，有时发展慢，有的文化甚至几千年缓慢发展，没有很大变化，如部分少数民族在中华人民共和国成立以前仍然保留较为原始的生产生活状态，有的文化甚至一夜之间就发生变化，文化的发展不能以快慢来评价，无论快慢，均离不开文化动态演变的事实，虽然文化的演进有外力介入，也有自身演变的规律，也有多种因素叠加，但概而言之，文化是不断变化的、发展的，创造性转化和创新性发展也是基于文化的基本规律基础上提出的正确论断。创造性转化是创新性发展的前奏，创新性发展是创造性转化的升华。这是对我们党和人民继承、弘扬中华优秀传统文化实践经验的科学总结，是对马克思主义文化理论的继承和发展，是新时代建设文化软实力的必由之路。

从历史发展脉络和线索来看，文化从来不是亘古恒常的，是随着时代的发展和历史进程不断变化的，被奉为六经之首的《易经》就是讲"变"的文化经典，主张"凡益之道，与时偕行""唯变所适""革故鼎新""穷则变，变则通，通则久"；《大学》将"苟日新，日日新，又日新"奉为重要理念；韩非子奉行"世异则事异，事异则备变""奉常以处变""处变不失其常"的常变观等。虽然变化有快有慢，有急有缓，有进步有倒退，有显性有隐性，有的是文化的自我革新和自我发展，有的是受社会、经济、自然等各种外力因素推动文化的转化，还有是人们的认知水平发生变化，随之对文化的认识、理解以及阐述发生变化，总之，变化是常态，不变是暂时，不变中酝酿着变化，变化中有不变的因子。民族文化在创新的浸润中，尚变、涵化，在变革中前进，在前进中变革。因此，顺自然之势而不拘泥故常，成为中华文化的主流理念。畲族传统文化以一种特殊方式诠释人与天地自然的共生共存，人与人的"守望相助"以及文明之间的"和而不同"等，都成为中华民族共同的思想价值基础和社会认同符号。

传统文化的转化更多的是自发完成，内在的演变逻辑，当一个文化事项被赋予了新的内容，新的属性，新的内涵，就是一种转化。当一种文化以另一种形式出现，也是一种转化，畲族群众，作为畲族文化的创造者、持有人和实践者，被新时代赋予了新的历史使命，那就是积极能动地推动文化的变革和创新，找到历史与现实的价值共识点、利益交汇点、情感共鸣点。激活其生命力，使其焕发新的光彩，使之与社会主义先进文化、和谐社会相适应相协调，通过转化创新，创造出更符合时代精神的新文化，以满足人民群众日益增长的精神文化和物质文化的需求。我们对传统文化进行创造性转化和创新性发展，应理论联系实际。也就是说，要坚持问题意识，着眼于现实需要，同我们正在从事的实践相结合，同时代问题相联系，努力回答当代中国文化建设中遇到的新情况、新问题，充分发挥中华优秀传统文化文以化人的作用。简而言之，就是"以古人之规矩，开自己之生面"。

第三节　转化方法

传统文化的现代运用，需要一把钥匙把传统、现在与未来串联起来，在继承传统的基础上面向未来。这把钥匙就是方式和方法。方法，既有技术层面，也有理念层面。找准了方法，就像一把钥匙，可以开启传统与现代时间转化密码。这把钥匙，使优秀传统文化契合当今社会主义核心价值观和社会主义先进文化的方向。畲族是中华民族大家庭中的一员，其发展历史既有自身发展历程，也是中华民族发展史的缩影，在长期的历史发展过程中，形成了自身民族风格和民族特点，而这些特色和风格又是中华文化的组成部分，是中华文化枝叶，是在中华文化主干的滋养下成长起来，具有中华文化共性特色。在进行创造性转化中，解决不好古为今用的问题，解决不好畲族文化与中华民族文化的关系问题，一味强调本民族的特色和差异，那么，畲族历史传统文化在现代社会就不可能有旺盛的生命力。"创造性转化"和"创新性发展"再次被提起，并得到警句式的提炼和强调，某种程度上说明当下需要的不仅仅是局部的、具体的、微观的创新，而更应该是一种宏观的、全局的和整体性的创新思维，一种能体现时代审美趋向的转型和转换，主要有以下方式。

一　符号还原活化

符号，是一种文化的标签，也是一种文化经过提炼的精华，是一种能广泛获得传播和认同的形式。还原，即再现文化内涵的原真性，活化，即采用新的形式进行"活态化"运用。重点是"还原"，也就是原汁原味，方式是活化，也就是活态方式进行原汁原味还原。活化既有"人"的活态再现，也有"物"的活态呈现，是通过挖掘其与时代精神相契合的深层次的内涵，产生新的表现形式。还原性活化不是直接拿来主义，生搬硬套进行运用，而是对文化的新的阐释和解读后产生的新的文化形式，也是文化的创新性发展。

（一）节日中还原活化

节日庆典，是传统文化活化还原的重要形式之一，是利用一定时间节点进行周而复始的文化活动，节日包含要素很多，仪式呈现、人的活动、物的呈现，仪式蕴含信仰、习俗和观念。这些都可以通过节日进行活化还原。在现实中，畲族节日文化，传统农耕时代的节日，更多侧重家庭、村寨或社区，主要内容更多是以农事、节气和祭祖为主。当今社会已经进入 21 世纪，农业不再完全依赖天气，更多的科技手段运用，使农业获得更大丰收，剩下的劳动力更多从事经济作物的种植，如香菇产业，传统的村寨已经通过乡村旅游等方式获得更多发展，借助时代发展、政策扶持以及经济意识的提升，乡村振兴稳步前进，此时，传统节日文化如果继续停留在农事和祭祖层面，其功能显然不符合新农村的精神生活需求，虽然老辈畲民有乡村情怀，但更多年轻人希望通过新的形式既能满足缅怀传统节日的精神归属，又能以一种新的形式满足当今社会的需求，对节日文化内容做出新的诠释尤其迫切。

畲族新民歌以传统民歌模式为基础，是畲族节日重要的表现形式，在新民歌中，歌词以现代韵脚为基准，丰富节奏和改编旋律，用新民歌来展示畲族传统文化。作者访谈中国音乐家协会会员、丽水市音乐家协会副主席邱彦宇，得知：2015年茶歌会茶之魂中《千年惠明》，与传统民歌不一样的地方是，无论从音乐还是舞蹈都可以看到畲族的茶文化发展，使现场观众从歌声的感染力中体味畲族茶文化。不管怎么说，新民歌都是在传统的民歌基础上演变而来，在如今三月三节庆中，都是现代与传统民歌相结合起来的新民歌。还有景宁艺术团创作《茶韵飘香》和《畲族敬茶歌》，名为敬茶，但都是以畲族敬酒迎客歌为原型创作而来。节日是活化的载体，通过节日庆典，将传统民歌进行重新创作改编，仍然延续了传统民歌的唱腔和韵律，但歌词进行新的创作，符合时代的需求。

（二）数字还原活化

随着信息时代和数字时代来临，在数字时代的背景下，数字技术以图片、文字、视频等形式在保护传统物质文化和非物质文化方面发挥了重要的技术作用。数字化技术不仅能建立数据库进行保护，同时具有传播和展示功能，让传统文化"活"起来，就是运用数字技术进行还原式活化，赋予传统文化新的表现形式，易于被年轻一代接受。主要通过"数字+文化创意"来实现，突破了民族文化传统的展示与传播的方式。

数字化技术具有工具性价值，在传统文化运用方面发挥不可或缺的作用，如用虚拟现实技术、3D交互技术和幻影成像技术来还原活化静态的物质文化和活态的非物质文化。让静止的物质文化可看、可触、可赏、可用。3D技术能创造虚拟场景，让人有身临其境式的文化体验。一种是运用数字技术还原畲族婚庆场景、祭祖场景等，场景设计有画面、有音乐、有动态、有人物、有情节、有故事，全方位体验传统民俗活动，这些数字创意的应用，使得民族文化运用更加丰富立体，集展示、传播、娱乐于一体,具有知识性、科普性和通俗性,满足了当代年轻人求新求变、易于接受新事物的文化需求,虚拟场景技术在视觉和听觉等多方面的感官上给观众带来全新的、富有震撼力的体验,增强了传统文化的吸引力、感召力、表现力,[①] 使原汁原味的传统文化更好地普及和传播,数字化技术有利于文化深入人心。

另一种是利用电视、电影、动画、短视频等现代文化产业体系,将传统文化资源作为文化产业的内容和创意创作的来源,也就是对传统文化进行深入挖掘,将其提炼成为元素或符号,作为动漫作品设计、影视素材选取、电视节目创作的重要素材,并通过现代虚拟数字技术将传统文化元素与影视、动漫作品设计深度融合。这种利用现代易于接受的传播媒介,有利于提升传统文化的传播力和影响力,使民族文化更具立体感、丰富性、现代性。

二 符号赋予新义

符号有两种含义,首先是一种象征物,用来指称和代表其他事物,它是意义的载体,是精神外化的呈现;其次本身是一种载体,它承载着实物本来的面貌。具有民族特色元素也是符号的一种形式,这些元素既有物质的,也有非物质的,但都具有同样的功能,均有可快速识别和记忆以及传播的特点。符号的建构就是大众对习以为常的元素加以提炼、归纳和总结,形成具有广泛认同的价值符号。符号赋予新意,就是将传统文化元素重新赋予其使用场景和文化意义以及新的时代内涵,让优秀传统文化重新融入现代生活。符号赋予新义一般运用符号本身具有标签化和象征性的特点,将其承载的含义进行新的解释和诠释,使其具有新的含义,而新的含义也正是符合社会主义核心价值观和先进文化前进方向的。这种符号赋予新义能使传统文化进行创造性转化和创新性发展。

[①] 贾秀清、王珏:《数字化手段在我国文化遗产传承与创新领域中的应用》,《现代传播》(中国传媒大学学报) 2012 年第 2 期。

符号赋予新意是指将畲族传统文化符号被赋予或引申为新的时代含义，对传统符号做新的解释。畲族文化符号既有具象符号，如祖祠、祖图等，也有抽象符号，如图腾等，因为符号具有简洁明了地表达思想、传递信息、承载情感的功能。凤凰图腾，也是一种图腾文化符号，凤凰本义指一种祥瑞之鸟，引申为吉祥幸福如意的象征，而畲族凤凰，就是三公主的象征，通过对吉祥之物的崇拜引申为对美好生活的向往。

畲族传统民歌，早期是畲族人通过唱歌来缓解劳作的疲劳，歌词与农事和劳作有关，如《节令歌》《节气歌》《插秧歌》《织带歌》《茶米歌》等，这些畲歌表达农事的时间概念、节气变化，告诉人们要按自然规律办事，不仅给畲民增长农事知识，有的还唱出了畲家礼仪。这些都是需要传承的精神内核，对于继承和发扬畲族祖先勤劳生产的优良传统有着教育作用。如何将这些文化符号赋予新意，就需要保留民歌质朴的艺术特色，在内容上有新的诠释，反映新时期新农村新面貌新变化，增加时代特色，以新的诠释和新的表达方式进行活化传承，再现传统文化的魅力，使传统民歌得以继承发展。并通过表演场域的迁移，由民间化、生活化、散点化向舞台化、艺术化和创作化改变。

畲族传统体育千人押加，原为畲族民间拔河习俗，主要是畲民在农闲时自我娱乐活动，在赋予新意时，畲乡景宁县改为千人押加，动员更多人参与，在体育一条街进行展演，将原有的娱乐活动变成一项体现体育精神的团结协作群众性文娱活动，使之成为团结就是力量的象征，也就是传统文化符号赋予新意的典型代表。畲族特定的手工艺品往往与地域习惯和观念习俗相结合，形成了承载固定象征意涵的物化形态，如畲族彩带、花斗笠均与婚嫁习俗有关。在赋予新意时，主要是在现代畲族礼服设计过程中，这些彩带元素符号转化成装饰元素，使之符合当代人的审美情趣，彩带中的文字，如吉祥如意，由过去男女定情之意变成群体性祝福含义。

三 创意性转化

文化符号的创意性转化是以传统文化知识为元素，融合多元文化，结合相关学科和技术手段，利用不同载体，构建形成的再造与创新的文化。创意性转化核心是"创意"，即源文化的二次创意，是创造力的体现，而不是源文化的原汁原味二次呈现，符号创意性转化可以说是由"彼文化"到"此文化"的过程，源文化和转化后的文化其性质、目的、意义、功能均发生了质的变化。

文化创意是创意概念的衍生，是指文化领域中创造性思维的成果或现象，也可以将其看作进行创造性活动的实践过程。文化符号创意性转化是传统文化现代转化的重要推动力。文化符号创意转化是传统文化融入当代生活的主要手段之一，结合现代人的审美需求和精神需求，对传统文化提炼其符号，对其外在形式加以改造，转化为适应现代审美需求的新文化。

如畲族体育竞技是畲族传统文化重要内容，文化深受其生计方式影响，是一种生存的智慧。在同其他民族不断地交往和融合下，形成了以山地农耕和狩猎为主要特色的传统体育文化，也是畲族在长期的历史发展中为了适应自然环境和社会环境演变来的，是生存繁衍的需要，具有鲜明的地域性和民族性以及文化融合性。

在体育元素创意性转化过程中，注重采集体育元素中积极成分进行创意转化。如景宁畲乡体育一条街活动就是创意转化的具体形式，将具有农事性、祭祀性体育活动转化为群体化、健身化和娱乐化的活动，在活动中感知传统体育文化团结精神。如大象押加、锯木就是团结就是力量的体现，抛茶青含有分工合作、相互配合的精神，摇锅集竞技性和趣味性为一体，增加节日氛围。从 2007 年开始，浙江景宁举办首届畲乡三月三民间传统体育节，群众反响强烈，传播效果好。畲族政府开始整合各种传统体育竞技项目进行集中展演，系列传统体育活动成为每届畲乡三月三节日保留节目，也形成了一定的影响力。

符号的创意性转化，还需要对文化进行二次审视，畲族传统文化在历史上曾经发挥重要的以文化人的作用，但有的表现形式已经不适应现代社会的发展要求，如畲族对各种自然神的崇拜以及运用巫术治病等，其中有封建迷信成分，和现在提倡的科学精神相违背，不仅会阻碍自身的发展，也会给社会的发展造成消极的影响，尤其要注意文化糟粕的渣滓泛起。

此外，文化创意转化除了上文提到的节日载体进行转化，其形式多样，以数字创意、新兴技术、新兴媒体为载体，通过发展文化创意产业，将传统文化资源充分地利用起来，并转化为现实的文化生产力。

总之，文化创意转化是手段和措施，也是方法，还需要依托各种载体，才能使传统文化焕发魅力和生机。

四 设计转化

符号的二次设计，是从设计学角度，对文化符号进行设计。传统文化与现代生活之间的桥梁就是转化，转化的方式之一就是设计，尤其是传统手工艺、传统纹样、传统建筑、传统服饰，其功能形式已不适应当今需求，符号二次设计尤为重要。欧洲从19世纪60年代发起了"艺术与手工艺"运动，"现代设计之父"威廉·莫里斯（William Morris, 1834—1896）将手工艺运用于现代设计，他反对机器生产的滥用，重视传统手工艺的整理、发扬和光大，使"手工艺"不再等同于"手工劳作"，而是成为一种美学标准；沃尔特·格罗佩斯（Walter Gropius, 1883—1969）将手工艺传统和20世纪先锋派艺术相结合；这类文化形态的蜕变表现为在现代生活方式下物用形态与形式的分离，即原来的物用形态被淡化或忽视了，而原有的形式被赋予了新的功用。在德国手工艺的传统特点与新的严谨理性主义并行，形成专注务实的现代设计品质；从实践角度，西方工业化时期，欧洲设计向工业化、标准化、实用化转变，通过设计转化，使传统手工艺很快走进大众生活圈，实现传统手工艺生活化转化；日本将简洁实用的设计标准融入现代制造业，对传统手工艺采用了所谓的"双轨制",在服饰、漆器、陶艺、民具等特种工艺品设计时,保持传统风格的延续,形成日本设计的美学风格。

对于产生于农耕年代的畲族传统文化,具有历史时代的印记,在当今社会有些已经不适应,应顺应时代发展需求做出适应性调整,"变"是传统文化发展与创新的常态,对其内容进行增补和充实,使其再运用于不同场景。传统手工艺到创新民艺"基因不变"与"形式改变"的基本要素关系,厘清历史沿袭与时代需求的关系,"乡土美"到"时代美"的关系,从设计学角度,以"汲古融今"方式对那些至今仍有借鉴意义的"古"进行提炼,使其融入"今"天的生活,提炼经典元素和标志符号,找到历史与时代的价值共识点、利益交汇点、审美共鸣点,使之符合历史发展趋势和时代发展要求;设计转化方法,即设计创新形式、设计创新功能、设计创新表意,生产出符合当代消费需求和审美情感的新产品,激活传统文化的经济优势和发展潜力。

以传统手工艺为例,传统手工艺根植于乡土,具有实用性和审美性,尤其注重实用性,讲究就地取材,有"天时、地气、材美、工巧"之说,也就是能根据当地的自然环境和材料,匠人运用巧妙的方法制作既实用又美观的手工艺品,这些物品的造型、色彩和技法都有历史的沿袭性和传承性,同一个地域的手艺大致相同,具有地域识别性和民族标识。随着时代的发展,产生于农耕年代的手工艺品已经不适应当代社区的审美需求、实用需求以及心理需求,就需要设计赋能,即采用现代设计,将符号进行创意转化为适应现代需求的创新手工艺品,这种转化要找到"变"与"不变"的核心因素,基因不变,而形式改变,所谓形式改变,就是工艺形制创新、装饰元素创新、功能使用创新和形象表意创新,是对传统元素的全新诠释,设计出来的具有个性化和时代化的创新产品,是一种现代自觉设计。如图3-1所示。

如传统刺绣工艺在现代时尚产业的设计转化,在时尚产业中,保留了刺绣的材料的天然性、技术的手工性、纹样的传统性,利用现代创意,将传统纹样符号进行打散重新组合,并恰当运用于时尚产业中的礼

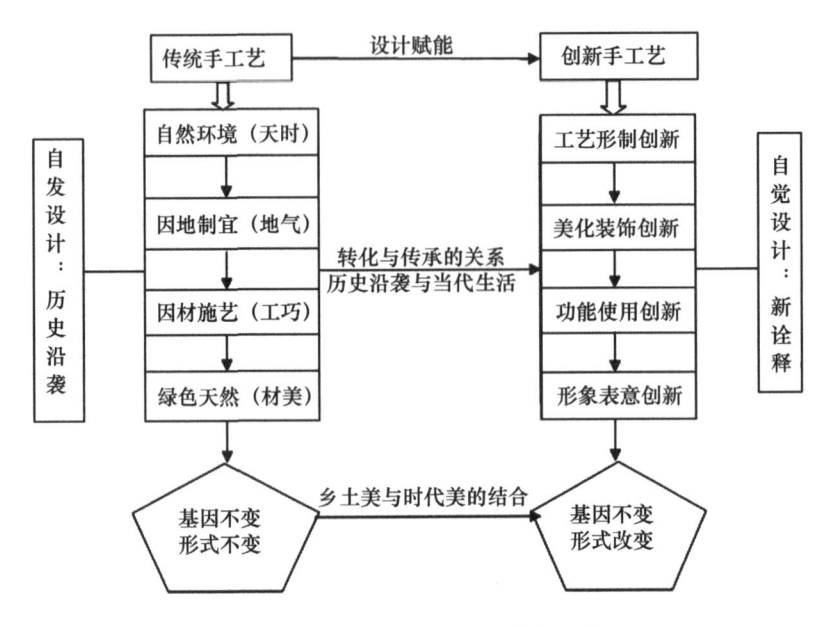

```
                传统手工艺  ──设计赋能──▶  创新手工艺
                    │                      │
    ┌──┐       ┌─────────┐            ┌──────────┐       ┌──┐
    │自│       │自然环境  │            │工艺形制  │       │自│
    │发│       │(天时)    │            │创新      │       │觉│
    │设│       └─────────┘            └──────────┘       │设│
    │计│            │                      │            │计│
    │: │       ┌─────────┐            ┌──────────┐       │: │
    │历│       │因地制宜  │            │美化装饰  │       │新│
    │史│       │(地气)    │──转化与传承的关系──│创新 │       │诠│
    │沿│       └─────────┘  历史沿袭与当代生活 └────┘       │释│
    │袭│            │                      │            │  │
    │  │       ┌─────────┐            ┌──────────┐       │  │
    │  │       │因材施艺  │            │功能使用  │       │  │
    │  │       │(工巧)    │            │创新      │       │  │
    │  │       └─────────┘            └──────────┘       │  │
    │  │            │                      │            │  │
    │  │       ┌─────────┐            ┌──────────┐       │  │
    │  │       │绿色天然  │            │形象表意  │       │  │
    │  │       │(材美)    │            │创新      │       │  │
    └──┘       └─────────┘            └──────────┘       └──┘
                    │                      │
                ┌───────┐              ┌───────┐
                │基因不变│──乡土美与时代美的结合──│基因不变│
                │形式不变│              │形式改变│
                └───────┘              └───────┘
```

图 3-1　传统手工艺设计转化路线

来源：林毅红绘。

服、表演装和现代壁画装饰画，这种符号创意转化，就是吸收了传统工艺的基本内涵，保留其有价值的工艺基因，提炼其符号特点，在形式、功能和运用场景上发生了变化，而这种变化，使传统刺绣工艺得以传承、发展和传播，深受当代人喜欢，这种创意就是创造性转化的具体体现，有利于提升传统文化资源的时代价值，对于传统工艺的创意性转化，需要深刻理解"创意"内涵，而不是随意加以改造创新，只有将工艺形制创新、美化装饰创新、功能使用创新、形象表意创新，生产出符合当代消费需求和审美情感的新民艺品，才能激活传统手工艺的经济优势和发展潜力。而其天然原材料、手工技艺是不能改变的，这是文化传承的核心。通过创意转化，使传统文化借助现代产业化杠杆，融入日常生活，在生活中不断传承发展。

符号二次设计还体现在公共文化建设方面，如在乡村振兴中村寨的符号打造，文化小镇建设中标志性符号的打造等。景宁东弄村是近些年乡村振兴的样板，在村口建有小型文化广场，在广场上，有畲族风元素符号的设计，这种就是将畲族传统的非物质文化符号凤图腾进行二次设计，转化为百姓易于接受的造型，在路灯、门楼、墙壁上均有绘制；景宁县城就是一个畲族传统元素符号的大集合，体现浓厚的畲族文化氛围，如县城文化艺术中心广场的壁画、图腾柱、地面、街道的路灯、公汽展、灯箱，甚至垃圾桶，都将畲族彩带中抽象文字、畲族图腾加以二次设计，将传统物质文化和非物质文化转化为视觉符号，这类符号也是创意性转化的具体体现。

随着创意设计融入生活，让人们在充满有生机和生命力的文化氛围中领略传统文化的魅力，在潜移默化中增加人们对传统文化的热爱和接受，设计有利于从视觉角度直接深化人们对传统文化认识，并将这种古老的具有民族特色文化传统融入人们的血液中，形成中华民族文化源源不断的生机和活力。

第四节　转化模式

一　自我演进式

自我演进式是文化转化与文化发展的一种途径之一，一般是不需要借助外力，内部对自身文化的审视、观察以及批判而产生的文化的不断演进和转化。文化的自我演进是在文化接触和族际交流前提下，通过主动吸收，辩证自我转变、自我发展和自我变迁。这种自我转化往往具有主动选择性，因为外在环境和文化的影响是客观存在的，主动性更强调将有利于本民族需求的文化进行吸收，将不适合本民族文化进行自觉排除，这种转化方式带有明显的文化自觉性，是文化自信、文化自觉的基础。

文化演进与文化进化有着本质区别，文化的演进不是从低级阶段向高级阶段的发展，更不同于达尔文生物进化论，文化进化之说兴起于18—19世纪，曾是文化人类学领域一种重要概念。英国人类学家泰勒

（E. B. Tylor，1832—1917）和美国人类学家摩尔根（Lewis H. Morgan，1818—1881）是人类进化的"文化阶段"论的主要倡导者，摩尔根曾采用"原始民族时期"（ethnical periods）这一术语。他们的论述，常常涉及一般性的文化而非个别的文化。摩尔根认为现代社会中的古代遗存物，本来属于更早年代，但以某种残余形式仍然留在现代社会之中的风俗和习惯。① 美洲印第安诸部落之历史及经历，多少可以反映出其先民在相应的条件下所有的历史及经历。这样一种历史观点曾经普遍得到人类学领域的认同，随着时代发展，这一观点也逐渐被抛弃，其原因在于人类进化相当复杂，有些残余习俗并非先民留下的历史见证。

与人类进化的历史相比，文化的演进时间很短，大约开始于新石器时代。文化演进是一种由简单形式向比较复杂的形式发展的渐进过程。文化的演进是一种进化和演化的融合，既是从低级阶段向高级阶段的历时性的纵向发展，也是由简单到复杂的横向融合，这种演进的过程中，既有单向度文化向复合型文化的转化，蕴含由此及彼的转化，也有复合型文化向杂糅型文化的转化，转化带来形式的改变，不变的核心和内容，即固有的信仰和精神需求。

畲族文化的自我演进是伴随着畲族的起源而产生的。体现畲族文化的演进具体物象，主要反映在畲族祖图中图腾的演进以及畲族对盘瓠图腾认识的历史演化与转化。龙麒是畲族图腾崇拜的代表物之一，其形象或造型经历三个阶段"犬—犬头人身—人"，在畲族祖图中，以图像方式诠释了图腾造型的变化，"金钟变身"前，祖图中绘制的形象为犬，经过"金钟变身"后，为"犬头人身"，有的祖图为龙麒造型，总之，还是处于动物图腾造型阶段。《高皇歌》载"变作龙孟丈二长……五色花斑朗毫光""五色花斑花微微，像龙像豹麒麟样"②"长一丈二尺八

---

① ［美］路易斯·亨利·摩尔根：《古代社会》，杨东莼、马雍、马巨译，商务印书馆1981年版，第157页。
② 浙江省少数民族志编纂委员会编：《浙江省少数民族志》，方志出版社1999年版，第61页。

寸，龙鳞火珠，花色青黄"①（蓝姓家族的家谱），这就基本为早期龙麒（犬）造型定下基调，即"像龙像豹麒麟样"的符合瑞兽造型。不同地域的畲族祖图中龙麒造型略有差别，有犬造型、麒麟造型、瑞兽造型等，无论哪种形式，其本质还处于动物图腾阶段。

在第二个阶段"犬头人身"时期，也就是"神性化的人"或"图腾化的人"。这一阶段，图腾造型有了本质变化，也是"图腾—人"的过渡阶段，这一阶段的演变，是通过祖图图像造型和口传史来确定的。从畲族祖图中的形象可以分析出，畲族的演化并非绝对自我演化，有时或多或少受到汉文化影响。只不过，此时汉文化的影响较为微弱，如龙麒造型，部分借鉴和吸收伏羲女娲等汉族绘画造型，而这种吸收并非全盘接受，带有明显的选择性和倾向性，这种借鉴和吸收是文化"顺涵化"的表现。龙麒的造型转化是畲族自我转化的物化表现。这是因为畲族是一个长期与汉族杂居的散杂居民族，在长期与周围汉族的文化接触中，部分选择性吸收汉文化因子，将有利于本民族需求的那一部分吸收进来，而将不符合民族需求的文化因子进行剔除，这也是从艺术人类学角度认识龙麒的造型对于人类学研究的价值所在。因此，文化的演进和社会经济生活并不是成正比的，这也决定了文化的发展和演进相对复杂。

这种自我演化带有明显多元性。部分地区的祖图绘制直接将伏羲神话和龙麒形象杂糅在一起，产生新的造型，有的祖图卷首绘有伏羲、太古、神农、颛顼等人类早期的部落首领。天皇氏龙头麟身，地皇氏虎头，有巢氏面部被描绘成卵石状，盘古氏三头六臂，②在此，龙麒造型更多元和复杂，演变为本氏族造型形象。畲族内部对图腾造型的多次演变，反映畲族对图腾和祖先的认知、批判和选择，而这种选择伴随着畲

---

① 浙江省少数民族志编纂委员会编：《浙江省少数民族志》，方志出版社1999年版，第659页。
② 蓝岚：《畲族祖图长连的地域风格及审美理想探析》，《丽水学院学报》2012年第6期。

族的自我认知以及对周边汉族文化的吸收，是在文化的接触、交融、交流过程的自我转化，这种转化是单向度的渗透，也是畲族自愿和主动选择的结果。这也包括"犬"图腾后期造型，有了新的变异，以上转化和演进均为畲族氏族内部的自我选择后的改变，是自我演化式的转化一种表现形式。

畲族对汉文化的主动吸收和转化，还体现在凤图腾上。凤凰自古就是中华民族象征符号之一，在华夏民族中，凤凰是祥瑞的体现，汉汉民族中具有美好寓意，"凤鸣九天""百凤朝阳""凤舞九天""筑巢引凤"等词语都与凤凰有关。凤凰是传说中的百鸟之王。雄的叫"凤"，雌的叫"凰"，总称为凤凰，凤凰和龙一样，经过一系列演变，成为中华民族文化符号的代表，很多少数民族崇凤，也是深受中华民族文化的影响。中华民族凤图腾，起源于"鸟图腾"，鸟图腾和太阳崇拜有关。在新石器时代，原始社会陶器上的很多鸟纹是凤凰的雏形，在河姆渡遗址出土了"双鸟朝阳纹象牙碟形器"，双鸟朝阳一度被考古界认为是中国最早的凤凰图案。自秦汉以后，龙逐渐成为帝王的象征，凤成为帝后的象征。畲族对凤图腾的吸收转化经过了"三公主"阶段及"后三公主"阶段。在畲族古老口头传说《高皇歌》中，三公主是高辛帝的第三个女儿，被畲族当作凤凰的化身，而驸马爷龙麒自然就成为乘龙快婿，这也为畲族始祖的出身找到出处，每一个民族都期望将自己的祖先神话为无所不能的神图腾，神图腾也是氏族早期动物图腾的进一步演化和发展，自此，畲族对凤凰的崇拜与中原汉族接轨，《高皇歌》传说中故事本身与凤凰并无直接关系，而是后人根据传说加以摹画和转化。"后三公主"阶段，转化的方式就变成了物化的载体，如畲族女性的头饰、服装、女性等称呼。

"凤凰装"是畲族的女性服饰的特有称呼。从什么时候开始，已无从考证。至少在中华人民共和国成立前，作为节日盛装就称为凤凰装，过去在节日期间穿着比平时更为华丽服饰是尊礼崇礼的表现。关于凤凰装畲族内部普遍认为有个传说，还是来源于《高皇歌》高辛帝把自己的女儿三公主嫁给他，三公主本是帝后的金枝玉叶，出嫁理应戴凤冠，以显示皇家威仪，这也为畲族的起源找到传说的源头，传说三公主嫁给龙麒后，生的女儿也是要戴凤冠的，因此，畲族民间婚俗有女儿出嫁戴凤冠习俗，畲家女便有穿凤凰装、梳凤凰头，以示吉祥如意。有些地方把新娘直接称为"凤凰"，把未成年的女孩称为"小凤凰"。这是畲族对汉文化凤图腾的直接吸收，反映了畲族文化与中华文化一脉相承的特点。

前文已提到相传畲族起源广东潮州某山村，而那个山村也被命名为凤凰山，遂以传说中美丽的凤凰为本族人的图腾符号，凡本族人生下女儿，均赐予凤凰装束，世代相传，沿袭至今。经过长期的发展，畲族凤凰图腾由鸟图腾演变为凤崇拜。而畲族的凤凰不同于中原汉族凤凰崇拜，更多的是"鸟崇拜"和"凤崇拜"的结合体，而非真正意义的直接拿来主义的汉族凤凰崇拜。

任何一种文化的演化和发展不是单向度的，而是受到当时社会、经济、自然环境等外在因素的影响，有时社会高速发展而文化相对缓慢。文化的演进既有自我演进，也有被动转化，二者是一个整体的两个方面，相辅相成。自我演进强调社区和族群内部文化的自我发展和变迁，是从畲族自身文化传统内部产生了质疑，对新的自觉的、自为的文化因素与原有的自在的、自发的文化传统发生冲突所导致的文化转型。

二　被动吸纳式

被动吸纳式转化，是文化的接触过程的文化非主动选择，是在外力介入下对文化的一种被动选择。畲族在长期的与汉文化接触中，曾长期主动汲取先进的中原文化和其他少数民族文化以及地域文化，而在汲取的过程中，始终结合本民族的需求，形成具有畲族特质的民族文化。这也是即使畲族不断迁徙，不断被各种地域文化包围依然保留部分畲族文化特色的原因。从畲族的历史发展来看，畲族是一个不断迁徙的民族，也是不断融合周边少数民族特征，与瑶族、苗族等少数民族有着千丝万缕的关系，畲族作为中国南方单一的少数民族，由于长期与周围的汉族以及苗族、瑶族、壮族、侗族等少数民族杂居，畲族与瑶族、苗族等少数民族有着千丝万缕的关系。如畲族崇盘瓠，瑶族崇拜盘古（又说盘瓠），畲族有祖图，瑶族有类似于畲族的过山榜，畲族有刀耕火种的生计方式，瑶族、苗族也有，这是相近的自然环境、生存空间、历史际遇、生活习惯形成的，是长期与周围少数民族交往交流的结果。明清是畲族历史文化发展的重要时期，也是畲族传统文化与主流文化互动的重要时期。这种互动，大多是主动融入和学习周边汉民族先进生产力的需要，但也有被动吸收的，明清以后，由于汉族客家文化排挤畲族土著文化，封建统治者进行民族压迫，对畲族采取歧视态度，尤其是畲族本民族独特文化，被认为是落后的标志，如畲族的图腾龙麒，龙麒在早期畲族祖图中为龙犬、龙狗、犬等动物形象，晚期祖图中名称变成龙麒，成为通用称呼。这种改变，不可避免带有被动成分，特别福建和浙江一带的畲族，受封建社会压迫尤其严重，将犬图腾加以丑化进行侮辱，由龙犬变为龙麒，这种改变，带有较为明显的生存压力下的被动接受意味，反映在文化上，就有被周边其他民族文化的刺激，特别是汉文化的刺激，为了民族的生存和发展，被动吸收，并转化为本民族的文化特质。

在长期的迁徙过程中，文化往往会发生变异，在保留本民族特色中，会吸收有益于本民族发展的文化因子，而这种吸收分为主动吸收和非主动吸纳，非主动吸收更会受到外界环境的改变而不得已做出文化妥协和文化让步，这种文化妥协有时更多是畲族上层精英人士的主导。畲族精英人士一般由知识精英和乡土精英组成，知识精英由具有一定知识文化水平的畲族知识分子组成，他们既了解本民族历史与文化，也胸怀弘扬畲族传统文化的责任；乡土精英由村或者乡一级的地方文化干部组成，对当地的历史文化有一定了解。畲族知识精英的观念往往也或多或少对畲族地方政府的决策有一定的影响力。中华人民共和国成立后，特别是改革开放后，畲族各个地方纷纷成立畲族研究会和民族研究所等协会组织，这个协会组织是一个研究和交流畲族文化的非官方平台，也是畲族精英知识分子自发组织的研究和保护畲族文化的非营利组织。目的是实现畲族文化的保护和传承。

被动吸纳体现在畲族节日庆典以及节庆中传统文化元素的转化与打造。浙江景宁畲族自治县作为全国唯一的畲族自治县，在全国畲族文化发展特别是当代文化发展中具有领头雁的作用。在汉文化的包围和刺激下，不断吸收和消化外来文化，其文化的被动吸纳更彻底更全面。

比如畲族传统节日"三月三"节日，就是被动吸收接纳的见证。根据中国少数民族社会历史调查资料丛刊之《畲族社会历史调查》记载，"乌饭节"作为民俗节日在畲族地区并不普遍存在，也没有明确说法，只是浙南、闽东部分畲族地区有农历三月三日吃乌饭的习俗。1953年，国家民委委派专家到民族地区开展少数民族社会历史大调查，调查小组在浙江景宁县调查畲族传统节日时，发现没有"乌饭节"这一说法，只有三月三吃乌饭习俗。1958年，在浙江省平阳县、泰顺县等地开展的民族调查中，也没有关于乌饭节的说法，只有福建省福安县、连江县等畲族有民间过三月三，三月三有吃乌饭习俗。[①] 1982年，国家民委又派调查组进入畲族聚居地区进行调查，在对浙江丽水地区畲族历史文化调查中，丽水地区有过三月三，过节期间也有吃乌饭习俗，根据这一习俗，调查组将三月三记录为"乌饭节"。[②] 从笔者走访调研得知，畲族民间一直就有"过三月三"的说法，却没有"乌饭节"这一说法，因此，畲族民间有过三月三习俗，畲族内部将此节日称为"三月三"，而在正式官方记载中被命名为"乌饭节"，并从20世纪80年代统一将此节日称为"乌饭节"。节日名称的记录和变迁，畲族自己始终没有参与，被动接受了"乌饭节"这一说法。给作者多次实地走访调研，得出结论：由于南方很多少数民族称三月三，用"乌饭节"命名畲族三

[①] 施联朱等调查、整理：《福建福安县甘棠乡山岭联社畲族调查（摘录）》，载《畲族社会历史调查》，福建人民出版社1986年版，第155页。

[②] 蓝玉璋等调查，施联朱等整理：《浙江丽水地区畲族情况调查》，载《畲族社会历史调查》，福建人民出版社1986年版，第284页。

月三，更能体现畲族特色。这是当时强调民族差异性和特色性的结果。

浙南畲族并不认可乌饭节这一说法，从 2000 年开始，浙江景宁畲族自治县根据群众的呼声，将官方命名的"乌饭节"又改为"三月三"。这是从被动接受到民族自觉意识的觉醒。由于畲族居住分散，各地虽然过三月三，但节日称号不一，福建称为过三月三，而作为全国唯一的畲族自治县的浙江景宁，独创一个节日名称——"中国畲乡三月三"。至于为什么要淡化官方已经明确命名的"乌饭节"这一名称，而更名为"中国畲乡三月三"或"三月三"节，作者又经过多部门访谈得知：三月三涵盖更广，除了吃乌饭，还有民歌赛、体育竞技、服饰表演等综合性内容，乌饭节范围太窄，所以又改回来了。

在中华人民共和国成立后至改革开放前这个阶段，三月三节日活动主要以开展丰富多彩的民间娱乐活动为主。中华人民共和国成立后，这一时期，畲汉交往不断加深，社会仍处于小农经济社会，节日特有的自然生态环境和社会生态环境仍然存在。因此，这一时期的三月三乌饭节即使受政治因素影响，但民间仍然顽强地传承着古老的三月三，吃乌饭习俗。这一时期最大的特点是有组织的节日恢复和民间自发组织相结合，形成了二元层次的民俗文化发展格局。同样，在民间，由于血缘关系、亲缘关系和地缘关系仍然成为畲族内部凝聚的强大纽带，三月三吃乌米饭习俗由来已久，不管政府组织与否，民间仍然觉得这个节日跟自己是有关系的，这是三月三乌饭节千年传承的民族心理需要。

三 重构创新式

重构创新型是畲族吸收多种外来文化形式的基础上，自觉地进行了消化再造和综合创新，从而形成了一种适应本土的新文化形式，重构创新式转化也是畲族文化当代转化的主要方式，表现在畲族公共文化领域的各个方面。

文化重构属于文化人类学特殊进化论的范畴，与美国人类学家斯图尔德的"文化适应"概念相适应。文化重构与文化糅合、文化适应和文化变迁联系在一起，互相联系又有所区别。文化糅合，并不是简单的重新排列组合，它是一种有意识的动态的再生产过程。文化并不是孤立地存在，它是与周围环境产生作用而做出的反应。"事实上，民族文化是在一种持续的构建过程中形成的，纯粹的、不受任何外来文化影响的民族文化从来都不存在，更何况现在这样一个全球化的时代，各民族互动交融非常频繁，其文化都是在相互制约、相互依存的关系中以动态平衡的方式延续发展。世界愈来愈相互制约、相互依存，文化共享已成为必然。因此静态的纯粹的原生态文化已不复存在。"①

现代化浪潮中的民族传统文化已不是静态、封闭的和一成不变的形式，必须通过一种新的途径和新的形式存在，那么它可选择的路径之一就是文化的重构与文化的再生。关于文化重构理论，学界有多种阐释。有学者认为"文化重构是指文化体系的再造，特别是价值系统的重新建构，以及文化模式的铸造、文化类型的规整"②。文化重构是指"新的或外来的文化因素被纳入本文化之中的整个过程。文化重构的实现，一般要经历若干依次衔接的阶段：发明或引进、阻抗与摩擦、调整重构、整合涵化等"③。高丙中侧重对文化重构的类型分析。他指出"文化重构通常是利用新的外来文化因素的再创造"④。他总结出文化重构的五种类型：融合式、组合式、替代式、嫁接式、互补式。

从以上理论研究可以得知：文化重构理论丰富，机制较为顺畅清晰，是研究文化演化的重要理论依据。无论是将外来文化纳入本民族文化的一个过程，还是该民族内部各个文化要素进行整合后重新进行二次再加工再创作，最终的结果是形成一种新的文化现象。

传统的节日文化与现代节日庆典就是文化重构的典型案例。传统节

---

① 明跃玲：《文化重构与民族传统文化的保护——以湘西民族旅游文化为例》，《中央民族大学学报》（哲学社会科学版）2007年第1期。
② 李宗桂：《文化批判与文化重构：中国文化出路探讨》，陕西人民出版社1992年版，第380页。
③ 彭克宏主编：《社会科学大词典》，中国国际广播出版社1989年版，第345页。
④ 高丙中：《居住在文化空间里》，中山大学出版社1999年版，第73页。

日文化，产生于农耕年代，带有较为明显的农耕气息，是在固定的时间和相对固定的空间进行，具有年复一年，周而复始，具有周期性、群体性和传承性特点。而现代节日，是在传统节日基础上，根据时代需求来人为打造。这种打造带有官方性质和特点，符合时代需求。

伴随着改革开放的深入，现代化进程的推进，中国社会面临着从传统农业社会向现代工业社会的转型，原来固有的生存和发展环境开始发生变化，人们的思想观念开始转变。畲族年轻人外出打工、升学、参军，使他们切实感受到现代生活的便利与文化的丰富多彩，他们对城市的生活方式充满着向往，对汉族的节日和西方洋节却推崇备至。产生于中国农耕社会的畲族传统节日，与现代社会生活逐渐不适应不协调了，人们对传统节日的文化意识日渐淡漠，过节的氛围越来越淡，人们参与的热情与日俱减，节日文化却越来越枯萎，节日所蕴含的一些文化内涵也随着习俗和仪式的消失逐渐地被人们忽略，有着悠久历史的乌饭节在民间逐渐淡化和消失。产生于农耕社会的传统节日，在当今社会有些不符合当代需求。

这种现象引起畲族知识分子和民族精英的不安和觉醒，面临文化的断层和断裂，如何留住传统的根？如何争取文化传统延续和社会发展，如何凝聚其族群意识，谋求与主流社会的良性互动，是摆在当今畲族人面前的现实境遇。

为了弘扬和传承传统文化，各方力量不断寻找突破口。畲族人以周而复始的节日仪式来解决相关的问题。畲族的传统节日很多，有春节、乌饭节、二月二会亲节、牛歇节等，哪一种节日能代表畲族的文化特点呢？畲族精英选择了农历三月三这一天的"乌饭节"，利用节庆这一载体和平台，整合不同的文化元素，通过糅合这一方式，不断彰显畲族文化特色；畲族自治地方也开始正视传统节日文化的传承价值，大力打造"三月三文化节"，将多种文化要素纳入节庆内容。此时的"乌饭节"已经超越了民间自发过节的民俗特征，成为民族文化展示、文化交流与旅游融合的盛会。由于传统节日具有广泛的群众参与性、较强的体验性和民族文化整合功能，逐渐成为各地旅游开发的重要资源和对象，即将消亡的传统节日则以另一种面貌和形象示人，节日的空间随之发生了迁移。随着节日空间的转换，节日的内容也发生了变异，将多种文化要素糅合到某一节庆内容之中，二次创造出一个新的节日，糅合后的新节日中和了更多新的内涵，增添新的内容，创造新的形式，使古老的民族节日融入了时代的气息，传统节日功能发生变化，民俗功能由过去的神圣性、神秘性向娱乐性、展示性、多样性等复合性文化方向发展。

浙江景宁作为全国唯一的畲族自治县，从1984年开始，着手打造传统的乌饭节，出现重构节日的雏形；2007年之后，当地政府正式提出将乌饭节等各类民俗节日统一整合为中国畲乡三月三文化节，这里整合就是重构。值得注意的是，在2007年之前，景宁的各种节庆活动内容比较散而杂，从2007年开始，打造民族文化品牌成为新时期节庆内容的核心，一个新的节日呼之欲出。

节日重构体现在两个方面：一是借用了传统乌饭节的时间节点，即农历三月三，吸收了不属于传统乌饭节节期的内容，但又是畲族内部已有的传统节日，如民族体育、民间技艺、畲家茶文化、民间婚俗等内容。二是整合了各种畲族节日，合成一个大的文化节。如将民间原有的对歌节、旅游节、风情节统一命名为"中国畲乡三月三文化节"，很明显，现在的三月三只是借用了传统乌饭节的外壳，装上了各种文化要素的大熔炉，用"旧瓶装新酒"的方式传承民族文化。因此，有人指出，现在的三月三，已经不是民间自发过的三月三，而是政府打造的三月三。

文化的重构是通过糅合、再生、适应而实现的，而调适的过程就是选择性改造的过程。将需要的文化因子进行吸收后进入再生的文化体系。节日的糅合也具有一定的选择性。这里的选择性既要满足文化客体即游客的需要又要符合文化主体即畲族地方的意志，选择那些具有象征意义的，又能代表民族传统的文化符号，即标志性文化进行糅合。首先，畲族人选择农历"三月三"这一时间节点，而没有选择畲族其他传统节日如二月二会亲节，四月八牛歇节，是因为他们认为三月三比较好记，易流传，虽然很多少数民族都过三月三，但畲族人希望通过自己不同的方式来诠释畲族的三月三，同时，他们认为传统乌饭节内容太单一，不足以涵盖畲族文化丰富的内容，不适合打造成为复合型的节日；其次，畲族人选择性吸收了畲族传统节日元素，并加以运用和宣扬，如对凤的崇拜，源于畲族的祖先信仰，凤凰装、凤凰冠在节日服装中加以突出表现。不仅如此，凤凰标志、凤凰歌言和舞蹈在现代节庆中充分挖掘利用，而对于畲族人比较敏感的盘瓠问题，在现代三月三文化节中进行扬弃。另外，对于节日举办的活动，吸收了畲族盘歌、畲族传统体育、畲族传统工艺以及吃乌饭习俗，而对于民间祭祖，选择性地进行了改良，使封建宗族文化和民间信仰逐渐得以消除。

节日最大的传承特点是具有活态传承的特征。这一天，通过活态的仪式与展演，使传统的文化因子得以在固定时间加以综合呈现，对于短暂的呈现，需要长期的积累，活态展演，也是再现畲民的日常生活方式。据笔者调查，2015年"三月三文化节"祭茶大典活动就在茶园原生态展演了畲族茶歌，表演者多来自周边村庄的妇女，平时以种茶、采茶、卖茶为生。日常生活种茶很辛苦，为了调节劳作的单调，大家就在山头即兴对歌。如今政府举办"三月三"庆典活动，看中的便是他们最原本的生活形态。景宁县东弄村的蓝仙兰告诉我们说，其实原来生活中已经司空见惯的东西，在政府的引导下，让我们知道自己作为畲族所不同的地方，每年政府举办庆祝活动，都会邀请我们出来表演自己的日常生活，让我们觉得很自豪，很开心。虽然茶园唱畲歌都是即兴而唱，但是因为展演，所以歌是提前写好，组织村里姐妹一起学，茶园畲歌就是东弄村的蓝仙兰即兴创作，用畲语演唱的。节日的举办给传统的创新与发展提供了重要机会，作为外界游客，最想了解的就是原生态的畲族文化，这一天，就像一场文化盛宴，在最短的时间内，提供了一个直面传统、重温传统、体味传统的平台，从各种展演中汲取传统文化力量。

节日期间还举办各类比赛，如百项畲族非遗技艺大比武、畲族彩带和畲族服饰设计大赛、大型畲族民歌赛以及传统体育一条街比赛等。非遗竞技比赛促使传承人不断加强技艺的学习、创新与传承；民歌赛培养了一代又一代的畲族文艺工作者和一大批民歌手，使畲族山歌后继有人；传统体育比赛促进全民健身运动的发展。这些仪式的表演和展示，或吸收传统文化精华，或直接原汁原味再现，使传承艺人进行信息交流与技艺切磋，促进传承人不断学习提升；通过节庆这一舞台和平台，让更多的人了解具有丰富多彩的畲族文化。如今，畲族文化遗产的保护工作充分引起各级政府的重视，畲族干部群众普遍增强了保护本民族传统文化的觉醒意识。政府将三月三文化节与挖掘和传承濒临失传的畲族民间文化结合起来，发掘畲族传统文化精华，赋予时代文化精神，并通过大型庆祝活动进行展示和传承，这些都有利于畲族民族文化的保护、挖掘与传承，使民族文化不至于断裂、断层。因此，节日的平台不仅寻找传统记忆的时间，也是不断挖掘和整理，传承与创新传统文化的舞台，经过兼容、吸纳和扬弃，逐渐成为一种在节日中弘扬民族精神、增强民族凝聚力和促进身心健康发展的重要娱乐活动，既延续了传统的文化精华又符合时代需求。

少数民族的传统节日，有特殊的仪式与表达方式，具有一定的神秘性和神圣化。传统节日不仅遵循时间的框架，以家庭和村寨为主要的仪式空间，也是沟通人与神，人与祖先的特殊时间，将家庭与神灵、祖先联系起来，以期望获得祖先和神灵的庇佑，传统乌饭节具有一定宗教意义，通过祭祖，追述民族起源的历史，借以激发民族的自豪感，增强民族内部的团结。不仅如此，传统的少数民族节日有的还有一定的禁忌，这种禁忌是基于传统的乡土社会，人们对于自然和神灵的最朴实和原始的认识，尽管这种认识不成体系、碎片化，甚至带有迷信色彩，但是我们可以看出宗教祭祀在历史上、文化史上、民族史上都起到了不可磨灭的多功能作用，它凝聚并规范着畲族的文化心理、信仰心理、伦理道德、价值观以及各种文化习俗，是民族文化众多子系统之一。

重构的现代节日，取消了神圣的祭祖、祭神等仪式，节日的神秘气氛逐渐消解，娱乐性、展示性增强，节日从最早的原始祭拜中挣脱出来，成为现代生活的"佳节良辰"。经济的发展对文化的冲击决定了畲族"乌饭节"经历这样的演变在所难免，畲族"乌饭节"已经实现从具有各自地方风俗特征的文化事项，演变成由政府主导、动员式地聚拢各种民族文化资本、服务于经济发展的"嘉年华"式的文化节。通过现代的娱乐与狂欢，在轻松愉悦的气氛中，感受传统文化魅力使即将消失的传统文化以一种新的形式得到注解、诠释和延伸。浙江景宁三月三期间，邀请外界嘉宾与当地畲民大联欢，如2015年畲族服饰设计大赛展演的舞台就搭建在景宁县城中心的一条河上，一叶扁舟，轻轻划动木桨，将身着历届获奖的畲族服饰的姑娘载入河中的水上舞台展演，两岸畲、汉群众人山人海，这一天，景宁县城热闹非凡，公交全部免费，大家扶老携幼，像过年一样从四面八方赶来观看，平时难得一见的乌米饭在街上叫卖，吸引行人争相购买尝鲜。传统文化在娱乐与狂欢中走进普通大众的视野。

畲族三月三乌饭节离不开一个事实，就是搭车现象。除了保留畲族传统民俗活动，每年还增加了旅游推介活动、商贸活动、电影下乡活动、书法展、摄影展以及篝火晚会等各类主题活动。这些活动冲淡了作为民间节日的主题和心理情感寄托，活动的内容虽然越来越丰富，但节日的特色越来越淡化，民族归属感越来越弱化。随着社会经济的发展，民族节日不可避免与当代各种观念进行碰撞和交流，使传统节日在前进中不断负重前行。乌饭节与现代意识发生碰撞主要体现在以下几个方面：市场经济观念与小农经济的碰撞；现代开放意识与封闭保守碰撞。改革开放后，畲族地区社会经济的快速发展，社会交往的加深，交通的改善，各民族交往不断加深，特别是各级政府、各个部门对民族节日的重视，民族节日黏合社会和谐关系，促进各民族交流以及宣传展示地方文化，成为经济社会发展的"助推器"。民族节日具有稳定性和习惯性，特别是历史优秀的传统节日，成为民族的记忆，面对节日的快速变迁，内容的更新，很多民族节日变淡了，面对这种情况，有接受与包容，有排斥与反感，有融合与淡漠。因此，民族节日变迁是较为复杂的文化现象，形式上的翻天覆地，内涵的变迁依然是渐进的、缓慢的。

节日的搭顺风车还体现在节日服装的拼凑。节日期间，传统民族服饰已经很少见，满眼都是各种拼凑的所谓民族服饰，甚至出现将土家族、苗族的服饰元素移植在畲族服饰上，分不清是哪个民族服饰，虽然畲族服饰与苗族、土家族、瑶族有共通之处，但服饰已经趋于简化甚至异化，被称为改良版或设计版的民族服饰，此时的民族服饰应该称为节日服饰，是一种现代服装，而不是民族服装，这种服饰拼凑化有两种可能：一是精英导向化，主流社会需要多种元素的集合；二是正常进化现象，如新面料的使用、新装饰手段的开发。这些变化是民族服饰逐渐趋同化的必然结果。因此，包容、碰撞、借鉴、吸收、改造、再生，是民族文化发展与传承的必然之路。

"文化搭台，经济唱戏"是现代节庆活动的动机。首先，在市场和经济的驱动下，文化的传承往往成为促进经济发展和谋求政治诉求的工具。其次，谋求政治话语权是政府举办节庆活动的另一目的。部分畲族精英借节庆机会向更上一级机构在保护少数民族各项权益和少数民族文化方面给予政策倾斜。因此，畲族政府官员基于对畲族文化的保护以及地方发展的需要，通过畲族文化节活动来扩大畲族文化的影响力，引起上级有关部门的重视和关注，继而为保护畲族文化的争取政治支持。这种办节的动机引起学界关注。有人认为，现在的三月三文化节为政府打造、民众参与、社会组织。据笔者调查发现，三月三期间举办的民族体育一条街活动，各参赛团队都是各乡镇、各机关事业单位选派，重在参与，为的就是一个热闹和气氛。

文化传承的根本力量是文化主体。不同主体具有不同的作用，主要包括三个群体：其一是畲族群众自己；其二是作为本民族文化精英的知识分子或文化学者；其三是政府。这几个主体之间共同作用形成的节日的整合和重构的关系网络，是当前畲族传统文化保护和传承的重要力量。①在这三股力量的角逐中，政府扮演着领导组织的主导角色，起到关键作用；畲族普通民众参与其中，有的被请到节日会场进行比赛和表演，从某种意义上来说，展示和弘扬了畲族传统文化的魅力，但这些畲族表演者大多是选择性地被邀请；而畲族文化精英是一个处境两难的群体，既想通过重构的节日恢复传统的节日面貌，又对节日的异化和扭曲感到不满。在文化发展中，文化的主体也在不断更替，现代浪潮冲击下，畲民选择性地接受现代生活方式，畲族精英依据环境的变化而作出具有时代特征的价值判断和选择，对原有文化资源进行了吐故纳新。正是主体的文化创造不断地向纵深无限推进，才展开了丰富无比的文化发展。②

文化的传承是一个不断积累的历史过程，也是一个动态的过程，同时还是一个不断选择的过程，选择是以价值判断为依据，使文化具有阶段性、调适性和整合性。文化拥有者和实践者的退位，导致文化主体的错位，而政府在文化利用和传承中，打造出文化的拥有者和实践者，使文化的传承在发展中逐步异化。

畲族在与汉族的不断交往和融合中，外来文化强力介入，对传统民族文化活动中一些过时的、不合理的成分，人们往往会自觉或被动地加以变革，重新审视和修正本民族原有的传统文化，使之跟上时代前进的步伐。在主流文化的巨大影响下，民族节日逐步从家庭过节，演变为政府主导的具有产品交流、信息传播和文艺汇演的大联欢。由此引发的民族节日的原生态问题，民族节日文化中的传统因子如何保留问题以及本民族文化的认同危机。囊括越来越多文化内容的节日反而少了民族特色和地方特色，这也就是为什么越来越多的人认为"三月三乌饭节"越

---

① 华红莲、潘玉君：《文化生态视野下民族传统文化的保护与传承》，《云南电大学报》2012年第4期。
② 张亚文：《文化生态学视野下少数民族传统文化教育传承之探究——以霍林郭勒市蒙古族中学为个案》，硕士学位论文，苏州大学，2010年。

来越没有本民族特色了,越来越不像民族节日了,甚至年青一代只知道三月三,不知道乌饭节,更不知乌饭节还要吃乌饭。无论如何变迁,在活动内容和组织形式上,应该把民族节日要满足当地民族以及居民的情感需求、文化认同需求和心理归属需求作为前提。"离开其产生和生存的土壤,缺失了文化记忆,传统节日将萎缩,直至枯萎。"[1]

传统的民族文化的纵向传承是在自然经济的背景下进行,而现在,它们面临着现代化的冲击。协调处理好现代化与民族传统文化的关系,一方面,现代化是繁荣昌盛的必由之路,每一个民族都不应当拒绝现代化;另一方面,每一个繁荣昌盛的民族都应保有自己优秀的传统文化,都应保有本民族的基本特点。因此,传承畲族优秀传统文化的过程,就是一个不断重塑民族精神的过程,也是构筑多元文化和谐发展的过程。文化的重构不是消除文化特色的理由,而是强化民族特征的利器,关键在于如何运用,越来越复合化、拼盘化、杂糅化的节日,其特色就越来越淡,民族文化的传承越来越乏力,只有正视其生存土壤,回归民间、回归生态,保留自己的传承体系,才能在重新构建的过程中,真正焕发生机,获得新生。

---

[1] 李玉臻:《从边缘到中心:旅游背景下民族传统节日转型研究——以四川凉山彝族火把节为例》,《学术论坛》2009年第2期。

第四章 畲族传统文化转化路径

畲族传统文化转化途径多样,概括起来主要是两个路径。一方面是在公益性的公共文化事业中进行转化。通过转化,生产出公共文化产品,为当代公共文化建设服务。另一方面在文化产业中转化,转化为文化创意产品(服务),为竞争性的个性化、特色化和多元化的大众消费需求服务,满足人们日益增长的个性文化需求。

第一节 公益性文化事业

公益性文化事业相对于经营性文化产业,是以非营利性为目的,为社会公众提供非竞争性、非排他性的公共文化产品和服务的文化事业。畲族传统文化的特点,本身就具有教育意义和社会和谐价值。运用于公益性文化事业,通过文化产品与服务,传播与弘扬社会主义意识形态和价值观念,能丰富广大人民群众业余生活,不仅保障人民基本文化权益,也是政府主导的公共文化服务体系。同时,畲族传统文化借助群众性文化活动、博物馆文物展览、美术馆的作品展览、艺术馆的艺术创造作品等各种不同渠道和载体,能传播和弘扬优秀传统文化。

一 公共文化场馆中转化

博物馆、文化馆等公益性文化场馆的静态展示,是畲族传统文化转化的途径场景之一。浙江景宁建有中国畲族博物馆,属于公益性文化场馆，对外免费开放，畲族博物馆是一座以畲族历史文化为切入点，全面展示中国畲族文化和民俗风情的文化场馆。馆内收集整理和展示了畲族的历史文化、风俗信仰、生产生活、环境聚居、饮食服饰及歌舞等，是人们了解畲族人文历史的重要窗口。展出的内容分别为畲族起源与迁徙、环境与聚居、生产与交换、饮食与服饰、社会与风习、信仰与崇拜、文化与艺术七个单元。藏品共计1800余件，重点藏品为畲族祖图、畲族祖牌和祖公图，特色藏品为畲族师公服饰、族谱以及狩猎器物等。畲族传统文化借助畲族博物馆这一"文化空间"进行集中展示、交流与研究，是畲族传统文化运用的物质载体，博物馆通过展览、社会教育等方式，挖掘畲族传统文化满足广大畲汉群众的精神文化需求，有力地推动了民族地区文化事业的繁荣和发展。

二 公共文化建设中转化

公共文化建设主要体现于城镇广场公共区域和美丽乡村建设。畲族文化符号、元素以及典型纹样可转化为视觉识别的标志性符号，如凤凰图腾符号、龙麒符号、彩带文字符号、祖杖符号等，是畲族文化典型符号，将这些符号转化为具体的纹样、雕塑、壁画、彩绘等视觉符号。如在浙江景宁东弄村的文化小广场，巧妙将畲族符号与门楼、墙面装饰、公共宣传栏等公共设施结合，在景宁鹤溪镇街头主干道上，路灯、灯箱、车站、桥梁、窗棂、广场、护栏、地面等公共设施，大量运用畲族彩带文字符号、凤图腾符号等"畲"元素，营造浓浓的畲乡意蕴，使畲族群众产生强烈的自豪感和归属感；在江西贵溪樟坪畲族乡的文化广场，修建有大型红砂岩壁画以及四根图腾柱，这些公共文化艺术雕塑将畲族的刀耕火种、龙麒、三公主的传说以及畲族民风民俗以浮雕形式，静态运用于公共文化产品中。

三 公共文化活动中转化

丰富多彩的公益性群众文化活动，是畲族传统文化现代运用的另一途径。群体性的文化活动是政府为民众提供的公益性文化服务，具有精神调节作用、宣传教化作用、普及知识作用、团结凝聚作用，也具有广泛性、参与性和互动性。主要体现在三个方面。

（一）节庆民俗活动中转化

如浙江景宁每年畲乡三月三群众大联欢活动，就是将原汁原味的畲族歌舞表演以舞台形式进行展演，表演者为畲歌传承人和当地的畲歌能手。2019年是中华人民共和国成立70周年，也是景宁设立自治县35周年。因此，当地的三月三群众大联欢活动围绕：七十载跨越，欢歌新时代，三十五年奋进，追梦新畲乡。大联欢以《畲族山歌代代传》等歌曲、舞蹈、情景剧，通过传承人的节目化演绎，畲乡群众以自己的方式讴歌新时代，点赞畲乡景宁的大发展大变化。传统畲歌通过公益性表演，宣传党的民族政策，也传播民族文化知识，更有团结凝聚民族力量的作用。

雷聪菊（畲族）2019年参加了畲乡三月三大联欢，这已是她们山歌队第6年参加三月三的演出，队里的同伴最小的是10岁，年纪最大的有78岁，她们的表演团队将畲族山歌唱到省内外的各种舞台。"我们很骄傲，越来越多的人知道美丽畲乡，来到美丽畲乡，我们每年都与八方游客共庆畲族传统节日。"在公益性民俗文化展示活动中，除了畲族歌舞等活态化的展演，还有传统技艺等"非遗"项目的展演和体验互动。也成为当地三月三畲族民俗文化活态展演的重头戏。如2017年中国畲乡三月三就是以中国好畲"艺"为主题，将畲族31项非遗项目集中展示，活动集展示、展演、展销、互动、体验为一体。不仅可以观赏体验畲乡织彩带、打草鞋的传统技艺、品尝畲乡乌饭美味和惠明茶冲泡技艺，领略木偶戏、菇民戏、马灯戏等畲乡戏剧意韵，在这场公益性展演中，畲族传统文化成为公益性文化活动的灵魂，文化符号成为展演的代名词。

（二）乡村旅游中转化

近年来，为贯彻实施乡村振兴战略，弘扬民族传统美德，传承民族优秀文化，浙江福建等地的畲族乡积极以"三月三"为文化旅游品牌，推进"三月三"畲族文化节与乡村旅游相连，活动内容和畲族文化内涵相联系，已然成为畲族文化传承与文化旅游融合的一场盛会。因此，畲族传统文化运用于公益性的文化事业发展，并不等于没有任何经济效益，畲乡三月三吸引大量游客，游客在畲乡吃住行，游购娱，产生较高旅游经济收入，助力乡村旅游振兴。如2011年，景宁全年吸引240多万游客，旅游总收入突破10亿元，游客数量及旅游收入较2007年翻了两番。因此，畲族传统文化作为文化基石，是旅游产业发展和乡村振兴等经济发展的"催化剂"和"助推器"。

（三）红色文化中转化

畲族传统文化在红色文化活动也能发挥作用。如2021年恰逢建党100周年，中国畲乡"三月三"大型节庆活动以"畲乡人民感恩党，献礼建党100周年"为主旨，以"红色畲乡·风情景宁"为主题，以"三月三"民族节庆为平台，充分展示景宁民族团结进步与全面小康社会建设的新成就。活动除了有传统的畲乡民歌节、惠明茶冲泡技艺、畲拳、畲族体育大联欢等传统保留节目，还结合时代特色，增加了"学党史、颂党恩"歌咏比赛，用唱畲歌的形式歌颂美好生活，感恩百年大党，彰显了景宁畲汉一家亲，畲族与汉族人民共同团结奋斗，共同繁荣发展，以及畲汉等各族群众团结协助、积极进取的精神风貌。

综上所述，畲族传统文化在公益性文化事业中的运用是多样的，既有静态展示，也有活动展演，二者是互借式、互惠式和嵌入式运用。也就是说，优秀的传统文化符号要借助大型公益性文化活动进行展示和传承。同时，民族团结与民族和谐民族事业发展以及铸牢中华民族共同体意识构建，均离不开传统文化这一核心和灵魂。丰厚的传统文化资源是促进民族团结进步，和谐发展的深厚沃土和营养剂。

第二节　创意型文化产业

在经济全球化发展过程中，文化创意产业的蓬勃发展，对传统民族文化的发展是一个新的契机和发展增长点。文化创意产业不同于文化事业公益性属性，是充分运用文化资源能产生经济价值的文化活动。这种文化活动不是政府单向度推送，也不是均等化和基础化，是文化的精细化和分类化供给，是根据大众需求结合市场需求来生产文化产品。文化创意产业使得传统文化参与当代的经济建构和社会构建之中，并因其契合大众的流行性带来巨大传播力，使得优秀民族传统文化能够深入老百姓日常生活，而成为新的流行文化和大众文化，也是文化的一种演化和创新。创意产业为传统文化现代运用提供了一条新的路径。

2021年8月13日，中办、国办印发《关于进一步加强非物质文化遗产保护工作的意见》，要提高非物质文化遗产保护传承水平，促进合理利用。鼓励合理利用非物质文化遗产资源进行文艺创作和文创设计，推动传统文化融入生活，使民族文化存在于现实生活和运用于当下，以获得现代形态和当代意义。现代创意产业，对于提升民族传统文化的生命力，增强民族文化认同感与凝聚力，扩大民族传统文化的传播力与影响力具有重要的现实意义。

目前，在民族文化资源的开发和利用上，由于缺乏有效的现代转换机制，许多文化资源除了节日进行展示，很多都处在搁置、闲置和浪费的状态，主要是民族文化与当代文化缺乏有效对接和沟通，使民族文化不断程式化，丧失了本身活力与现代竞争力。党的十八大以来，党中央高度重视文化建设，用中华优秀传统文化的繁荣兴盛助推中华民族伟大复兴。今天，在全球化的格局之下，中华传统文化的传承与发展面临着新的挑战，创意性文化产业成为助推文化转化的加速器，创意性运用的前提需要将民族文化进行创意性转化，创意性转化需要借助载体，通过一定方式进行转化运用。

民族文化是文化创意的重要源泉，而文化创意产业则能促进传统文化资源向文化产业方向运用，并创造出具有丰厚文化底蕴和强大吸引力的文化产品，为中华传统文化焕发新的生命力提供新思路、新方法。传统文化资源合理运用于文化创意产业，要使传统文化资源与旅游产业和文化创意产业跨界深度融合运用。

一　文化创意产品中转化

（一）旅游纪念品

随着民族地区文化旅游和乡村旅游的迅速发展，旅游纪念品的需求也在加大。旅游纪念品是旅游产业的附属产业，旅游者购买旅游纪念品一是因为它的实用价值，如当地的土特产，二是不可代替和不可复制的旅游点的人生经历。如当地特有的工艺品、复制品或以地域元素设计的实用商品，如西安兵马俑、苏州双面绣扇面、贵州的银器等具有地域显著特征，随着现代物流的迅速发展，以前难得一见的异域特色纪念品已经可以通过网购实现，那么旅游纪念品的实用性退居第二，而它的"纪念"性是第一位的，是旅游经历收藏的载体，一件有鲜明属地特色的旅游纪念品，不仅具有文化价值和经济价值，也是游客此行的见证，更是旅游体验的延伸。

当前的旅游纪念品行业特别是民族地区旅游，绝大多数旅游纪念品消费不景气，其核心是缺乏创意设计，缺乏地域特色和民族特色，特别缺乏将民族特色与当代审美心理和实用结合起来，不同地方不同景点的纪念品千篇一律，照抄照搬，互相模仿，由于批量复制的手工艺品失去传统手工艺灵魂，不能反映地域文化特色，甚至在不同地区景点的旅游纪念品商店出现相同的义乌小商品纪念品，加上速成逐利因素，粗制滥造充斥市场，使原本手工艺品被机械化生产代替，乡土材料被化工材料代替，手工艺品同质化普遍，如贵州等很多旅游景点用现代化纤原料和机器生产的苗族服饰、包包、工艺品等，虽价格便宜，但购买者寥寥，尤其是后疫情时代，经济低迷期和理性消费时代，使其在旅游市场消费中不景气，极易造成整个行业的萎缩和不景气。

综上所述，传统文化运用于旅游纪念品，不是简单复制和移植，更不是贴民族标签，而是需要经过二次转化，这种转化方式就是创意设计，创意设计是源文化元素与现代需求的中间桥梁和联系纽带，即源元素（传统文化符号）—现代创意（设计）—现代旅游商品（实用纪念品）。其一，"源文化"需要提取传统文化典型符号，这种符号具有文化认同、身份认同和族群认同，也就是文化的依托性。如上文所述，畲族凤凰符号是畲族传统文化中非常典型的民族符号，提取时需要注意畲族凤凰与汉族凤凰的区别和联系，弄清楚畲凤与汉族凤凰既是同根同源，又有区别，畲凤来源于畲族始祖故事传说，是三公主化身，其造型简洁质朴，且具有浓厚的民族气息，这和汉族凤凰的奢华繁缛有本质区别。其二，就是如何进行二次转化，进行创意设计，现代转化是传统文化传承和发展的客观要求，现代转化不是一味地迎合时尚，也不是复古加当代，而是传统的与现代的两种价值观的交互融合：借鉴、互补、协调一致，也就是将畲族传统符号如何与现代实用需求和审美需求结合，这是传统文化运用的关键，需要汲取传统文化的精髓，找到与时代需求的审美共识点，融入旅游商品需求中，旅游纪念品创意设计主要是功能改变和形态的创新，即形式、外观、样式的创新，这需要对传统的形态完全吃透，全部消化以后，去掉糟粕的部分，把精华的部分放大。其三，关注实用性，物品要回归物品"用"的属性，而不是仅纯属纪念意义的观赏品，有需求才会有销量。一件既有文化价值，又有经济价值，既精巧便携，又富有地域特色和民族特色的工艺品，被消费者购买，实现其商品价值和经济价值，才能称得上传统文化在旅游纪念品的完整链条。

（二）博物馆文创产品

博物馆文创产品是以博物馆馆藏资源为基础，设计并生产出符合博物馆特色和观众需求的文化商品。博物馆文创产品首先是商品，即经济价值和商业价值，能吸引消费者购买；其次是富有文化内涵，这个商品不是普通商品，而是意蕴丰富的博物馆文物、藏品、展品信息富有文化内涵的文化商品，文创产品具有文化传播、教育延伸功能，实现美学价值、经济价值和社会价值延伸。文创产品旨在满足广大观众对博物馆文化体验需求，通过购买富有博物馆特色的产品，让观众把博物馆文化带回家，延长旅游体验感。通过文创产品设计开发，既满足了广大旅游者的文化需求，弘扬了中华优秀文化，提高了游客满意度，同时又获得了一定的经济效益和社会效益，这种理念得到各方认同和支持，掀起了文创产品开发的热潮。景宁畲族博物馆展出了反映畲族历史文化、风俗信仰、生产生活、环境聚居、饮食服饰及歌舞的传统服饰、生产工具、玉器、木雕等民族文物四千余件。这些文物反映了畲族历史与文化，文物信息通过运用于文创产品，使畲族历史文化通过文化商品这一载体得以传播。景宁畲族博物馆自2012年开馆以来，便和景宁有实力的新兴文化企业合作，开发涵盖饰品、彩带、大漆罐等具有畲族特色的文创产品。畲族服饰图案是畲族文化传承的重要载体，每个图案都代表着畲族人民对生活人生的希望和对幸福吉祥的执着追求。其中，鱼纹、莲花纹和蝶纹等纹样带有母性意义上的功能与作用，用在围兜上，表达了对女性的祝福。通过将畲族代表性纹样的提取与运用于围裙、丝巾和领带上，使纹样有了更多的传播途径，同时也保留了畲族纹样原本的美好寓意。将畲族传统文化符号运用于文创产品，是对文化的合理开发利用，实现传统文化的创造性转化与创新性发展，增强文化软实力和促进文化产业的发展都非常有意义。2020首届中国（浙江）畲族文化创意产品设计展演，以"挖掘畲族文化元素　助力民族乡村振兴"为主题，挖掘畲族特有的文化元素、传统技艺、特色农产品，探索畲族文化创意产品和原有产品附加值的开发，为畲族产品创意开发、推广、销售搭建平台，扩大畲族产品的影响力和知名度，促进民族区域群众增收，助力民族乡村振兴。通过此类活动，让畲族对本民族文化有了更深的认识和更高的认同感，也让汉族加入到传承、弘扬和保护畲族文化的队伍中。

但受多种因素制约和影响，中国博物馆文化创意产品设计开发起步较晚，创新性、趣味性不足是国内文化创意产品开发中的常见问题。中国文化创意产品还存在功能定位不清，相关文化特色不明显，政策机制不完善，开发水平不高，发展基础较薄弱，对经济的贡献率偏低等问题，总体来说，还处于起步、探索、培育、发展的初级阶段。故宫博物院的文创产品之所以走红，是通过挖掘故宫藏品所蕴含的独特文化价值，把具有故宫特色的中国传统文化元素植入当代工艺品和日常消费品中，让优秀的文化传统与时尚元素完美结合。

（三）旅游景区演艺产品

将民族地区的民族文化资源与自然资源结合，发展创意旅游产业。通过创意，生产文化演艺产品，以地方民族特色、人文理念、传统风俗作为创意基础，实现文化在旅游中的创意运用，推动文化、旅游和经济的跨界融合发展。例如，以旅游立市的张家界，通过编排以当地土家族、苗族等民族特色和民族风情为主题的舞台剧，以绚丽的舞台、精湛的表演、喀斯特风景以及多元的民族文化吸引了大量的中外游客前来游赏，也带动了餐饮、民俗、购物等相关消费产业发展。还有海南保亭槟榔谷旅游景区，将黎苗族文化运用于景区舞台展演，通过挖掘黎族山栏稻、狩猎、服饰、钻木取火等文化元素，通过创意设计和舞台编排，原生态地将黎苗族文化进行展演和传播，以文促旅，以文彰旅，促进传统民族文化在旅游创意产业中合理利用。同样，畲族地区有非常好的旅游资源，如将文化注入旅游产业中，通过创意设计，转化为适合旅游体验的项目，也能成为传统文化现代运用的重要方式。

二 创意服务产业中转化

首先，将饮食文化、传统工艺、民俗文化等发展为新的产业链。使传统文化资源不仅为公共文化服务，也能走向市场成为产业，为本土文化的创新发展提供可持续发展的空间。如将畲族乌米饭等特色小吃进行产业化加工，在保留传统乌米饭制作材料和制作方法的前提下，在口感、包装上进行创意加工，如开发适合年轻人口味的冰糖乌米饭、海鲜乌米饭、水果乌米饭、腊肉乌米饭，发展特色饮食产业。其次，运用创意对传统手工艺品加以现代的设计，将其转变为创意文化产品，不仅传承了独特的工艺，也让日渐衰微的民间手工艺重新焕发新的生机与活力。如将彩带进行文创设计，设计出具有彩带图案的手包、靠枕、首饰等，畲族花斗笠进行创意设计，保留花斗笠传统材料和图案，在工艺上和造型上进行创意改造，设计出适合当代年轻人喜爱的帽子、花伞等。最后，可以将畲歌、畲舞、畲拳等传统表演艺术发展为文化创意产业。保留原汁原味内容，将表演形式创新、表演服饰、表演舞台等创新设计，并将新锐的艺术构思与高科技手段融入民族歌舞中，塑造高艺术水准的演艺作品，打造知名的演艺品牌，形成独具地方特色和民族特色的文化创意产业。

（一）日常创意生活转化

将畲族文化元素运用于现代生活中，推动传统文化走进日常生活。畲族传统文化与老百姓的日常生活还有一段距离，这段距离拉远了老百姓对传统文化的接受度和认可度，把传统文化当作高高在上的高冷学说。文化遗产作为历史性客观存在，一直与民众生产生活紧密联系在一起，来自普通群众，使用于民间，普通劳动者不仅是文化的创造者，也是文化持有者，只不过随着社会进程发展，有些文化遗产已经在民间消失，因此，只有对文化遗产的教育意义正确地解读、宣传与转化，才能从精神层面正确地融入和服务民众生产生活，这种融入和服务包括并不仅限于审美的融入，历史观、文化观的融入，方向正确地融入与服务，才能影响到民众尤其是青少年，让文化遗产发挥弘扬优秀传统文化、赓续文化基因的功能，使其精神影响参与到现代生活中。

这就需要将文化遗产打造成民众喜闻乐见、买得起用得上的文化创意产品，让文化遗产走进民众的日常生活，为民众所享受文化遗产之美提供便利。

一方面，要着眼于现代文化消费的需求，以消费为文化创意设计的起点和终点，只有满足人民群众日益增长的文化消费需求，才能为文化创意提供源源不断的动力，畲族传统文化中如彩带工艺、斗笠等本身就是在日常消费中不断发展起来的，要恢复物质遗产"用"的本质，也就是经济社会消费的本质，只有在消费中，物质遗产才能更好融入生活；另一方面，将传统文化以群众喜闻乐见的方式融入当代生产生活中，成为当代日常生活的一部分，丰富当代精神和物质生活。将畲族传统文化元素融入各类生活产品的设计中，是以传统文化元素为主要素材，结合当代人的生活与审美需求，创意设计各类生活产品，让传统文化随着生活产品走进生活。如有民族风和新古典风的产品、家具、服饰深受青睐，人们在轻松愉快中享受传统文化带来的乐趣，文创产品魅力在此。另外，从经济属性上看，文化资源本身就具有经济价值和开发价值，可以通过创意转化为具有文化附加值的经济产品。当然，融入现代生活中，要处理好传统文化资源的利用和开发的关系，文创产品属于文化资源的开发，本质上已经不是文化的保护和传承，只有合理利用文化资源融入当代生活中，才是文化资源的传承发展。

（二）城镇化建设转化

在城镇化建设中，文化符号融入城市规划设计和建设，成为一个城市的标识，是一个城市或城镇区别其他城市的特征，避免千城一面或千镇一面的同质化倾向。随着现代化建设的不断推进，千篇一律的城市建筑是缺少文化内涵与人文关怀的，导致城市或城镇失去灵魂。而挖掘一个城市的文化元素，就是挖掘一个城市的底蕴和底色，用符号形式呈现，有利于寻找城市之根。如景宁县城，就是充分挖掘畲族元素符号，将其创造性运用于各种公共建筑领域，营造浓厚的文化氛围，也让畲族群众充满自豪感和自信心。中国的城市建筑应该挖掘地方特色,通过标志性建筑、创意建筑、科技建筑、文化街区来延续地方特色,形成中国的风格,让建筑成为传统文化传播的一种载体,成为中国文化的一张"名片"。

第五章　畲族传统文化在当代建筑中的转化与运用
——以厦门钟宅为例

第一节　钟宅村庄现状

一　钟宅区域位置

钟宅位于厦门岛东北侧五缘湾核心区域，东临环岛干道，南接五缘湾道，西临金山路，北侧以钟宅路为界，距离高崎机场约3.5公里，距高崎火车站约5.5公里，钟宅交通便利，配套较齐全，区位优势明显。钟宅是厦门岛最边缘位置的村落，濒临大海，自然环境优越，其地形如同一个蒲扇平摊在厦门岛东部的海湾旁，扇面的上沿是海堤，海堤外面就是大海，从上沿处由北往南依次坐落着王公宫、钟氏祠堂、妈祖宫、澜海宫；扇柄是村口，村口有巴士站，有巴士通往市内的火车站；两条扇骨则是两条大路，大道沿着村边斜斜地一直伸到海边；扇柄探进扇面有300多米长，形成了以菜市场与村委会为内核的钟宅中心。从村中心的大榕树往下散去的是村里的小街小巷，如扇子的脊骨支撑着整个村落。钟宅扇骨腾起的扇面里，错落着几栋百年以上的古厝老屋，其间有三两座南洋风格的楼宇，围绕着这些老屋古厝的还有老榕树、古井、磨盘等。

二 钟宅畲民生计方式

钟宅畲族的生计方式也是中国经济社会发展的一个缩影，浓缩地反映社会变迁史。早期畲族从福建安溪迁徙过来定居后，逐步融入当地生活，生计方式也融入当地的经济变迁。早期钟宅村民靠出海打鱼为主，种植山货为辅，维持日常生活，是典型的自给自足的自然经济状态；随着人口增加，靠天收的出海打鱼已经不能满足畲族人民生活的需要。从20世纪六七十年代，公社大队和集体所有制下，钟宅所有村民都是公社社员，参与村集体一起围海造田、建盐田、修海堤，修建水库，新建养殖场，新建滩涂养殖海蛎、花蛤等水产品等。这些集体所有制下的经济方式极大改善了过去钟宅靠山靠海的自然经济，水产养殖成为绝大多数村民的经济来源，解决了长期以来饿肚子的问题；改革开放后，随着厦门城市化建设进程加快，钟宅赖以生存的盐田、滩涂和牡蛎养殖场要修建环岛高速公路，村民们失去了赖以生存的滩涂和田地。随着改革开放的深入和加速，搞活经济的春风也吹到了钟宅，钟宅村的经济进入飞速发展期。20世纪90年代，失去土地的钟宅村成立了经济发展公司，开始经营地产开发、房屋建筑、厂房出租、汽车运输等，钟宅村内已入驻多家合资企业、"三资"企业。钟宅村民靠卖地参与分红，使钟宅的经济面貌发生了根本性的变化，钟宅村民纷纷新建自家房屋，有的甚至盖5—6层高楼，大家见缝插针，只要有空地，就开始盖楼，随着外来工厂在钟宅办厂经营和生产，外来人口大量涌入，带动了村里失去土地的村民开始以出租自家房屋增加收入。房屋出租一时间成为钟宅村民的主要收入之一。

进入21世纪，随着社会发展，经济生活水平的提高，仅仅依靠出租房屋收入已经不能满足日益增加的开销，由于钟宅村民高学历不多，村民多从事低端产业，有的打零工补贴家用，有的做一些小生意或经营自己的小店铺，收入普遍不高，出租房屋收租金仍然成为村民收入来源之一。近十年，随着现代化进程加快，表面上看起来富足而安逸的钟宅畲族人，赖以生存的出租房屋面临拆迁，对于部分钟宅人来说，拆迁是一件好事，原地还建的住宅楼设施齐全，明亮舒适，但对于年纪较大的钟宅人来说，已经习惯传统社区的生活方式，更希望保持现状。

三 钟宅村庄肌理

钟宅本地人口有6000多人，外地人口估计达到3万。人口密集，住宅拥挤，居住舒适度差，秩序较混乱，有一定安全隐患。目前钟宅村属于城中村的风貌，乱搭乱建无序增加，钟宅街巷一般都不长，基本上在每个拐角处都会长出一栋新房子，村里建筑垃圾与生活垃圾多，但人们基本习以为常；在钟宅的街道巷尾没有明显标志物，没有标识，居民对厦门市禁止养鸡鸭的规定也熟视无睹，甚至有猪、狗、猫、鸡、牛、羊跑出来在村里漫步；还有人开着在市区禁止的摩托车以及没有牌照的拖拉机穿行于街巷；道路狭窄且年久失修，有的小巷子坑坑洼洼，走在狭窄的巷道里，经常要躲避各种事物，如楼上的污水、擦身的路人、迎面而来的电动车。村里有十几栋老屋古厝，大多年久失修，已经破败，围绕在这些百年老屋古厝之外的，是新"长"出的六层、七层、八层甚至是九层高的新建高楼。这些高楼外墙贴满了瓷砖，品位不佳，建筑与建筑之间距离非常亲密，最近的仅有30厘米宽，是名副其实的"握手楼"和"贴背楼"。20世纪90年代引进的企业大多数是污染企业，由于企业经营不善，面临倒闭，无法解决环保问题，污水大多直排，有的企业偷排污水，造成钟宅村环境恶劣。

钟宅畲族社区为岛内唯一的少数民族聚居区，600多年来，虽然保留着"吃祖墓""烧王船"等民俗特色，但畲族传统建筑风貌基本消失，目前大多民居建筑已和汉族无异，"城中村"建筑质量堪忧，加盖的楼房大多为违章加盖，层数以多层为主，建筑品位普遍不高；特别是存在不少临时抢建的建筑，几成危房。现状建设盲目、无序，脏、乱、差现象显著，居住品质不佳，总体建筑风貌较差，且存在较大安全隐患。村民原有居住建筑和现有自行搭建住宅总体呈衰败迹象，由于缺乏规划,且民族特色消失,传统建筑零星点缀,没有成片布局,不具备整体保留价值。

总之,钟宅村庄肌理杂乱,环境恶化,建筑风貌破坏严重,钟宅人处在进步与发展的边缘,工业与农业的边缘,城市与农村的边缘,文化消失与传承的边缘,历史前进与断裂的边缘。如图 5-1 所示。

图 5-1 村庄现状

来源:林毅红摄。

第二节 钟宅文化现状

一 保留"吃祖墓"习俗

钟宅保留传统清明"吃祖墓"习俗。钟宅清明节不叫"扫墓"而叫"吃祖墓"。"吃"意为吃出一团热热闹闹,扫去一地的凄凄惨惨。每年清明节前夕,每房的房长就会带领子孙在祖厝吃祖墓,也就是团聚大摆宴席吃一次，祭祖到村里盖的祖祠永思堂举行。

清明节也是畲族传统节日，山区和沿海畲族由于地域环境不同，其习俗略有差别。生活在山区畲民，与沿海畲民不同，清明扫墓多在公历4月5日前后。这一天，大多数人家都要蒸糯米饭打麻糍果为早餐。餐后，家家户户的男丁都要带上柴刀、锄头、三牲、酒、香、冥纸等上山为祖先扫墓。到墓地后，先整修墓茔，在墓上压放白色纸条，再将三牲、酒肴，置于墓前进行祭奠，祭后将奠酒撒于坟前，焚香、化冥钱、放鞭炮，扫墓全过程宣告结束。

整个闽南地区，对清明是很重视的，外出的人都要尽可能地赶回来祭拜，旅居海外的人也都要汇寄家费回来，家中的留守妇女会提前准备丰盛的宴席，先要到永思堂敬祖先和开基始祖。

清明当天从早至晚皆有人祭拜，没有固定约定好的时间，正午祭拜祖宗的人最多，这一天由男丁们负责上香、摆放供品等工作，供品一般要有猪、鱼、鸡、鸭肉和水果等。供品摆放整齐后，再由男丁们帮忙打扫祠堂，或与相熟的族亲泡茶聊天。而钟宅的媳妇们则帮忙洗菜切肉打着下手，掌勺的仍为男丁。在祖厝祭拜时有长幼之分，得要上房主事的人家祭奠过，其他人才能祭拜，祭拜供品的摆放也是有讲究的，鸡头鱼尾要对着祖先，以示尊敬；祭拜时要先拜土地公，因为拜过之后，土地公才会带祖宗从阴间出来，最后烧纸钱实则要先烧给祖先，再烧给土地公，钟宅人认为这样土地公才会等着祖先一同回去。

钟宅的五房里，由于长房、五房的后裔找不到先人的墓地，清明就在祖厝里祭拜祖先，但二房、三房、四房祭祀则在自己负责的墓地祭拜祖先。三房繁衍最盛，因此以三房祖墓为例，祭拜流程大致如下：首先，由男丁们用锄头把墓地周围的杂草锄净，清理墓埕；随后再将供品一样一样地在坟前的供台摆开，供品有一块猪肉、一个大发糕、一只鸡、一条鱼、十二个红粿、十二个红面桃、一条牡丹烟、一瓶高粱酒。供品的摆放也颇具门道，一般鸡和肉并排，两边放鱼和鱿鱼干做牲礼脚，鸡头鱼尾朝里，对着祖先以示尊重，也预示着做事有头有尾；放着的三个酒杯各斟满酒；还有冥钱，分为寿金和插金两种，一捆有一千张，数量不一。清好坟，摆好供品后，祭祀仪式才正式开始。先由长辈点燃两支白蜡烛，立在碑前，他们认为阴阳两界时差是相反的，点了蜡烛，祖先才能看见来时和回去的路，接着，再令祭拜的男丁每人各燃三炷香。在钟宅的传统中，拜神点三炷，拜家族祖先点两炷，因此这代表着钟宅畲族族人选择了以对待神仙的礼遇来侍奉祖先。

祖墓祭拜时，是不分长幼前后的，不过男丁们要先拜，族人正对墓碑，手心对着手心紧贴，执着香，闭着眼，鞠三个躬，把香插到香炉里。中华人民共和国成立前，由于封建思想影响，钟宅人觉得女人晦气，清明祭祀向来只允许男丁参加，女人连清明的饭桌都上不了，这些年规矩松了，再加上人口多了需要人手，女人也能参与祭拜。拜完祖先后，就该为祖先修房子，所谓"修房子"，就是在墓冢上"压纸"，闽南一带又叫"挂纸"，象征着子孙一年一度为祖先的居处"添新瓦"。"压纸"是将给祖先烧的纸钱先折叠，然后压出圆点或纹路，区别普通纸。这些"墓纸"呈长方形，颜色有黄、白、绿、红、蓝五种颜色，如此两三张一叠，然后用小石块分别压在墓头、墓碑及墓旁的"土地神"上。较之闽南只将墓纸沿墓碑四周间隔压住就行的习俗，钟宅要把整个墓碑全部压满。

烧纸钱环节，每人拿着一叠冥钱，站着围成圆圈，大家往中央的火堆整齐投放、燃烧冥钱，这样做既能看清楚钱的数目，又方便祖先带回去。烧完给祖先的钱后，还需要给土地公烧些冥钱，以便不让土地公扔下祖先自己回去。待到冥钱的火苗熄灭，点响一阵鞭炮代表着这场家族祭奠结束了。接着便到了吃的环节，因为墓地地方有限，族人会选择就近的家里摆上十几张大桌子一起吃饭。聚餐用的钱都是各房男丁分摊的。春卷是钟宅人必备的美食，相传春卷是韩信老婆发明的，到了太平天国年间，闽南兵荒马乱，百姓没法准备供品祭拜祖先，便用春卷来代五牲祭祀，虽然现在不用春卷祭祀，但是清明吃春卷已经成了钟宅的习惯被沿袭和保留下来。

二 信妈祖氛围浓厚

钟宅人信奉妈祖，是受当地闽南文化影响，也是民族融合的体现。虽然厦门五缘湾钟宅畲族是从山里出来的，后来迁徙到海边并以海为生，但畲族进入当地后，很快融入当地风俗习惯，可见，畲族具有很强的适应性，这也体现出各民族在交往过程中天然具有共居共学的基础，因此畲族很快就随着当地人信了妈祖。相传妈祖是海上的保护神，常乘舟渡海，巡游于岛屿之间，救助海上遇险的船舶，妈祖成为沿海居民共享的神祇，各地立庙祭祀，以求妈祖保佑出海平安。尽管妈祖是沿海居民共有的神祇，但在钟宅，妈祖并不是最重要的神，虽然畲族人现在很少出海，但跟随汉族和客家人的习俗，长期以来对妈祖保持崇敬之情，主要是期待妈祖保佑平安，这种感情是最特别的。在钟宅，流传着"七分靠海，三分靠山"的俚俗，在钟宅湾，即使不再出海打鱼，祈求风平浪静也成了钟宅人最大的期盼。

妈祖宫，有的地方也叫天妃宫，沿海的渔村一般都有妈祖庙，里面供奉的是妈祖，妈祖生日为农历三月二十。妈祖是江海女神，民间叫林默娘，也叫林默得。妈祖生日前，钟宅会组成盛大的游行队伍到妈祖的故里湄洲岛"请火"，也就是到湄洲岛妈祖庙前请香灰，只有湄洲岛的香火才最灵验，也只有去"请火"，才能保佑族人平安。请火是全村男女老幼一起参加，人数最多的一次达到几百人，每年的农历三月二十宫庙委员会都会组织村民去湄洲岛"请火"。

三 沿袭送王船习俗

为了迎接"请王礼节"，钟宅的族人都聚集在靠海的佛祖宫，通过掷圣杯的方式，来推选出送王船的头家，每个族人要推举出三个头家，选出头家的方式是：但凡想做头家的族人，以掷圣杯的多寡来定夺，每人投掷十次圣杯，以"十杯为核"，谁投出的吉卦多谁入选。选出三位当头后，再由长老掷下最后一道圣杯，目的是询问佛祖意愿，圣杯一正一反，即为答应。钟宅人也管这民俗叫"做好事"。在钟宅，"好事"就是喜事、过节的意思。"做好事"四年才有一次，对向来悠闲自在的畲族部落而言，四年一次的"好事"非同寻常。选好头家的几天后，再由大头家拨卦，同样用圣杯为决，来选定农历十月十五过后的一个双日为时年"好事"的确切日子。

　　钟宅的俗语说道，"八月安嵌，九月造船"。所谓"安嵌"就是将一块红布绑在嵌上，插一对金花，将嵌放在椅子上，椅子不允许任何人坐，安嵌完，家家户户要煮汤圆到庙里祭拜。九月，造船是"好事"中最精致的过程，钟宅人认为，王爷四年要外出巡游一次，方能保钟宅的风调雨顺。因此，每四年定要为王爷造一艘"王船"，还需备足柴火粮油，以利王爷出巡。

　　"王船"需以两立方米左右的杉木为原料，先是将原木刨光，然后在龙骨上用长钉把杉木板钉起来，船头船尾中舱桅杆帆，一艘"王船"的模样基本成型，随后再在"王船"上雕凿、绘画、镂刻，最后上漆，便全部完成。待到吉日吉时，宫庙门洞开，"王船"驶出，船头悬有狮头的面具，面具下面挂着两个红色的灯笼，上面写着"代天巡狩"，甲板上立着回避、肃静的官牌，船尾则绘有白龙、青龙的图案，蓝色的船帮上满是花草图案。王船上插着五色旗帜，旗帜上写着：腾蛇、蛟阵、玄武、晋龙。艳丽壮观，气势雄伟。"王船"最引人注目的莫过于高高立起的三根长短不同、方向不同的桅杆，作用在于最后烧"王船"时，三根桅杆会相继倒下，而最后倒下的必定是中间最高的杆。族人认为，这样才是"王船"真正的出航。

　　在"做好事"的前十二天，要先安"大厅爷"，大厅爷是用纸糊的人，需要法师念咒请神附身在纸人上，再用鸡冠上的血，点在大厅爷的眼睛上，这样才能说明神明耳聪目明。从那天开始，头家和长老们就要筹备做好事的东西，当头家的每天轮流着煮甜蛋汤和冬粉肉、水果祭拜大厅爷。还要准备三套日用品（毛巾、牙刷、牙膏、脸盆等），每天要提水、换水。从这天晚上起，佛祖宫边的戏台也天天鸣锣开鼓，庆祝

"好事"到来。"好事"前三天，船要"下水"，由数十人将造好的巨大"王船"抬出佛祖宫。法师、长老以及三个头家要前往佛祖宫里拨卦，选定一个方向，到离这个方向最近的井里去提水，然后由三个头家将取回的水倒入水缸，并将船碇放在水缸里，操作全部完成。当天下午，宫委会组织族人用轿抬着菩萨沿村子的大路游行。其他族人便聚在一起在村里较空旷的地方或大街上，摆上几张桌子，放一些水果、糕饼和寿金，等着巡游的菩萨到来。听到锣鼓声传来后，祭拜的人点上三炷香，朝香炉的方向鞠上三个躬。当菩萨从桌前经过时，抬轿的人会围着供桌绕一圈，场地宽的，轿夫会把轿使劲摇晃（称为攆轿），摇得越厉害，抬轿人越有面儿。攆轿的一般是男丁，女丁则帮忙蒸甜糕和咸糕。"做好事"的前一天清晨，钟宅家家户户摆好供桌，挤到自家大门边，长老和头家们一大早要到佛祖宫把大厅爷请到祖厝，安放在祖厝的北面。吉时一到，身着黄黑法袍的法师吹响号角，震天的锣鼓响起来了，船碇也从大水缸里抽出，桅杆直立，白帆扬起，钟宅人的"王船"正式出发。在"王船"前，有二十个老人拿着绑了红绳的扫把走在队伍的最前边，边走边扫，意思是为船的前行扫除障碍。紧接其后的是三只"金毛狮子"。三个头家带着妻儿老小走在舞狮队的后面。"王爷"出巡，钟宅五座宫庙的"菩萨"也骑轿出行。队伍的最后跟着随香的信众，他们每人各拿香三根，紧跟其后。最先各门各户摆放的供桌，在这时由各家女人们在"王船"经过时焚香祷告，祈求将福气引进家门。

待到"王船"开到了祖厝，泊在围墙北面的空地上，三个头家请来的厨师在祖厝的中庭布置"食桌"，大头家在中，二头家在北，三头家在南。食桌可从祖厝的案前穿过中庭一直铺展到前厅，桌布十几米，黄色，上面摆满了各式供品，发糕、甜糕、咸糕、全猪、全羊、烟酒、用布袋包装的米、用红线捆好的柴、用土罐装的红糖或花生、黄豆等，以及用寿金折叠的莲花、元宝。

"好事"的正日，头家们首先要将三位王爷请到祖厝，吉时，大头家、二头家、三头家分别从法师手中接过大王白面、二王红面、三王黑面三座王爷像；并将王爷安放在铺着毯子的太师椅上，随后，道士作法，在祖厝里做醮，用意是请天上的神仙下凡参加盛会。三位王爷驾临祖厝后，信徒们便可开始祭拜，祭祀供品密密麻麻体现出钟宅人对三位王爷的敬畏。"王船"上是空的，方便族人将自己想象的东西放在船上，如纸糊的人、纸糊的戏台等；到了晚上，南边戏台的戏唱罢，由长老们组织将族人添载的东西放到王船上，说法是：一袋米是送给王爷吃的，木条是烧火用的，纸钱是给王爷买东西的，土罐里的糖、盐是出巡用的生活用品。当法师喊"吉时已到"时，三位头家必须各捧一位王爷，依次走出祖厝，而长老们则请出大厅爷上船，四位"爷"上船后，长老们从村里选出一名德高望重之人，坐在王船顶端的座上负责掌舵。锣鼓震天，白帆升起，代表着"王船"要出海了。出海前法师走在最前头，"王船"次之，三个头家紧随其后，最后是随香的族人，手里依旧拿着三炷香，神情严肃目送"王船"入海。到了海边，由法师选址，将"王船"泊在一个空旷之地，德高望重之人也从船上退下，法师围着船身默念咒语时，得往船身送冥钱，法师长袖一挥，三位头家手举火炬上前，三鞠躬，分立船的左前、右前和船尾，一起点燃冥钱，船身燃烧的同时随香的族人在船身一侧跪下，将手里的焚香高举过顶，低头默念，祈求王爷顺利出海，保佑钟宅风调雨顺。人们凝视火焰，双手合十，跪地无声祈祷，最后一根桅杆倒下后，象征着"王船"顺利出海。

四　敬相公

福建厦门五缘湾钟宅村有一座保安殿，保安殿在钟宅人的方言里叫"相公庙"，说相公便知道，这是一座专为男丁们立的庙。因为闽南一带的男人许多都外出谋生，女人们留在家里照顾老小，空闲时女人们常到佛前为自己的"相公"祈福求平安，于是便有了这座"相公庙"。钟宅相公庙（保安殿）供奉的是广泽尊王，生日是农历二月二十二，相传相公以前是朝廷武官，一身正气，去世后被封为"功德尊王"，敬相公主要是为了驱逐邪气。

每到农历二月二十二日，是相公庙里广泽尊王的生日，相公庙的管事于清早便会清扫打理庙里的案几和供台，在佛前的茶杯茶壶里加上新茶，清理香炉残余、挑起灯芯，最后摆放供品。前来祭拜的女人同样也会携带各类供品，规整地摆放在供台上表达心意。随后便是上香，供奉的人们并膝跪在案前的膝垫上，把香举到额前，略微仰首，两眼注视上方的神像，口中念叨祈祷词，末了鞠上三个躬，把香插在香炉里。然后拿过案几上的圣杯，将圣杯放在掌心合拢，嘴里依旧默念，一会儿两手放开，圣杯便会"咣当"落地。圣杯是两片对称的肺叶状的木块，在闽南的佛俗里，如果两叶圣杯一正一反，就表明神明首肯，所求心愿遂可实现；若两叶都是正或都是反，则神明反对，或没有看清楚。向神明祈福许愿后再拿出几叠冥钱。一叠叠腾开，在案前把冥钱点燃，站在案几前方再次默念，接着将烧着的冥钱拿到庙门的炉子里便可。

祭拜当天，清一色的都是女人家。在年龄上，既有穿弯兜衣的阿婆，也有打扮光鲜的小媳妇，但大部分是四五十岁的中年妇女。她们有一个共同的愿望，就是保佑家族外出男丁或者家人平安，全家幸福健康。

可以得知，福建厦门五缘湾钟宅的畲族信仰已经逐步融入当地习俗，与山地畲族信仰相比，沿海畲族与海洋等自然环境息息相关，表达了对海洋的敬畏和崇拜，不仅如此，求平安保平安等需要更加功利化、现实化和世俗化，成为当地畲族主要精神寄托。

五 保留传统婚嫁习俗

钟宅畲族的婚礼有几点比较特殊：一是在时间上要在午夜，上半夜新娘被接到夫家，一直要到午夜拜堂的时候才能出来，中午的喜宴一般宴请的是同一房、同一族的族亲，每一户出个代表参加宴席，晚上则是近亲的家属，叔、侄、外甥聚在一起。二是祭拜的对象除了父母天地，还需去古厝拜祖宗。三是婚礼的供品非常复杂且深有讲究。

钟宅婚礼拜堂就选在客厅，八仙桌蒙着绣着花的红布，桌上整齐摆放供品，都有着自己所代表的意思：十二碗红汤圆，红色代表喜庆，汤圆代表团团圆圆，夫妻永结百年，十二是地支的整数，也是十二生肖的整数，它代表着完整，即圆满。鸡，传统喜庆只有鸡才上得了桌，所以闽南用鸡不用鸭，寓意着吃鸡可做万年夫妻。祭也叫发祭，也是拜神的一种常用食品，这些东西是为了拜给家里的神明。在钟宅畲族婚礼中，最大的不是家长，而是祖先和神明，所以举行婚礼时，新人先拜家神再拜先辈高堂。梳头，是婚礼中最重要的仪式。新郎、新娘跪在供桌前，由长辈手拿梳子，轻轻地先梳新郎的头，然后再梳新娘的头，边梳边念祷词，双方各梳四次头发，这代表二人草头结发、一夫一妻，从此永结连理的意思。钟宅人认为，男女结婚后成为完整意义上的大人，承担起家庭重任，故钟宅畲族婚礼梳头的仪式有如古代弱冠之礼，是一人成熟的标志。

厦门钟宅畲族婚礼一般由家长夫妻共同操办，如若家中有长辈病重，还有"冲喜"一说，一来为重病的家长冲喜添福，二来满足长辈望子女成家成人的夙愿。家长点燃四炷香，向众神告知今日的婚礼，请求他们出来为新人主持婚礼，为孩子们的婚姻祝福。请神后把香插在香炉需等上一段时间才能进入下一环节，目的是让家神有准备时间，或是让人去通报神灵。时间到后，新郎、新娘要跪在奉神的草席上，草席的中间要画上一个红圈。草席是中国传统生活中最基本的物质，也是一种典型的中国文化符号，婚礼上所有要行跪拜的仪式都是在草席上进行的，意味着新人以后就可以同睡一张席子，人和神都希望这对夫妻永远团圆幸福。

第三节　钟宅历史建筑现状

一　宗祠建筑完好

钟宅村内现完整保留畲族宗祠一座，宗祠建筑风貌较好，为村民主要的公共活动空间之一。

畲族多以四大姓"盘、蓝、雷、钟"为血缘关系共同聚居在一起，称为一族，如蓝氏一族、钟氏一族，每个族下又分房，一般每个族会建祠堂。钟宅宗祠是钟宅人安放祖先牌位的地方，是钟宅祖厝，是永远供奉和纪念祖先的地方，又叫永思堂，在闽南方言里，"祖厝"和"宗祠"的发音非常相近。钟宅宗祠是畲族祖先崇拜的直接反映，最能体现畲族特色，宗祠正前方供奉有雕刻精美的木质祖先牌位，有开基始祖钟泮儒及其后世子嗣，永思堂供奉了大大小小牌位二十多个，每个牌位的边缘花纹和祖先名字都用金水涂刷，显得富丽堂皇。永思堂在2001年翻修过，屋顶是闽南庙宇与民居所特有的飞檐造型，两头高高翘起，顶尖直指天际，飞檐往内一点，是两个狮子形状的立体雕刻，甚是气派。厝内，黑漆的柱红漆的梁，古朴庄严。整个祖厝坐北朝南北高南低，呈"回"字结构，北为主屋，南为前厅。北面正中木雕的祖先灵台上，依长幼高低错落地安放着六位祖先的牌位，依次是钟泮儒、钟维清、钟维明、钟维节、钟维月、钟维亮。祖先牌位的右侧，是土地公的排位，"敬土为先"是闽南的风俗。牌位前各有一张八仙桌，做供奉时摆放牲礼之用。主屋牌位两侧的墙上，各有"忠""孝""廉""节"四个大字，每个字都有两米多高。左边回廊的墙上，刻着当年捐资修祠的钟宅人，并标注着名号和款项；右边的回廊里则摆满了红漆的长凳和方桌。

"文革"时期，宗祠作为封建文化象征遭到不同程度破坏，在汉族地区几乎消失殆尽，而钟姓宗祠奇迹般地保留下来，成为历史文化的遗迹，不得不说是一个奇迹，非常值得庆幸的是，钟宅畲族人在600多年的历史长河中，历经各种苦难和磨难，民族信仰之基始终不变，自始至终顽强地传承着。而这种信仰既有传统畲族文化的因素，又有汉族宗祠文化的成分，始终夹杂着畲汉文化交融的影子，宗祠文化也是民族融合和民族团结的象征，宗祠文化源于中华文化，是中华传统文化的重要组成部分，宗祠文化对于增强族群的凝聚力和中华民族认同感具有重要意义，而钟宅宗祠成为传承宗祠文化的场域和载体。每年清明节的时候，钟宅人都要分房扫墓祭祖，表达对祖先的怀念和追忆，也激励后人继往开来。

二　宫庙建筑完整

钟宅内完整保留着几座宫庙，分别是王公宫、妈祖宫、相公宫、澜海宫、土地宫和圣祖宫。这几座宫庙建筑风貌较为一致，大体属于闽南宫庙建筑风格，又和典型闽南风格建筑略有差异，是闽南化的畲族宫庙。

闽南建筑风格是福建建筑流派的支派，具有独特的结构和鲜艳的色彩，早期传统闽南建筑以木构架为主，寺观、祠堂等建筑中一般是插梁坐梁式构架，而民居则用传统穿斗式结构。传统闽南建筑，色彩艳丽，整体为红墙黄瓦，显得富丽堂皇。闽南宫庙建筑特点体现在脚柱石、墙身、檐边。细节都注重雕刻和装饰，最具特色的是山墙，大多用泥塑堆塑等艺术手法做成浅浮雕，内容有传说故事、三国演义、吉祥纹样，堆塑造型生动，雕刻精美，色彩艳丽，是闽南民间文化的代表。钟宅内的宫庙建筑在屋檐和屋脊体现典型的闽南建筑风格，屋顶为明亮鲜艳的黄色屋顶，屋檐和屋脊均有精美繁复的彩雕，勒脚、墙身尽量简洁明了，装饰较少。

钟宅的宫庙和宗祠深受闽南建筑文化影响，色彩艳丽、装饰豪华，造型轻盈灵巧。钟宅宫庙建筑最能体现闽南建筑特点的就是屋脊的装饰。屋脊是中国传统建筑中具有实用和装饰双重作用的建筑构件，北方屋脊大多拙朴浑厚，闽南屋脊却异常轻盈灵动，显示闽南文化中以"小、巧、秀、精"为审美风格，具体可分为正脊、垂脊、戗脊、翼角、宝顶等构件。闽南传统宫庙建筑正脊造型曲线的弯曲度远比中原地区同类建筑要大，其线条优雅，形成独特的"燕尾脊"。整个屋脊造型纤细精巧，望之轻灵。正脊的装饰也有非常丰富的雕刻纹样，其装饰复杂程度，是北方屋脊罕见，正脊脊顶装饰内容多是传说故事、吉祥纹样，脊尾则常用形态各异的龙尾或凤尾造型，构成比例夸张的彻脊吻，形成了鲜明的闽南地方特色。如图 5-2 所示。

图 5-2 钟氏宗祠

来源：林毅红摄。

图 5-3 王公宫

来源：林毅红摄。

王公宫。黄色屋顶，红砖或灰色墙面，王公宫屋脊两边上翘，且有精美雕塑，十分奢华庄重。王公宫内供奉的是护国尊王，每年的农历二月十八是村民祭拜的日子，王公生前是个医生，专门给人看病，做了不少好事，去世后被皇帝封为"护国尊王"，是专门保佑民众平安的神，凡是与健康相关的事情去求问，一般都很灵验。每四年一度的民俗节"请王礼节"就是在王公宫举行的，请的王不是王公，而是另外的王爷，也叫大厅爷。这三位王爷分别是大王白面、二王红面、三王黑面。如图 5-3 所示。

妈祖宫。妈祖宫是一座古城门结构的建筑，飞檐雕栏，红墙绿瓦，双龙对峙，五个拱门并驾齐驱，气势磅礴。进入拱门上了台阶，便是活动广场，族人们在殿门口的空地上集合，这是每个"省亲"队伍都要举行"请火"仪式的地方。妈祖宫夹在两栋居民楼之间，显得狭窄局促，但仍修建有放生池、观音像雕塑等。妈祖宫保留有典型闽南庙宇建筑风格，风格也主要体现在屋檐和屋脊的彩色雕塑上。如图5-4所示。

图5-4 妈祖宫

来源：林毅红摄。

澜海宫。澜海宫是目前钟宅中规模较大的宫庙建筑，除了屋脊雕刻有精美图案，阶梯中间均有精美大理石浮雕，十分精美壮观。澜海宫又叫佛祖宫，供奉的主神是观音，生日是农历六月十九及九月十九，钟宅人俗称观音庙。祖先来时就有这座庙，是万事皆通，求卜祈愿都可以，也都灵验。澜海宫外有大戏台，每逢佛祖生日及村内或族人喜事，会请歌仔戏、高甲戏、芗剧剧团等来演出，《陈三五娘》最受妇女欢迎。如

图 5-5 所示。

图 5-5　澜海宫

来源：林毅红摄。

相公宫。也叫保安殿，是钟宅五座庙宇建筑最小的一座，位于两栋居民楼之间，大门是两扇大木门，门上画着两尊威武的门神。在钟宅，宫庙的结构是有男女之分的。男佛堂分前堂、后堂，中间有亭，亭的两边各留有空处，称龙虎井，而女佛堂没有。钟宅宫庙的大门两边都有两只石狮或乞丐石。宫庙墙上密密麻麻地画着各种水彩画和工笔画，有裙裾飘飘的仙女，也有白胡白须的长者，绘出一系列的佛家典故。前堂墙上画的是二十八星宿，后堂画的是三十六官将，宫庙的屋顶也都画满了各种水墨画，意为各神仙齐聚一堂，甚是热闹。相公宫的旁边广场经常有木偶剧团来演出，四五个人组成的木偶剧团，演出的基本上是古装戏，用闽南语道白；每年的农历八月二十二村民都要去南安的祖庙请香回来祭拜。如图 5-6 所示。

图 5-6 相公宫

来源：林毅红摄。

土地宫。土地宫即土地公庙，坐落在这热闹的菜市中，庙极小，左右及后方用几块小石条竖起，只有一个神龛，中间供奉着一尊石刻的土地公像，石像前面摆着一个香炉，这便是土地公庙的全部了。虽然土地宫是钟宅里最小的一个庙，但因为建在菜市场里，人们来来往往，所以香火极盛。

三 南洋"福寿楼"衰败

在钟宅内有一座气势恢宏的民国时修建的老建筑——福寿楼（具体修建时间待考），福寿楼与传统的闽南民居没有本质上的差别，但福寿楼又大胆地做了突破，融合了闽南红砖建筑的元素和欧式建筑的特点，将第一层都用了花岗岩，第二层则都用红砖，红白相间，色彩鲜明突出。更重要的是，它一扫传统燕尾脊或马鞍脊山墙式屋顶，统一采用了平屋顶，体现出传统与现代的结合。

闽南传统民居在山墙上都有各种各样的雕塑。在钟宅百余间保护基本完好的老屋古厝中，这些百年建筑，飞檐、马鞍脊、斗拱，一般都配有砖雕、石雕、木雕的饰品，这些装饰透露着先人对生活居所的重视。而福寿楼没有山墙，这座建筑把风格和雕塑都集中体现在了窗户、楼的前部和楼顶的护栏上。福寿楼另外一个亮点在大门上，传统的闽南民居一般会采用屋宇式宅门，而福寿楼打破了屋宇式的臃肿和烦琐，直接用花岗石做门柱以凸显现代意识。福寿楼虽有南洋建筑风格，但是仍然遵循背山、向阳、坐北朝南这一建筑的基本规则。

由于钟宅面临大海，长期面海而居，和汉族长期交往，造就了钟宅畲族人和汉族一样敢于闯海弄潮的性格。早期钟宅人就跟随当地汉族同胞下南洋做生意。下南洋钟宅人闯出名堂还带亲戚下南洋，也有的下南洋赚钱了回老家盖大楼，比较有名的如钟宅畲族人钟佑秧，靠着勤奋在南洋赚了大钱，回来后就修建了钟宅最气派最阔气的别墅——福寿楼。福寿楼就是钟宅人闯南洋后发家致富的标志性建筑，也是钟宅具有生意头脑和勤奋的象征。它位于钟宅中心，是一座异域风格的两层红砖楼。目前，福寿楼由于年久失修，已经出现衰败迹象，一楼的花岗岩表皮渍迹斑斑，二楼的闽南红砖表皮正在剥落，长满苔藓和茅草的瓦片、熏黑的雕花门柱、拱形的门廊、败落的红砖楼，四处都透露着这间房子的沧桑历史。如图5-7所示。

四　钟宅历史建筑遗产保护利用意义

（一）有利于保护传统文化遗产

文化遗产包括物质文化遗产和非物质文化遗产，特别是物质文化遗产，是社会实践中创造的具有文化价值的财富遗存。钟宅历史建筑遗存

图 5-7　福寿楼

来源：林毅红摄。

反映了历史上钟宅人与自然、社会和历史之间的发展与进程，是钟宅人精神支柱和民族信仰的见证，是钟宅畲族人勤劳智慧的结晶，是钟宅人敬畏祖先、敬畏传统、敬畏海洋的体现。因此，钟宅的宗祠、宫庙以及南洋风格福寿楼等建筑遗存既是历史风貌和文化积淀的见证，也是厦门钟宅畲族历史文化发展内涵的重要组成部分。保护这些物质文化遗产就是传承传统的信仰、传统的精神，尊重祖先、尊重历史、尊重文化的表现。有利于保护与传承传统文化和地方文化。另外，作为祭祖的宗祠和宫庙，具有不可再生的特点，一旦消失，就可能永远不能再现，因此，对文化遗存特别是历史建筑遗存的保护意义重大。中国出台了相关物质文化遗产保护法以及文物保护法，虽然类似福寿楼这类民居在厦门比较普遍，尤其是鼓浪屿上的古建筑，都纳入古建保护范畴，而福寿楼相对孤立地存在钟宅内，没法连片，正是古建保护的真空地带，也是古建保护的薄弱地带，很容易被人忽视而一拆了之，造成不可挽回的损失。即使钟宅不具备整体保护的价值，但其中五栋宫庙以及一栋南洋风格建筑的福寿楼依然具有一定的保存价值。

（二）有利于丰富产业园业态

近些年，在地产开发浪潮下，大片土地被征用进行房地产开发，对于脏、乱、差的钟宅，也是借着拆迁机会改善居住环境，但地产开发带来的副作用不容忽视，尤其是对具有历史价值的民间，往往没有经过评估就有可能一拆了之，这主要还是人们对历史遗存蕴含的珍贵历史、科学技艺、文化艺术等价值缺乏了解，对文化遗产的当代利用价值认识不够深刻，对历史文化遗存的不可再生性认识不足，从而相对忽视历史遗存的保护和利用。大多数房地产企业认为，越多利用土地，越多盖楼，越能产生经济效益，殊不知，历史文化建筑本身具有附加值，可以增值地产的文化底蕴，可以丰富产业园业态，比较让人欣慰的是，开发钟宅的厦门建发集团注意到这个问题，经过当地政府的引导，对钟宅内的历史古建筑加以保护和修缮。

保存历史文化遗存，就是保存传统文化空间，传统文化空间既是传承传统文化的物质空间，也能丰富即将规划开发的畲族文化创意产业园的业态，丰富厦门五缘湾的文化多样性，也是建设现代公共文化设施的基础。像钟宅这样顽强保留传统信仰、存留历史文化脉络，尽管有些建筑是近代翻新或者后期重建，但这些传统宫庙在中国并非随处可见。代表一定的地域文化和民族文化空间，是传承民族文化载体。

（三）有利于推动当地经济发展

有效保护历史建筑遗存和民风民俗，并加以合理地开发利用，促进当地经济的发展。文化遗产的保护与经济效益并不是水火不相容的，只要处理得当，两者就可以得到良性互动发展，文化遗存不仅不会成为新建新区的突兀点，而且会成为难得的景点，也会成为外地人的打卡地，成为这个片区开发的亮点，带来的隐性经济价值不可估量，中国联合国教科文组织全国委员会秘书长杜越曾指出，遗产地最主要的特征应该是开放。"祖先留给我们的遗产，我们有权利也有义务参观、学习和传承，因此旅游是必要的。它已成为游客提高文化品位、增长知识阅历的重要一环。"利用非物质文化遗产和历史建筑遗存可以提升当地文化品位和文化底蕴，有利于旅游业的发展，吸引追求个性和新潮的年轻人在此弄潮、创业和旅游，游客的到来促进了各地文化之间的交流，宣传了地方文化。联合国教科文组织世界遗产中心欧洲部主席迈克蒂尔德·罗斯勒说："世界遗产地的旅游业给全球几百万人创造了就业机会，给无数旅游者带来了快乐和休闲。"

（四）有利于维系民族感情

通过对文化遗产的保护、利用可以增强文化自信，促进社会和谐。钟宅畲族人自明代万历年间就来到厦门五缘湾，经过祖祖辈辈披荆斩棘、筚路蓝缕，建立了自己的家园，展现了畲族人的勤劳智慧，传承了博大精深的中华文化。虽然钟宅畲族在大拆大建中话语权比较微弱，但只要钟宅人自己有保护的意识，加上学者呼吁，政府高度重视文化遗产的保护，相信保护好历史文化遗产不是梦想。

第四节　钟宅当代转化的基本思路

一　转化前提

（一）保护特色风貌建筑，延续传统文化场域

保护和保留特色风貌建筑，有利于传承和延续传统文化，通过挖掘宗祠、宫庙、古民居等文化遗存载体为代表的物质和非物质文化资源，物质文化遗产包括闽南风格的特色风貌建筑，非物质文化遗产包括钟宅的畲族风俗和信仰，由静态保护拓展到动态保护。

第一，尽快根据钟宅历史文化建筑的科学价值、历史价值、艺术价

值、分布区域、资产性质等情况进行摸底登记，尽快将钟宅宗祠、宫庙、南洋风格别墅等古建筑纳入保护和利用范畴；对于年久失修的福寿楼制订修缮和保养计划，修缮遵循修旧如旧的原则，不改变老建筑原有风貌，做到尊重历史、着眼未来，最大限度地保留建筑遗存的历史信息，处理好文化遗存保护和利用的关系。

第二，通过挖掘钟宅民风习俗等非物质文化遗产，支持和延续其传统习俗，如"吃祖墓"习俗，"送王船"习俗、宫庙祈福习俗等，适当加以引导，使其和文化旅游结合，成为文化产业园的文化灵魂。

第三，结合规划的文化活动中心、图书馆、博物馆、综合文化活动场所的建设，选择1—2个产权比较明晰、利用方向比较明确的重点古建筑（如福寿楼等）进行综合利用，将其在保护修缮的基础上，改造为畲族人闯南洋的纪念馆（或博物馆）。纪念馆通过图片和实物展览，再现了当年畲族人闯南洋筚路蓝缕的艰辛历程，展现了畲族人吃苦耐劳的精神，也体现了畲族人敢为人先，爱拼才会赢的闽南精神，这种精神是畲、汉一家亲的共同体意识表现。

第四，对畲族宗祠和体现民间信仰的宫庙，进行原地开发利用，尽可能不要搬迁重建，以防走样变味，对于必须要搬迁的，则尽量遵循原貌，根据其原有功能继续使用，对于宫庙，位置并不集中，建议以宫庙为节点，通过交通绿廊，串联起这些宗祠和宫庙，形成"带状"的历史文化遗存的观光群，并适当完善周边道路、景观和绿化环境，使其融入五缘湾文化产业园和民族特色产业街区的整体规划中，成为厦门五缘湾文化产业园的旅游景点、文化亮点和标杆性的文化符号。对于未能纳入开发利用的文化遗存，如土地庙等小型遗存，应投入一定资金予以保护。

（二）传统—现代有机融合，设立畲族现代文化体验新空间

在规划的五缘湾文化产业园中，加大对历史遗存资源的开发利用力度，使文物资源潜在的优势转化为旅游经济优势。

畲族宗祠、宫庙等建筑属于传统建筑，如何与现代文化产业园新建筑进行有机结合和融入，需要合理规划和正确使用，否则会形成"两张皮"，油和水的关系。在重视历史、文化和精神的传承的基础上，注重保护并延续钟宅老街的传统风貌与历史文脉，再现畲族原汁原味的民俗生活的同时，大力引进时尚潮流业态，实现传统建筑与现代建筑的对话，传统文化与时尚文化的融合，产业园区挖掘畲族民俗文化，建设畲族民俗博物馆、大观园、畲家民宿、科技美食街区以及公共文化设施，维护和张扬城市的人文个性，打造传统与现代有机结合的示范区。吸引年轻人驻留，营造活力四射的闽南畲族风情的现代文化之城。这就需要将历史建筑与新建筑在外观、建筑风貌上既相互呼应，也适当区别，新旧建筑风格遵循统一中有变化，变化中有统一，通过新旧融合，在畲族文化体验区，游客既能感受和体悟历史脉搏的温度和文化底蕴的厚重，也能享受到现代科技带来的舒适和便利，业态上形成潮流文化与传统文化的对比、反差和互补，刺激年轻人消费。

（三）设立专项资金用于保护和修葺

目前宫庙，特别是福寿楼等古建筑存在不同程度的破坏和衰败迹象，建议加大资金投入力度，根据《中华人民共和国文物保护法》规定和五缘湾实际情况，将文化遗存的保护维修及利用列入计划，每年拨一定数量的文物保护经费，用于古建筑的修复、保护和功能开发。属于单位的文化遗存应实行谁使用谁投资谁保护原则；正在居住使用的民居采取向其后裔或居住户托管的办法，签订协议，由政府每年予以补助的方式予以保护。同时，积极动员社会力量，广泛筹集资金，通过市场化运作，在保护的基础上鼓励企业对文化遗存进行合理开发利用。

由于钟宅畲族长期与汉族杂居，从服饰、语言、建筑等方面已经与汉族无异，完全融入厦门当地的社会生活，畲族风貌已经消失，比较庆幸的是，在汉族地区已经基本消失的宗祠文化、宫庙文化，在钟宅畲族依然传承，畲族宗祠文化和宫庙文化以及民居建筑虽然深受汉文化影响，并没有完全汉化，特别是作为文化场域和文化空间的宗祠和宫庙里发生的民风民俗以及宗教信仰，仍然顽强保留着畲族特色，有其民族特点，因此，承载民风民俗的建筑载体仍然有其价值。

根据前期调研：钟宅目前建筑风貌可分为三类：一是传统风貌保存较完整的历史建筑，二是传统风貌保护一般的民居，三是非传统风貌建筑。传统风貌较好的历史建筑是指具有较高的历史文化价值、地方文化特色，且具有较高的研究价值，并基本保存完好的传统建筑，如上文提到畲族宗祠及畲族宫庙及福寿楼别墅，这类建筑在钟宅仅为极少数；传统风貌保存一般的建筑是指当地一般普通民居，虽然其建筑外观和建筑装饰保留了局部地域性建筑特色，如山墙等，但大多数已经是现代建筑；非传统风貌建筑是指钟宅中大量存在的新建方格子楼房，楼挨着楼，背靠着背，一栋楼被隔成一个个出租房，居住体验感差，就是"城中村"建筑的典型代表，不具备保留价值。

二 转化措施

在国家和地方政府对民族文化保护与传承的高度重视和大力发展文化产业的大背景下，立足于对畲族传统文化的挖掘与研究，从畲族传统文化中进行适当提取和加工，使之满足当今社会发展需求，从畲族传统建筑的传承与创新、保护与利用的角度，研究畲族当代建筑运用原则和方法，现代运用总体应遵从六个适应：与畲族传统文化保护与传承相适应，与畲族传统文化创新发展相适应，与厦门自然环境相适应，与当地的历史文化相适应，与五缘湾的经济发展相适应，与当今建筑技术水平相适应。

因此，钟宅畲族新建建筑风貌总体风格以畲族传统建筑为主基调，适当吸收闽南建筑风格和海洋建筑文化，使之成为符合当地特色的畲族文化大观园。

三 转化布局

依据厦门五缘湾建设区现有规划的建设规模，将厦门五缘湾建筑群分为三大类。

第一类是畲族民俗文化产业园区（畲族文化产业园、潮流科技园、地下商业街等）。

第二类是高层自住区（包括蜂族公寓、自住安置房等）。

第三类是国际学校区（幼儿园、中小学建筑等）。

从建筑立面、建筑色彩、景观环境等方面入手，通过统一设计规划，使公共空间、居住空间和学区空间的风貌既和谐统一，又各有特色，达到建设区的整体意境及风格塑造的多样与和谐。因此，现代钟宅畲族建筑风貌总体风格以畲族传统建筑风貌为主，适当吸收闽南建筑风格，并适应五缘湾临海近海的具体实际，形成具有闽南化的畲族风貌建筑群。

依据三大类的划分，将其分为：畲族文化运用核心区——文化产业园，畲族文化过渡区——高层自住区，畲族文化辐射区——国际学区。通过对畲族传统元素的分析、概括、提炼和提取，巧妙通过借用、组合、分配等手法，使建筑群体既有浓厚的畲族文化特色，又有时代气息；既保留了传统文化厚重，又使新旧环境协调、类型一致，达到对传统文化的合理运用与传承。如图 5-8 所示。

（1）畲族文化核心区。其设计应充分利用畲族文化元素，在建筑整体外观、局部造型、屋顶、墙面、门牌、街区、景观小品等处全方位运用和恢复畲族元素，使文化产业园区彰显出浓郁的民族特色；由于文化产业园区毗邻历史古迹宗祠宫庙建筑，整体设计时应尊重历史景观，让珍贵的历史文脉融于当今的景观设计元素中，使其具有鲜明的个性，并为保护区的开发建设创造更高的经济价值。

（2）畲族文化过渡区。宜以畲族传统建筑风格为主的新中式风貌，应简洁明了，一目了然，不必过于繁复，因为居住住宅建筑主要为高层低密度建筑，不宜做过多的装饰，只需在整体色彩和屋顶运用畲族文化元素，

图 5-8 三大区域规划

来源：厦门建发集团供图。

达到与畲族文化产业园区风貌的遥相呼应效果，对于窗户、阳台、门栋入口等立面局部，可将畲族传统建筑的代表性造型进行提炼后适当融入。

（3）畲族文化辐射区。应稍微突出学校建筑本身的功能特色，相对弱化畲族元素和闽南元素，体现学校建筑的国际性和时代性，不必一味仿古、复古。

四 转化着力点

（1）建筑主基调：青瓦黄墙。建筑的色彩以传统草寮或瓦厝的屋顶和墙面色彩为参照蓝本，吸收土厝或瓦厝的夯土黄色，以土黄色系为墙面，整体营造出浓郁的"畲族黄"的民族氛围。根据不同的建筑类型，分为土黄、中黄和淡黄三个色系。文化产业园区墙面严格尊崇和沿袭畲族传统夯土墙面颜色，以土黄色为主基调，以咖色和棕色作为装饰色穿插其中，营造浓厚的历史氛围和文化氛围；高层自住区，以土黄为主，穿插淡黄色和白色系，黄色的饱和度、明度略微降低，以达到住宅建筑的舒适柔性安居的目的，营造畲族式的新中式淡雅清新色调；学区以"哈佛红"为主基调，在腰线区装饰"畲族黄"；屋顶统一设计为青灰色，不同类型建筑，屋顶青灰色明度可适当递增或递减，从而和不同类型的墙面协调。

（2）建筑主装饰：燕尾脊、马鞍脊。燕尾脊和马背脊为闽南建筑典型样式，具有鲜明的地域特色。燕尾脊是正脊做成曲线形状，两端向上翘起，类似上玄月形，尾端分叉，像燕子的剪刀尾巴一样，称为燕尾脊，燕尾脊曲线飞扬挺拔，给人以轻盈、俊逸的美感。燕尾脊在过去只有中举的官宅和宫庙中采用。马背脊是屋顶的正脊做成马背状弧线或水平线，两端与垂脊之处做成弯曲的屋脊，山墙的马背脊线条弯曲柔和，给人一种圆润融满的感觉。闽南建筑素有"红砖白石双拨器，出砖入石燕尾脊"之说。红砖赤瓦、燕尾山墙，从一些纹样、一些隐喻符号以及一些建筑样式上得以证明闽南建筑深受中原汉文化影响。燕尾脊在建筑造型上华丽古典，严肃大方，具有浓郁的地域特色，装饰手法绮丽，雕刻手法精湛，线条流畅，构图完美，充分体现了闽南地区古建筑的巧、美、秀、雅的风格。

适量运用指不可泛泛而用，大量铺陈，遍地开花，如果运用过多，就会有复古倾向，不符合现代简约审美导向。

适当运用指不能简单贴标签式运用，应是加以简化和提炼，简化其装饰细节，提炼出其造型特征，应在畲族民俗文化产业园区建筑中进行局部装饰运用，和园区内保留的宗祠宫庙风格呼应。高层建筑不用或者少用。学区建筑不用。

（3）转化功能：适应滨海环境。厦门五缘湾钟宅，濒临海洋，自然环境优越,但同时也会有滨海建筑通用的弊端,如台风、暴雨等灾害的侵袭,除了自然灾害,滨海也会受到潮湿、盐分的渗透,加速建筑的老化。因此,建筑的结构要能够抵御极端天气,如防台风和防雷电,建筑外立面材料考虑潮湿和盐碱等因素。建筑工艺可结合当地传统古老建筑智慧,如闽南的"出砖入石"的砌墙方式,这种砌墙方式是利用形状各异的石材和红砖交叠垒砌,外观独特,牢固结实,能抵御一定的台风,可以作为建筑基座或产业园区建筑的局部装饰。相传明末,闽南地区曾发生大地震,地震后到处是碎石碎砖,灾民一时无法筹集到钱恢复重建,于是当地的能工巧匠就利用碎石碎砖进行掺和建房,不同大小形状的砖石反而形成了独特的美感,于是沿用至今成了闽南建筑的一个美学符号。

第五节 传统建筑元素在钟宅当代建筑设计中的转化

一 传统建筑特征区域特点

(一)瓦寮——景宁畲族建筑

草寮是浙南畲族早期居住样式,从明清开始,浙南畲族就已经居住在木结构瓦房内,这种木结构瓦房称为瓦寮,一直沿用至今,在浙江景宁畲族自治县偏远地区,仍然保留传统的瓦木结构建筑样式。这种建筑样式一般依山势和地势而建,大多会选择一块相对平坦地建房,房屋一般为"一"字形,也有合院式,为两层,和苗族土家族吊脚楼不同的是,畲族瓦寮是一楼住人,二楼堆放杂物,二楼层高较低,不住人。瓦寮建筑最大特色斜坡顶,两层重檐屋顶,正立面有宽阔屋檐,用于遮阳或避雨,适应山区环境。如图5-9所示。

(二)土厝——闽东畲族建筑

闽东畲族建筑具有一定代表性和典型性,其墙面色彩为传统的土黄色,屋顶为青灰瓦,房屋的窗户和大门都较小,具有一定的防御功能,

第五章 畲族传统文化在当代建筑中的转化与运用

房屋一般不会超过两层，一层用作生活起居，二层用作堆放杂物。此外，悬鱼构件的出现也体现了闽东畲族建筑受到了汉族文化的影响。从建筑雕刻的技艺来看，畲族民居的悬鱼雕刻朴拙，式样单一，花纹镂空等技艺较为不错。如图5-10所示。

图5-9 传统瓦寮木结构畲族建筑

来源：浙江景宁畲族自治县郑坑乡（林毅红摄）。

图5-10 闽东传统土厝

来源：福建福安市康厝畲族乡凤阳村（林毅红摄）。

(三) 江西畲族建筑

江西畲族大部分从浙江迁徙而来，迁徙之初，保留茅寮建筑，随着经济条件的改善以及长期民族交往，茅寮被木结构瓦房代替，中华人民共和国成立后，建筑样式已经和当地汉族一致，有土坯房、木结构瓦房，和浙南景宁建筑相比，一般为单层木结构建筑，本民族建筑特色基本消失。

(四) 闽粤客家融合风格——福建畲族建筑

东南沿海畲族建筑分为闽东、闽南、闽中，总体传承和沿袭闽粤建筑风格，又吸收客家土楼传统建筑特色。呈现多样风格。闽东山区畲族以砖瓦房、木结构为主，福安部分地方有客家土楼风格，闽南畲族吸收闽南马鞍墙和燕尾脊等风格，具有较为典型的闽南风格。

二 转化前现状

（1）浙江景宁的现代畲族建筑在风格上受到徽派建筑熏陶和汉族传统建筑的影响，一般为砖木结构，没有完全恢复木结构的特点，有的青瓦白墙，有的青瓦木混合结构墙面装饰。而公共建筑，如景宁畲族博物馆则是在吸收传统畲族建筑的基础上进行二次创作，保留屋顶的斜坡顶，上半部保留三角形木结构建筑装饰，以恢复传统记忆，而墙面则为江南的白色和淡黄色，显得淡雅古朴，具有一定的建筑美感。如图5-11所示。

图5-11 青瓦白墙的畲族新建村落　青瓦黄墙的现代公共建筑

来源：林毅红摄。

第五章 畲族传统文化在当代建筑中的转化与运用

（2）闽东现代建筑抛弃了传统土厝的建筑风格，无论色彩还是造型，都吸收汉族徽派建筑的色彩和装饰元素，如灰瓦白墙、马头墙等，是汉族传统建筑的翻版。如图5-12所示。

图5-12 闽东新建房屋 闽东徽派色彩的新建筑
来源：林毅红摄。

（3）江西畲族现在新建的民居是根据传统建筑，吸收当代汉族小洋楼进行二次创作的，新建建筑注重实用，外观清新素雅，屋顶以灰色或浅蓝色机械瓦为主，墙面以淡黄色为基调，在房屋的边角、山墙加了棕色线条进行装饰。如图5-13所示。

图5-13 江西畲族现代建筑
来源：江西贵溪市樟坪畲族乡新建畲族民居（林毅红摄）。

（4）福建现代畲族建筑多综合运用多种风格，闽东宁德新建畲族建筑吸收汉族徽派建筑特色，以黑瓦白墙为主基调。

总之，畲族传统建筑现代转化存在不少问题，主要表现为：第一，没有深入挖掘畲族传统建筑的精髓，照搬汉族传统建筑元素，如徽派建筑在畲族地区流行；第二，即使吸收畲族传统建筑元素，没有找到二者的契合点，没有地域特色，浙南畲族、江西畲族、福建畲族等地区在美丽乡村建设过程中新建的建筑风格大致相同；第三，传统建筑现代运用方式要么照搬照抄，要么直接移植或者简单"穿衣戴帽"，没有和现代功能、现代审美和现代居住体验进行融合，产生大量仿古建筑，也就是假古董，没有精神内涵的直接模仿，就是汉族建筑的翻版和复制品，既没有民族特色，也没有地方特色，不能体现现代人文气息和现代审美情趣，因此，并不是对传统建筑的传承和发展。

三 建筑外观

畲族的传统民居在不同的历史时期，经历了六个发展阶段："寮"（隋唐以前）—"草寮"或"草寮厝"（唐宋时期）—"土厝"（明清时期）—"瓦厝"（清代至民国）—"砖厝"（中华人民共和国成立前后）—"小洋楼"（改革开放后）。不同历史阶段有不同的建筑特点，不是所有建筑样式都适合进行现代提取和运用，只有能代表畲族建筑最典型的特点才具有现代运用价值。

项目选取"土厝"和"瓦厝"的建筑样式，这是因为，这一时期的建筑风貌独特，色彩鲜明，文献资料丰富，且在闽东部分山区还有传承和保留，具有较高的参照价值。其他历史时期的建筑仍然具有一定的参照价值，如唐宋"草寮"时期，以茅草为顶，树杈支撑，色彩为青灰色，能代表畲族早期的建筑特色，但这类建筑已消失，仅有文献记载，具有一定的历史价值、文化价值和现代运用价值；明清时期的"土厝"，以茅草为顶，泥土为墙，建筑基本色调为土黄色和青灰色，目前建筑已基本消失，色彩上具有一定的参照价值；清代至民国时期的

"瓦厝",以青瓦为顶,砖泥为墙,建筑色彩为土黄色(外墙)和青灰色(屋顶)基调,目前在偏远畲族地区仍有传承和保留,虽然建筑样式深受汉文化影响,但这类建筑是畲族根据当地的气候特征、自然环境、地势以及物产资源修建,与汉族民居不同,能代表畲族传统建筑的特色,具有重要的现代运用价值。

有的建筑风貌选取意义不大,如"砖厝",指中华人民共和国成立后,特别是改革开放后,随着畲族地区经济发展,畲族群众逐渐采用现代建筑材料建房,砖瓦结构的房屋是指用钢筋水泥代替土墙,屋顶用青瓦,和汉族地区建筑无异,参照意义不大;"小洋楼"指改革开放后至近期,部分富起来的畲族群众采用现代砖混或框架结构建造的钢筋水泥的楼房,已经基本和汉族建筑无异,不能代表畲族传统建筑特色,不具备现代运用价值。

(一)"传统"畲族建筑外观分析

(1)"金"字外观。"金"字形外观为畲族早期畲寮的外观造型,又称"山寮",以三五根树丫架上横条为主架,主架两侧再斜撑木条,上盖茅草匾或杉树皮等。右侧留有出入口,装上木条制成的门。草寮建筑立面造型简单——墙体低矮,门户狭小。这种早期房屋最大的外形特点是顶部呈"金"字状,中间高而两边低,泥寮,也称"土寮",通常用小竹或芦苇秆编成篱笆状,拐角处用木头固定,然后涂上泥巴,做成"墙"(见图5-14)。

图5-14 "金"字形外观草寮模型

来源:浙江景宁畲族自治县畲族博物馆(林毅红摄)。

（2）"介"字形外观。这种建筑整体为土木结构，砌石为基、筑土为墙、立粗木为柱，屋顶覆盖茅草，称为"草寮"，由于两边墙壁半落地，加上屋顶的"人"字形，呈"介"字形或"合"字形建筑外观，其发展大体分两个阶段。屋顶坡度较陡，坡度六十度以上，有利于雨季排水，建筑低矮，大多窗户；第二阶段的泥间，墙壁用泥土代替墙，墙高二米左右，有的泥墙用竹、木、藤和泥土混合，墙体较草寮更结实，遮风挡雨效果更好。如图5-15所示。

图 5-15　"介"字形泥寮

来源：中新网。

（3）山地院落式外观。山地院落式在福建和浙南均有分布，以闽东畲族为主。土木结构，四面以土筑墙，屋架直接安装在山墙上，屋顶呈"金"字形，盖以瓦片，俗称"人字栋"。有4扇、6扇、8扇之分。为了防范盗匪骚扰，社口坑里畲族村曾出现过1座10扇的大厝。一厝可住 20—30 户人。畲家房屋多为两层楼，也有三层楼。楼上一般不住人，只做粮仓和堆放柴草杂物之用。楼外搭一晾台，俗称"簟坪"。畲族住宅的院落大致和汉族民居一样是南北朝向，左右对称，但畲族院落民居和汉族最大区别在于一般不直面开门，而是侧面开门，厅堂大门和院落门不正对，这主要是根据地势和环境的最佳选择。院落式民居一般内部封闭，院中多被居民用来圈养家禽。整个聚落就形成了倚靠山势、高低起伏的山地院落奇观。随着畲族宗族人数的增多以及对住宅安全防范意识的提高，出现了合院式住宅，整个住宅由主体结构和四周围墙围合成封闭式院落。如图 5-16、图 5-17 所示。

（4）碉楼式外观。畲族另一特色建筑——碉楼。碉楼建筑最早是防御和瞭望用的，早期畲族以村为单位聚居一起，一旦有外敌侵入，碉楼可以放信号，提醒村民，由于碉楼的特殊功能，一般不作为居家建筑，而是一种特殊的军事建筑，不过，碉楼并不是畲族特有或普遍的建

图 5-16　山地院落式

来源：福建福安市上白石镇畲族虎首岔村（林毅红摄）。

图 5-17　山地院落式

来源：福建福安市康厝畲族乡凤阳村（林毅红摄）。

筑，大多畲族有祠堂而没有碉楼，作者在福建福安市凤阳村做田野调查时发现在村寨中间建有碉楼，从地理位置来看，并不是村中制高点，而是半山坡处，甚至山下，建筑并没有和居民独立分开，而是混居在一起，看见畲族碉楼的军事瞭望和信号功能并不明显。无论怎样，畲族碉楼无过多装饰，形体呈塔状，窗户较小，有的窗户呈半圆拱状，有的呈圆形，有的是方形，正因为其独特的窗户造型，使畲族碉楼外形特色鲜明。如图 5-18 所示。

（5）"日"字形会馆外观。畲族会馆，是畲族组织联谊活动和商量宗族大事的聚会场所，会馆并不是畲族特色，明清时期在汉族地区流行，主要是同乡或行业组织团体，是乡土观念的封建团体。中华人民共和国成立后，汉族会馆逐渐瓦解和消失。偏远地区的畲族会馆仍有保留，在福宁地区有一座始建于清光绪二十五年的会馆，叫山民会馆，旧称是"福宁山民会馆"，民国时期迁至霞浦县的松城旗。畲族会馆建筑样式基本沿用民国时期建筑格局。

第五章　畲族传统文化在当代建筑中的转化与运用

图 5-18　畲村碉楼

来源：福建福安市坂中畲族乡林岭村（廉岭）（林毅红摄）。

畲族山民会馆一般有三层进，一层进为门楼，二层进为主楼（主殿），三层进为配楼，两座房屋相互打通，从空中俯视，呈"日"字形布局。如图 5-19 所示。

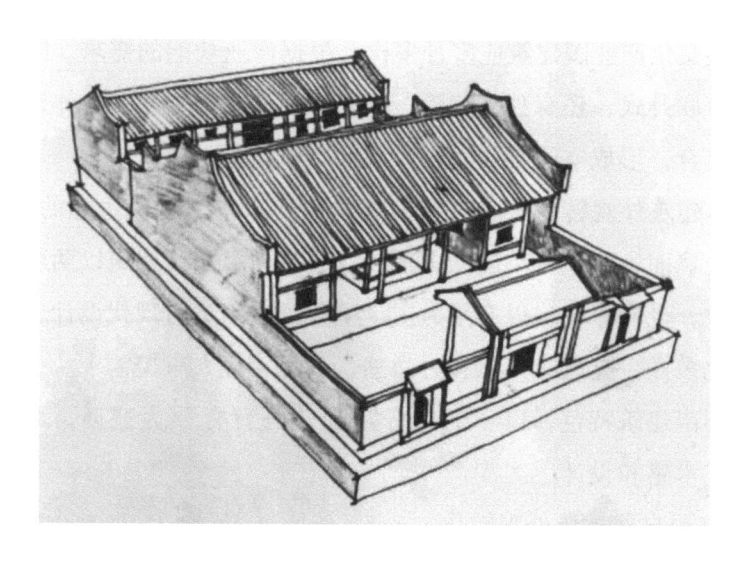

图 5-19　"日"字形布局

来源：福建福宁山民会馆手绘图（喻颖绘制整理）。

167

（二）钟宅传统建筑转化

外观的转化既是视觉转化和符号的转化，也是直接转化，转化需要结合当地人文环境与自然环境，转化的方法前文已提到，关于建筑外观转化，首先需要对传统建筑文化进行挖掘，深入研究传统建筑的特色符号，在转化时，应结合时代精神、时代价值和时代风貌，具体技术上将传统符号进行二次整合设计，在对传统外观造型进行二次设计时，要对传统建筑外观进行充分提炼、简化，抓准传统建筑的外形特征，比如碉楼的窗户造型，比如草寮的"人"字形或"介"字形，具有明显标志化的符号，二次调节传统建筑的体量、尺度、比例，与设施的功能需求有机结合形成新的建筑样式，这种样式是汲取传统建筑的精华，并运用恰当转化方式而实现。建筑外形的二次设计要把握好"取"与"舍"，避免使用过多装饰堆砌，以令人记忆深刻的核心特征体现建筑外观。造型的设计要遵循现代设计美学原则，对称均衡、调和对比等，在体现传统文化风格的同时符合现代审美特征。

1. 文化产业园区外观转化

畲族文化产业园建筑应多种多样，根据产业功能的需求，既有合院式，也有联排式，还有独立院落、牌楼式和碉楼式，多种单体建筑又可以灵活组合，形成空间排列相对丰富的整体格局。

单体建筑外观转化时应吸收传统建筑的精华，青黑色瓦的悬山顶，黄色夯土墙面，屋顶有单层悬山顶和双层屋顶，园区建筑以两层和多层建筑为主，自然淳朴，以实用为主。屋顶可适当进行现代设计，高低错落，变化多样，充满时代感和时尚感，满足年轻人审美需求。少部分屋檐吸收闽南建筑特色，以"燕尾脊"和"马背脊"为造型，增加产业园区的艺术感和设计感。

2. 高层自住建筑外观转化

高层建筑商住建筑，包括新家园、自住安置房、蜂族公寓（出租安置房）等。高层商住楼外观总体以实用为主，自主安置房单体建筑外观以长方体的"板式"结构为主，多栋建筑可以以合院式组成小型社区空间，适当运用斜坡屋顶进行装饰造型，对于高层，斜坡屋顶一般慎用，使用不当有"搭积木""戴帽子"之感，因此，斜坡屋顶不必全覆盖高层楼顶，可高低错落装饰点缀即可，斜坡屋顶既方便排水，也能增加整体效果。蜂族公寓由于单户面积小，住户密，可用"点式"结构，节约土地面积，增加房屋面积。

3. 国际学校区建筑外观转化

国际学校布局和楼体结构总体以功能优先原则，根据学区功能布局，形成开放式院落，教室、办公室和实验室相互独立又相互连通，不必做闭环，连而相通。不同功能的建筑造型应多样，有长方体、正方体、塔式、三角形等外观造型，达到变化统一的效果。

四 建筑色彩

中国古建筑大体分为宫庙建筑、文人士大夫建筑和民间建筑（简称民居），每种建筑由于等级不同，色彩不同，宫殿和庙宇建筑由于功能的特殊性，不仅建筑复杂，其色彩相对固定，大多用红墙黄瓦，宫庙建筑根据等级以黄、青、赤、黑、白五色为正色。民间建筑大多较为朴素，为灰砖灰瓦或青瓦白墙，以徽派建筑为代表；文人士大夫建筑介于宫庙建筑和民居之间，但色彩严格遵守等级，一般不使用黄色，少量局部如廊柱有红色，慎用绿色，绿色是建筑中较为高贵的颜色，地位仅次于皇家建筑，一般只有宰相府邸的屋顶才能使用绿色；在具体装饰上，民间庙宇建筑斗拱多为红色、绿色，檩、枋等结构上也会绘制以黄、绿、红、蓝等色组成的彩画。尤其是远离封建王朝的闽南，色彩更是大胆，常有红黄颜色。除装饰色彩外，民居建筑木本身显露的固有木色也有独特的气质与美感。

畲族建筑属于民间建筑，色彩比较朴素，以地域色彩为主，也就是闽南畲族以吸收闽南建筑色彩，闽东则和闽东汉族建筑色彩类似，浙南畲族则和当地汉族相融合，表现出来就是各地畲族建筑类型多样，样式多样,色彩使用大多坚守民间的质朴和自然色为主,较少运用宫庙建筑的彩绘,现代建筑设计转化中,可以将传统建筑的色彩与地域风格有机结合,在传统色彩的基础上加以调适,使其更符合时代审美和时代精神。同时,注意将传统建筑的色彩与现代色彩心理学相结合,进一步发挥环境设施色彩设计的作用。

现代畲族建筑色彩主要从传统草寮、瓦厝、碉楼、祠堂和会馆的颜色中提取。由于畲族各类建筑色彩虽属于同类色系,但层次丰富,因此,提取应注意主色调和辅助色的区别与联系。主色调主要是从夯土墙面或碉楼墙面的土黄色及青灰色屋顶中提取的两种色调,总体色彩基调是"黄墙灰顶",两种色调既是一对互补色,又可通过色彩调和,变成同色调中的谐调色,视觉效果冲击力强,虽然互补色为不同色阶的色彩,但整体以暖调为主,显得和谐庄重。主色调大量运用于现代畲族建筑的墙面和屋顶,使用面积多,整体性强,凸显整体色彩统一化效果;而辅助色主要运用于建筑装饰和局部,既可以衬托和呼应主色调,也能起到变化多样的效果,辅助色以不同黄色系和灰色系进行色阶变化,达到统一中有变化,变化中有统一的美学效果。

(一)传统建筑色彩

畲族传统建筑的色彩主要是黄色与青黑色。在转化时应充分结合地域特色,如山区建筑在转化时应山地特色,将山地元素和传统元素结合,呈现出和谐自然之美。山地民居建筑有草寮和厝。厝主要是土墙厝、瓦厝和砖厝。山棚的材料主要取决于自然界的茅草和木头。提取色彩时,应将整体性和代表性结合,如草寮整体呈现土黄和中黄色调,中黄色主要为屋顶,土黄色主要为内部墙壁,选取色号如下(照相色彩),黄色(C:19、M:62、Y:86、K:0)与棕色(C:62、M:78、Y:78、K:37)。如图5-20所示。

泥间为畲族传统建筑之一,其材料主要是泥土或用小竹子、竹篾、菅草、芦苇秆与泥土混合。现存泥间为景宁县畲族博物馆的模型,其色彩

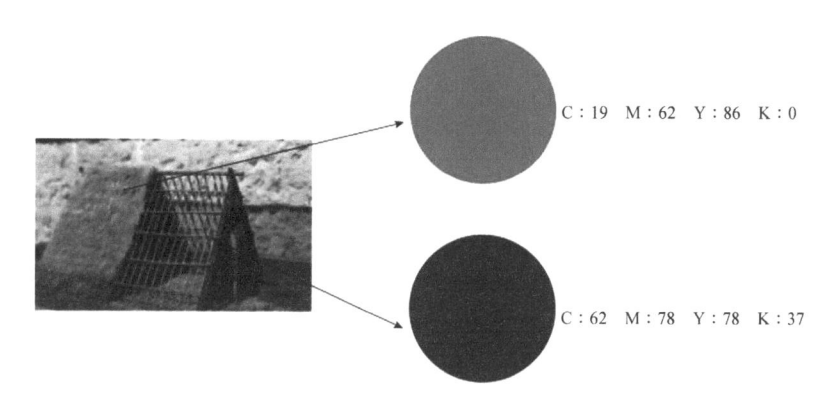

图 5-20 草寮提取色彩（编号和代码为照片选取的印刷色，下同）
来源：喻颖绘制整理。

主要是屋顶——青黑色（C:83、M:76、Y:69、K:47），木结构——黄色（C:45、M:55、Y:83、K:2），夯土墙面——黄色（C:19、M:34、Y:60、K:0），石头墙——蓝色（C:85、M:67、Y:52、K:11）。如图 5-21 所示。

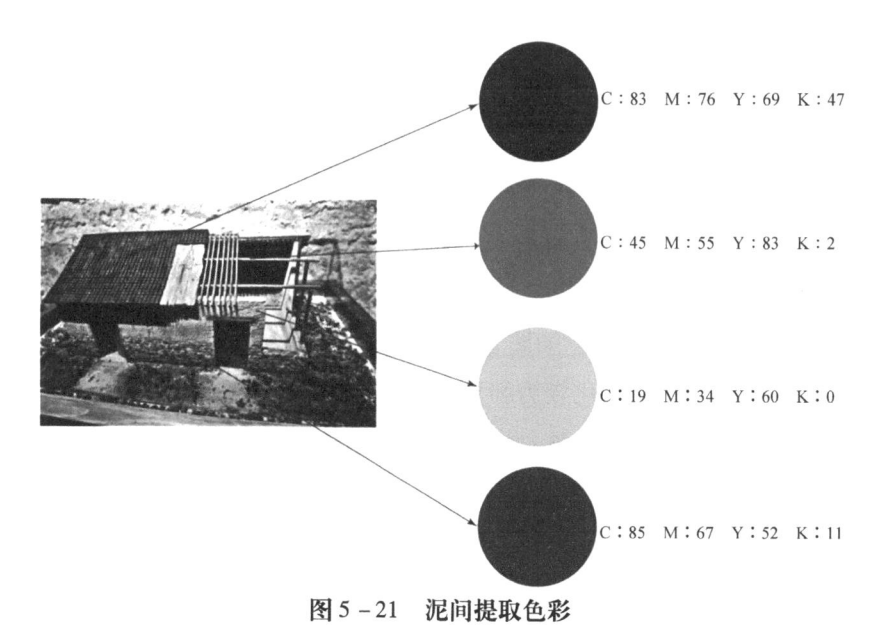

图 5-21 泥间提取色彩
来源：喻颖绘制整理。

草房是山棚与泥间的混合体,主要材料是木头、竹子、山藤和泥土。屋顶为浅黄色(C:22、M:26、Y:25、K:0),墙面为土黄色(C:47、M:50、Y:50、K:0)。如图5-22所示。

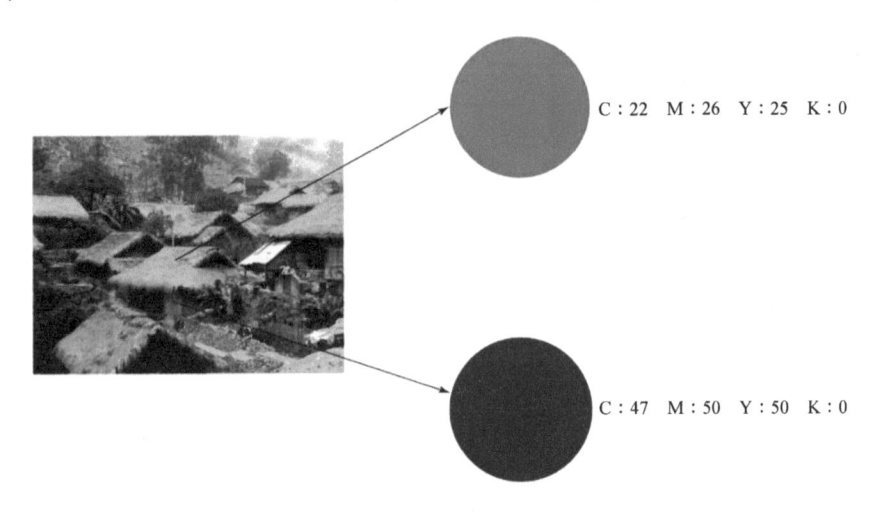

图5-22 草房提取色彩

来源:喻颖绘制整理。

土墙厝是畲族的传统住房,土木结构,四方筑墙,屋架直接置在山墙上,屋顶呈"金"字形,盖以瓦片,俗称"人字栋"。现有的土墙厝之一是大田县东坂畲族村安良堡土墙厝,其屋顶为黑色(C:81、M:67、Y:69、K:32)、厝的墙面是黄色(C:16、M:9、Y:35、K:0)和棕色(C:37、M:40、Y:55、K:0)以及高墙部分为黄色(C:7、M:22、Y:53、K:0)。如图5-23所示。

瓦厝与砖厝的现代化较为强烈,其传统性的色彩较少。

炮楼最早为防御性建筑,后融入住宅建筑演变成碉楼式民居。碉楼式民居屋顶为黑色(C:96、M:93、Y:54、K:29),墙面为黄色(C:11、M:30、Y:40、K:0)。如图5-24所示。

半月里村雷氏祠堂建在龙溪宫的后面,祠座西北朝东南,为悬山顶砖木结构。其色彩与色值如图5-25所示。

第五章 畲族传统文化在当代建筑中的转化与运用

C：81 M：67 Y：69 K：32

C：16 M：9   Y：35 K：0

C：37 M：40 Y：55 K：0

C：7   M：22 Y：53 K：0

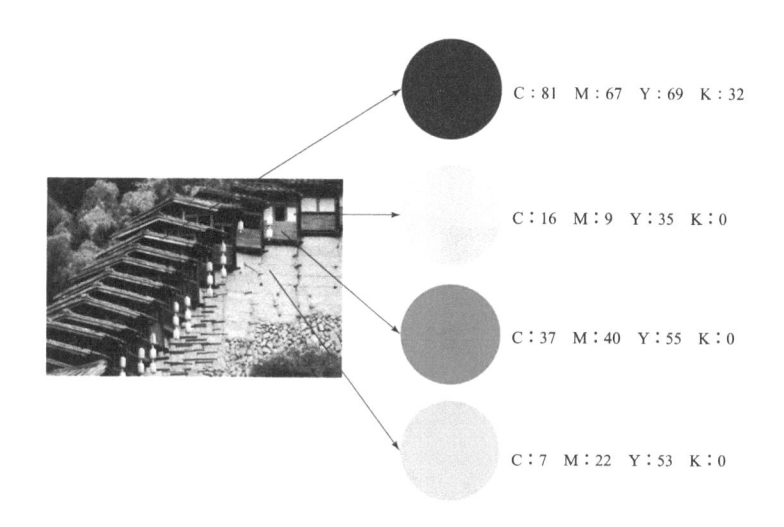

图 5-23 瓦厝提取色彩

来源：喻颖绘制整理。

C：96 M：93 Y：54 K：29

C：11 M：30 Y：40 K：0

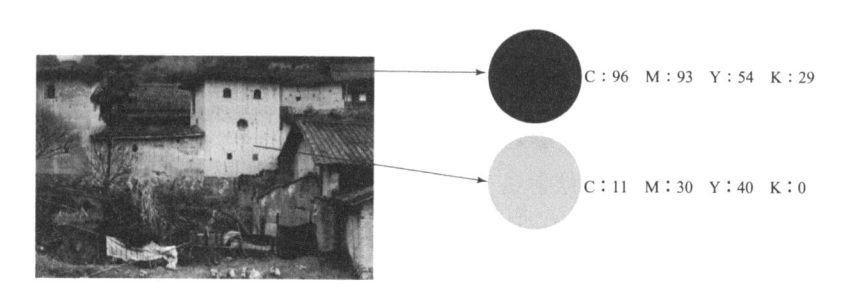

图 5-24 碉楼提取色彩

C：85 M：71 Y：82 K：55	C：46 M：41 Y：53 K：0	
C：56 M：42 Y：55 K：0	C：33 M：48 Y：61 K：0	C：24 M：15 Y：31 K：0
C：62 M：54 Y：65 K：5	C：22 M：21 Y：34 K：0	C：16 M：19 Y：44 K：0

图 5-25 祠堂砖瓦提取色彩

来源：喻颖绘制整理。

福宁山民会馆是一座砖木结构"火墙包栋"硬山顶六扇大瓦屋。山民会馆颜色比普通民居更具公共建筑特色，因此色彩以青灰、雅灰和乳白为主，间或有棕红调配。如图5-26所示。

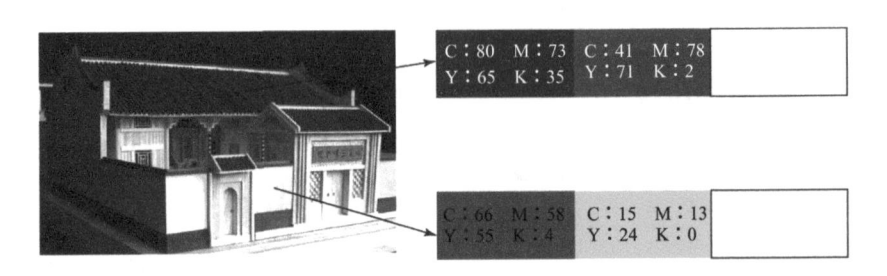

图5-26 会馆砖瓦提取色彩

来源：喻颖绘制整理。

（二）当代建筑色彩转化

青灰色屋顶：该色彩源于传统畲族建筑的屋顶色彩，以厝和碉楼式民居建筑为主。黑色中带有青色，在阳光下泛出点点灰蓝色，颇有古朴特色。

黄色墙面：该色彩源于畲族传统建筑中的夯土墙面色彩，夯土颜色能够使人与自然的距离更为贴近，且不会过于耀眼。

装饰色彩：这类色彩主要是取材于畲族传统建筑中的点缀性色彩，还有闽南建筑和海洋文化的色彩。因此有红、黄、白和灰等颜色。

1. 畲族民俗文化产业园区色彩

文化产业园区主要有商业建筑、公共文化场馆以及原有保留的宫庙宗祠等古建筑几种类型。总体原则是园区建筑色彩以"黄墙灰瓦"为主色调，原有宫庙宗祠保留原有"黄瓦灰墙"闽南色彩，与园区色调有一些对比和差异。

黄色主要是取自畲族传统建筑寮和厝的墙面色彩，由于古时畲族经济并不发达，建筑材料只能就地取材，因此用黄土做砖砌墙。即使是泥间，也是把泥土糊在芦苇和木头的表面。因此，畲族传统建筑上的黄色能够体现畲族建筑的特色，且该黄色淡雅朴素，充满自然气息，符合当代"人与自然和谐相处"的理念（见图5-27）。

C：80　M：73　Y：65　K：35　　C：7　M：22　Y：53　K：0

图5-27　黄墙灰瓦色调示意

来源：news.sina.com.cn.

青黑色主要取自畲族土墙厝和碉楼式民居建筑的屋顶色彩，早期畲族建筑主要是茅草屋顶，后来演变成自制土瓦、青瓦甚至红瓦的屋顶。但茅草屋顶并不符合现代住宅建筑审美，红瓦屋顶并不能完全代表畲族建筑特色，而青黑色与现存的畲族传统建筑较为接近。青黑色比寻常的黑色多了一些蓝色与绿色，使其黑色不至于沉闷，从而减少建筑色彩的压抑性。因此，可将传统畲族建筑屋顶的青黑色直接作为现代建筑屋顶的色彩。

屋顶色相为青黑色，色值为C：80、M：73、Y：65、K：35。墙面色相为浅土黄色，色值为C：7、M：22、Y：53、K：0。住宅建筑入口、门窗的装饰部分可采用米白、灰白，形成黑、白、灰三个色阶深浅的分层，使整体色彩有对比，不至于色调过于单一和深沉。

公共建筑包括畲族文化博物馆、文化馆、图书馆等。畲族文化博物馆主要展现畲族文化风貌，其建筑色彩是文化风貌之一，但同时需要考虑现代审美因素。因此，博物馆和图书馆色彩在黄墙青瓦色调的基础上，增加古朴和书香气息，颜色明度和饱和度降低，呈现古朴淡雅的基调（见图5-28）。

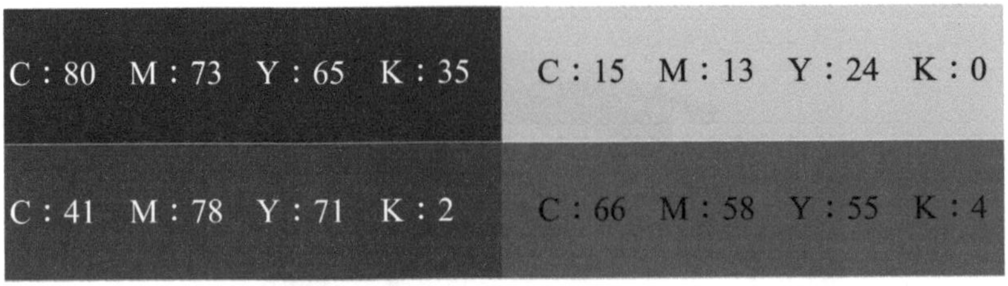

C:80 M:73 Y:65 K:35	C:15 M:13 Y:24 K:0
C:41 M:78 Y:71 K:2	C:66 M:58 Y:55 K:4

图5-28　公共文化场馆色彩示意

来源：喻颖绘制整理。

2. 高层自住区建筑色彩

高层自住区建筑主要包括安置房建筑、商品房和蜂族公寓房。高层建筑总体色调以青灰瓦为屋顶以浅黄或淡黄为主色调，以深咖或深棕色为次主色调，形成暖色调的建筑群，不同高层建筑色相略有差别，但总体在色彩基调中进行调和。

高层钟宅建筑外立面的色彩应遵循基座颜色深，标准层颜色递减，屋顶颜色与标准层颜色协调，且色彩深浅度应深于标准层，浅于基座层。高层建筑整体色彩以浅黄色或淡黄色为主基调，基座运用棕色或深咖色，屋顶用暖色深灰色，浅黄色是来源于畲族传统土黄色泥墙的颜色，为了区别文化产业园区，其明度比土黄略降一个色调，呈现浅黄色，这种颜色视觉淡雅舒适，亲和力强，淡黄色与深咖、深灰为同一色系的不同色相和明度，这样设计既统一又协调。建筑外立面材质建议用外墙真石漆或仿古砖饰面，材料质感肌理效果明显。

安置房建筑主要是政府进行城市道路建设和其他公共设施项目建设时，对被拆迁住户进行安置所建的房屋。此类建筑主要是拆迁户居民自行居住为主，出租为辅。因此建筑色彩不宜过亮或者过暗，明度较低的黄色与青黑色能够让人产生舒适和宁静感。

商品房建筑则是政府或房地产商建造，由市场直接销售或出租的住房。该类住房主要以销售或者投资为主，因此更为注重建筑外观的时尚性、色彩的流行性、居住舒适度以及物业服务等。此类建筑仍以黄色和青黑色为主，但色彩的明度可略微变深。

蜂族公寓房建筑主要用于出租使用，其特点是户型精致小巧，立面造型别致，能够吸引刚就业的职场人群以及外来工作者。那么该建筑外观需要更多的活泼性，除黄色、青黑色以外，还需要点缀红色和蓝色。

3. 国际学区建筑色彩

国际学区建筑色彩主要体现学校自身的特色，具体用"哈佛红"作为学校的主基调，用"畲族黄"做局部装饰，灰色或灰白色平顶。"哈佛红"是目前国际国内非常经典的色彩，红色介于深红和砖红之间，庄重朴素，典雅不张扬，且书香氛围浓厚，充满科学探索精神，因此，国内许多贵族学校和大学新校区（浙江大学紫金港校区、贵州大学等）均已采用哈佛红为主色调。幼儿园色彩在主基调中进行调和，添加点缀性的浅黄、蓝灰等色彩，使其显得活泼明朗。"畲族黄"和"哈佛红"均为暖色调，黄色只能局部运用，黄色运用过多，校区会显得土气，只能在腰线、山墙等处点缀，国际学校色彩和畲族文化产业园及高层自住区建筑色彩有一定差异，可以通过局部"畲族黄"色彩呼应达到协调。

五　建筑立面

（一）传统建筑

1. "马鞍式"立面

马鞍墙为闽东民居特点，墙的顶部是直线或曲线，优美生动，随着屋顶的高低而起伏，犹如腾飞的龙，勾勒出建筑的左右边界。"马鞍式"风火墙在闽南又称"马背脊"。马背脊原为闽南建筑特点，由于闽南畲族长期和汉族杂居,在建筑上也吸收闽南汉族的建筑样式,畲族"马背脊"与汉族马背脊略有差别,畲族马背脊正脊为直线,汉族马背脊大多用弧线和曲线造型(见图5-29)。

图5-29 白露坑畲族村马背脊造型

来源:百度图片搜索。

2. 牌楼式立面

牌楼式外观的建筑多为畲族宗祠。和民居不同,牌楼成为宗祠规模大小的风向标,一般比较气派的宗祠有牌楼,牌楼有屋顶,有门楼,具有艺术感(见图5-30)。

3. 碉楼式立面

碉楼式建筑立面有青黑色歇山顶、黄夯土墙、拱形的窗户、较少的门,无烟囱。墙上的窗户外窄内宽,既可观察寨外动静,又能投射利器

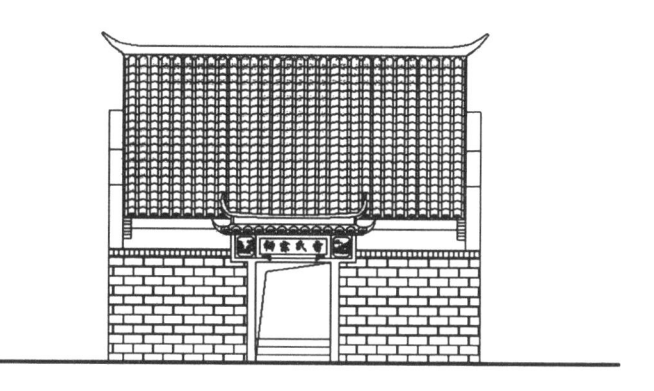

第五章 畲族传统文化在当代建筑中的转化与运用

图 5-30　雷氏宗祠立面

来源：喻颖绘制整理。

和射击。碉楼式畲族建筑有山墙，山墙有风火山墙、拉弓山墙等式样。畲族民居的山墙形式很灵活，不讲究一定要对称，也不一定符合某种特定规则，同一面长长的墙壁可以做成三四个风火山墙。畲族碉楼为防匪防盗的寨堡式民居，墙上开窗和小孔。孔口外窄内宽，既可观察寨外动静，又能投射利器和射击（见图 5-31）。

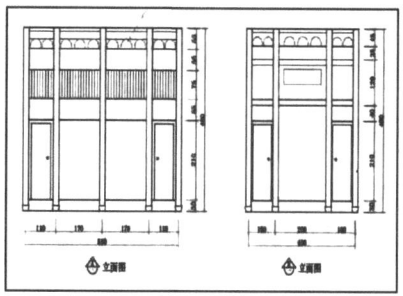

图 5-31　福安畲族碉楼式民居正厅立面

来源：喻颖绘制整理。

4. 拱形门洞立面

拱形门洞主要在畲族"歇脚亭"建筑体现。"歇脚亭"也叫"茶亭""凉亭",简称"亭"。主要是在路旁单独建筑一座较为简陋凉亭,供来往行人短暂的休息或者躲雨之用。内部空间较狭小,仅供3—5人休息,建筑最具特色的是门洞,呈半圆拱形,圆拱形门洞较高,一般到屋顶边缘,搭配斜坡屋顶和山墙,形成具有一定美感的建筑外观。目前畲族保留较为完整的是清同治年间所建廉岭村村口的廉岭亭,屋顶为硬山顶,结构非常简单。

（二）当代畲族建筑外立面转化

外立面总体既要传承畲族建筑精髓,还要符合当代审美,又能够具有一定识别性,还要适应厦门自然环境气候,并满足居住者的使用功能和建筑安全要求,体现建筑的功能性、展示性和交流性。现代建筑立面摒弃一味仿古或徽派建筑移植,也反对张冠李戴,随意拼凑,毫无历史依据。

建筑外立面的设计,对于形体和构件的把握要注意以下几点。

一是强化对建筑整体性的控制,例如高层建筑的基座、屋顶和标准层。基座是建筑接地的重要组成部分,其自身就是一个外形的表现形式,屋顶是基座与标准层的连接结构,能够将建筑的一体性充分地表达出来,标准层是建筑中最主要的结构,同时也是建筑外立面设计中需要重点思考的对象。因此,在进行建筑外立面的实际设计中,就要对构件的线条效果、比例和尺寸等进行充分的思考,这样才能够促进建筑外立面空间层次感的升华。

二是充分挖掘畲族传统建筑元素符号,如造型符号、色彩符号等视觉符号,并将其转化运用到新建建筑造型和色彩设计中去,体现文化的传承。转化方式多样,具体问题具体分析,根据不同需求和建筑成本,可采取直接应用,即符号的直接转化,这是最直接、最便利的一种,也是符号标签化的一种体现,一般少用慎用,用不好就会类似过去新农村建设中,墙上到处是彩绘图案,不仅毫无美感,也是败笔。第二种是易位转化。这种转化方式是将传统符号在现代建筑中进行移位转化,即传统符号的斗拱,可以被转换位置,作为新建筑中的屋檐装饰,这类位置移位，改变了传统符号的功能，仅作为设计装饰实用，设计恰当，可以符合现代审美。第三种是变化应用。这种转化较为彻底颠覆传统符号的形式感，利用现代设计原理，将其进行打散设计，将原有符号进行抽象、扭曲、叠合、断裂等形式转化后再进行运用，这种应用方式有很强的抽象性和符号特征，不仅转换位置，色彩、造型均可二次整合，总体既非常协调生动，又有民族特色和地域特色的根基，这种运用转化是最难的，需要有设计等专业人才利用美学法则和美学原理，才能设计出既符合时代审美，又充分传承传统的符号精华。

三是注重外立面重点和局部装饰。首先，要确定建设的重点部位和细部的特征，对于建筑而言，重要的突破口就是阳台、窗户、门洞入口、屋顶等，所以在实际的设计中就要将重点部位有序凸显出来。其次，要将建筑的整体凹凸效果表现出来，在实际的设计中设置凹阳台，正常情况下不会选择凸阳台，因为凸阳台的设计利用的是水平线条，而凹阳台利用的是垂直线条的形式。在视觉感官上，垂直线条能够给人以挺拔的感觉，而水平线条则比较平缓。最后，对于具有特征的部位，将阳台重点勾勒出来，在实际的设计中，利用的材料、形式比例，强化对细部的处理。高层建筑延续三段式划分，在原有的建筑立面尺度的基础上，运用传统建筑符号和装饰加以强化和丰富，以腰线分割，上段女儿墙处理为有动感舒展的曲线或弧线，也可处理为"金"字形，中段部分以直线承上启下，下段为基座，可在色彩和材质肌理上区别，勒脚部分以重块花岗岩或文化石贴面增强稳重感。

立面窗户是住宅立面重要的功能元素之一。窗户对立面来说就好像眼睛，其通透与灵活性为立面带来了神韵，窗户的大小、尺寸、结构、比例、造型均能体现建筑的美感，精心设计且与建筑相协调的窗户可以起到画龙点睛的作用，因此，窗户的设计不是独立存在的，而是建筑的重要基本单位，在满足使用功能的前提下，窗户材质与颜色及形式组合方式等方面均应与立面整体风格保持一致，与周围环境相协调，把立面中的窗户要素统一起来处理建立有机的秩序性。

阳台样式有凸阳台、凹阳台、半凸半凹阳台、矩形阳台、曲线形阳台等。阳台是建筑元素中重要组成部分，既有实用的功能，又有装饰的效果，在建筑立面，由于阳台体量较大，具有举足轻重的作用，阳台的节奏与秩序直接影响到建筑的整体效果，阳台造型多样，大致有长方体通用阳台，还有异形阳台，如曲面阳台、圆形阳台、半圆形阳台等，长方体让人感觉规整和敦厚，曲线使人感觉流畅、优雅和浪漫。阳台材质有钢筋水泥型、有钢材质与玻璃结合型等，由于阳台在建筑整体造型会有不断重复，具有一定秩序美感。因此，在将传统建筑元素转化为阳台装饰元素时，应注意阳台本身的特征和实用性，建筑立面不断重复的排山倒海式的阳台，注定传统元素在阳台设计上，只能点缀或嵌入，而不能过于花哨，否则就会影响到建筑的整体美感。

单元门楼或单位门洞是高层建筑物不可忽视的基本元素之一，大门入口是进入公共建筑的脸面，畲族传统宗祠或会馆建筑讲究门楼的气势和造型，门楼装饰性大于实用性。对于现代建筑来说，门楼的实用性同样重要，尤其是高层建筑的单元入口，既是回家的缓冲地带，也是小型公共入口，作为公共流通、过渡的区域，应虚实结合，给人愉悦的心理感受。需要考虑结构、比例以及入户的心理感受和便利性。在设计时应考虑门廊、台阶及门洞三部分设计。入口造型设计非常体现建筑的美感和风格，应与整体建筑协调，同时和窗户、阳台的组建相互呼应，才能达到较好的视觉效果，同时，应考虑实用性，避免华而不实。中国传统民居或官宦人家宅院大门入口一般是凹入口，凹入口体现回家的仪式感，而现代建筑更强调实用性，如避雨、过渡、缓冲等作用，入口应做加法，即凸入口，可以将传统建筑凹入口的仪式感、礼仪感和现代实用性结合，在凸入口处营造礼仪感，通常运用于大型公共文化建筑。

1. 高层自住区立面

现代钟宅畲族建筑的住宅建筑主要是高层低密度建筑，其立面造型包含入口、墙体、门窗、屋顶和细部。

建筑入口是从室外进入室内的口部，主要起到组织交通的作用，同时还具有空间的过渡与转换、建筑功能的标志与识别、建筑文化内涵的体现等其他功能。畲族住宅建筑的入口可选取传统"碉楼式"建筑门或"歇脚亭"门洞的设计,将入口设计为长方形或者拱形,如图5-32所示。

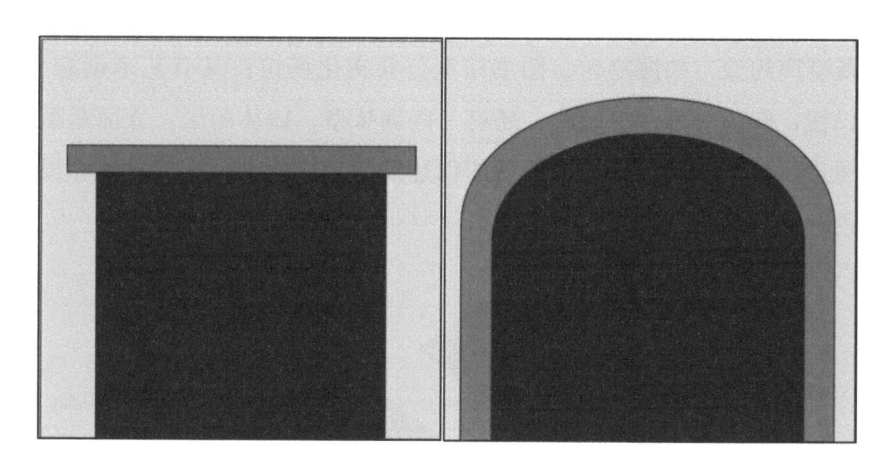

图5-32　入口1:长方形入口　　入口2:拱形入口
来源:喻颖绘制。

墙体在建筑立面中占有绝大部分的面积,对建筑立面的形式、风格等起着决定性的作用。墙体在设计时要满足承重、围护、分隔空间等使用功能的需求,同时对不同的建筑结构形式,墙体所起的作用也有区别。现代钟宅畲族住宅建筑的外墙立面仍借鉴传统的碉楼式民居特色,外墙较少使用装饰,色彩以黄色为主,墙面材质主要以耐热、防潮以及环保的材料为主。门作为建筑的构成元素,意味着建筑的入口,同时也具有坚固的防护性。除了居民楼的出入口,住户的门也可做简单装饰。

2. 畲族文化产业园区立面

文化产业园立面包括屋顶、窗户、阳台、廊柱、山墙等,畲族产业园应体现民族性与时代性相结合,符合当代审美。

畲族民俗文化产业园根据功能分为历史古建空间、公共文化场馆空间、工作空间、休闲空间、交流空间、商业空间、培训空间、展示交易空间以及生活空间。在设计建筑空间时，结合产业空间的特质使其具备综合性和创意性等特征。根据创意设计要求，园区的空间建筑环境设计应该从外观上符合美学的设计要求，对其内部功能设计要做到技术保障。

每种建筑既独立成篇，又完美有机地融为一个文化整体。其立面造型既有简约型，如博物馆、图书馆等公共文化场馆；又有艺术创意型，如民宿、剧场、舞台等设施；还有一些趣味型，如休闲区。立面造型主要通过门、窗、阳台、墙面肌理的创意设计，使建筑具有艺术感和民族特色（见图 5-33、图 5-34）。

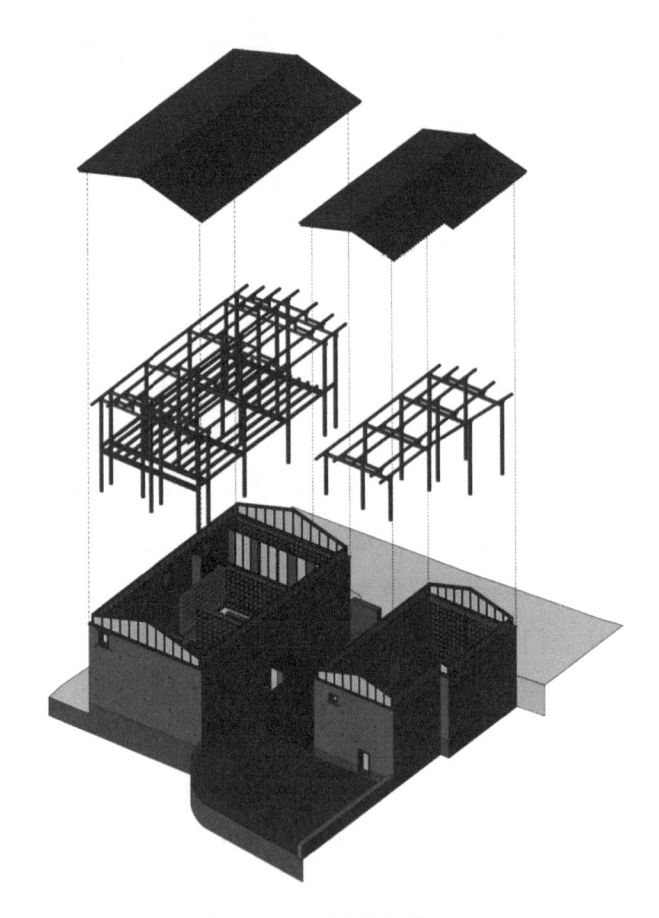

图 5-33 图书馆结构分解

来源：喻颖绘制。

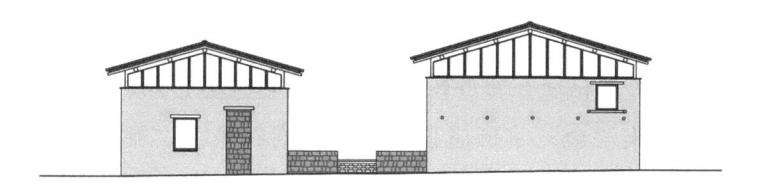

第五章 畲族传统文化在当代建筑中的转化与运用

图书馆北立面

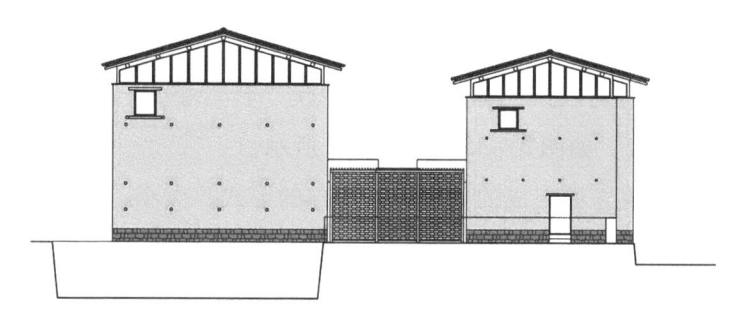

图书馆南立面

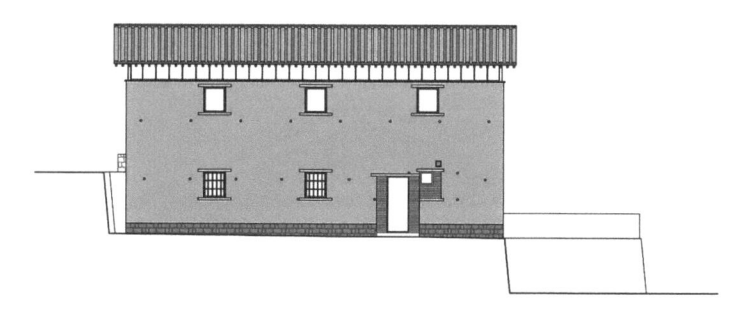

图书馆西立面

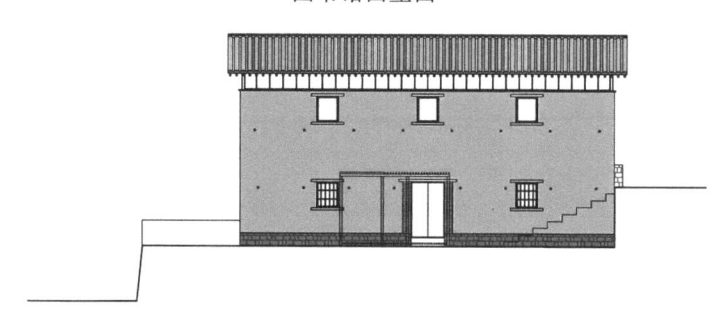

图书馆东立面

图 5-34 图书馆北、南、西、东立面

来源：喻颖绘制整理。

文化产业园内各种不同业态的建筑在门洞入口、窗户、阳台等有统一的风格，这种风格应在畲族传统建筑中进行提取，园区屋顶可以丰富多样，既有畲族"金"字形屋顶，也有闽南特色的"燕尾脊"和马鞍脊进行屋顶装饰，屋顶装饰与园区原有宫庙、宗祠总体相协调和呼应。总之，文化产业园区建筑以畲族传统建筑为主体，局部适量补充和穿插闽南建筑屋顶。

产业园区门洞入口总体处应体现畲族"合"字形、"人"字形与"介"字形特点。如图5-35—图5-37所示。

窗户是建筑立面组成的一部分，窗户的形式、大小、排列方式都影响着建筑的形象。窗口尺寸应符合《建筑模数协调统一标准》的规定，各类窗的高度与宽度尺寸通常采用扩大模数3M数列作为洞口的标志尺寸。窗口的尺寸还应符合热工技术指标的要求。窗户在设计时还需考虑隔声、保温隔热等物理指标性能，如设置带空气层的双层玻璃窗可以增

图5-35　"合"字形入口

来源：浙江景宁畲族自治县畲族博物馆大门（林毅红摄）。

第五章　畲族传统文化在当代建筑中的转化与运用

图 5-36　"人"字形入口

来源：江西鹰潭市龙虎山风景区大门（林毅红摄）。

图 5-37　"介"字形入口

来源：江西贵溪市樟坪畲族乡政府（林毅红摄）。

强隔声、隔热性能，防止窗户结露。外墙窗户的设置还要考虑室内空间的划分和空间的高度，形式要与建筑的形象、风格统一协调。现代钟宅畲族住宅建筑的窗户造型可从传统的碉楼式民居中提取（见图5-38—图5-40），其中包括拱形窗户、方形窗户甚至圆形窗户。在设计过程中既可以在外观上用此造型加以装饰，又可以直接将窗户设计成此类造型。从传统碉楼式民居建筑的窗户来看，其特点是无装饰，以实用为主。而现代钟宅畲族住宅建筑可以在局部进行装饰，包括传统纹样或者习俗绘画等。

图5-38　"圆"形和"拱"形窗户

来源：福建福安市坂中畲族乡林岭村碉楼式民居（林毅红摄）。

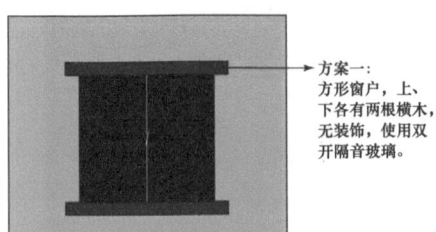

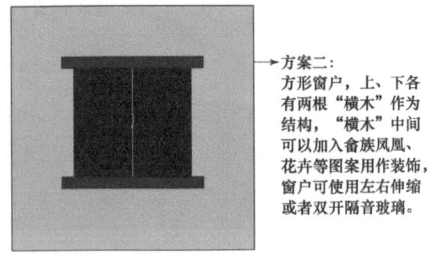

方案一：
方形窗户，上、下各有两根横木，无装饰，使用双开隔音玻璃。

方案二：
方形窗户，上、下各有两根"横木"作为结构，"横木"中间可以加入畲族凤凰、花卉等图案用作装饰，窗户可使用左右伸缩或者双开隔音玻璃。

图5-39（1）　钟宅畲族住宅建筑窗户设计方案一

图5-39（2）　钟宅畲族住宅建筑窗户设计方案二

第五章 畲族传统文化在当代建筑中的转化与运用

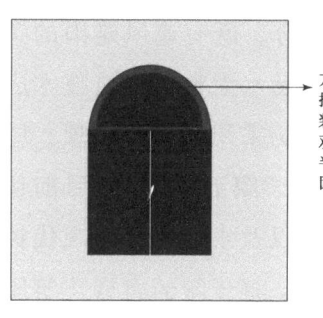

方案三：
拱形窗户，无装饰，主要是双开隔音玻璃，半圆形玻璃为固定作用。

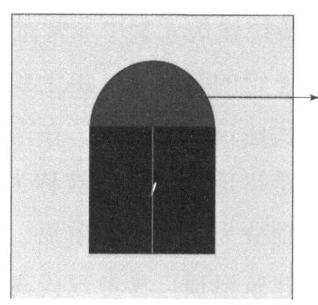

方案四：
拱形窗户，双开隔音玻璃或左右滑窗。半圆处绘制畲族传统图案如凤凰。

图 5-39（3） 钟宅畲族住宅建筑窗户设计方案三

图 5-39（4） 钟宅畲族住宅建筑窗户设计方案四

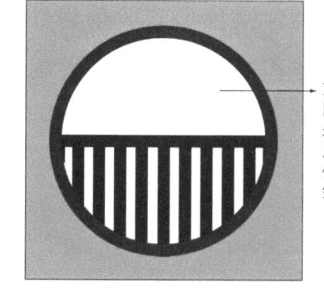

方案五：
圆形窗户建议用来做楼道窗户使用，可用护栏围住半部分防止高空坠落。

图 5-39（5） 钟宅畲族住宅建筑窗户设计方案五

图 5-39 窗户造型系列方案

来源：喻颖绘制。

图 5-40 拱门变形窗户造型示意

来源：厦门鼓浪屿（林毅红摄）。

189

屋顶是传统建筑元素中非常重要的组成部分,既有遮风避雨的实用性,也有一定的装饰性。由于预制板以及钢筋水泥整体浇筑技术成熟,大多现代建筑采用平顶,在南方多雨地区仍采用传统斜坡顶,屋顶的作用也是举足轻重的,被称为建筑外观的"第五立面"。目前住宅建筑的屋顶分为三类:无屋顶、梯形体屋顶以及组合屋顶。现代钟宅畲族住宅建筑屋顶可参考现代高层建筑屋顶,将传统的畲族建筑屋顶进行改良。目前梯形体屋顶和组合屋顶较为容易融合畲族传统建筑屋顶的特色,可将屋顶的青黑色作为屋顶主要色彩,其样式可直接或间接采用梯形体屋顶形式或组合屋顶形式,值得注意的是,组合屋顶需要注意屋顶元素数量以及体积问题,切忌过大或过小(见图 5-41、图 5-42)。

图 5-41　各类斜坡屋顶造型示意

来源:喻颖整理绘制。

第五章　畲族传统文化在当代建筑中的转化与运用

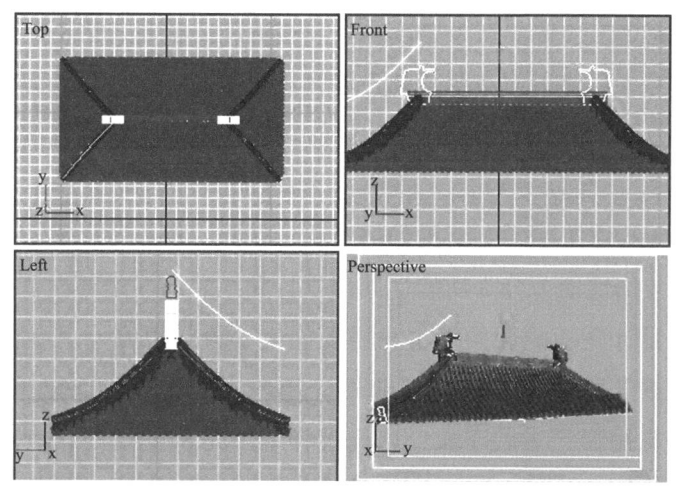

图 5-42　闽南建筑特色的屋脊造型

来源：喻颖整理绘制。

墙面装饰主要体现在山墙或风火墙的装饰，畲族文化产业园区的建筑类型多样，总体以简洁明了的畲族特色建筑为主，可以局部穿插和融合闽南特色的"燕尾脊""马鞍脊"的装饰，增强地域特色和视觉效果（见图5-43、图5-44）。

畲族传统建筑除了上文提到的外观、立面、色彩等元素，还有装饰性细节。装饰性细节分为功能性细部设计和纯装饰性细部设计两种。功能性细部设计是功能性构件本身需要的细部设计以及与其他构件之间连接处的细部处理。装饰性细部设计是非功能性需求，以美化为主，一般有雕花线脚、斗拱浮雕、屋檐纹样等，是从美观的角度对建筑的立面进行装饰。建筑立面的细部设计能够反映当代的建筑技术和工艺水平，具有一定的尺度感知功能，反映一定的历史文脉，具有一定的象征性。

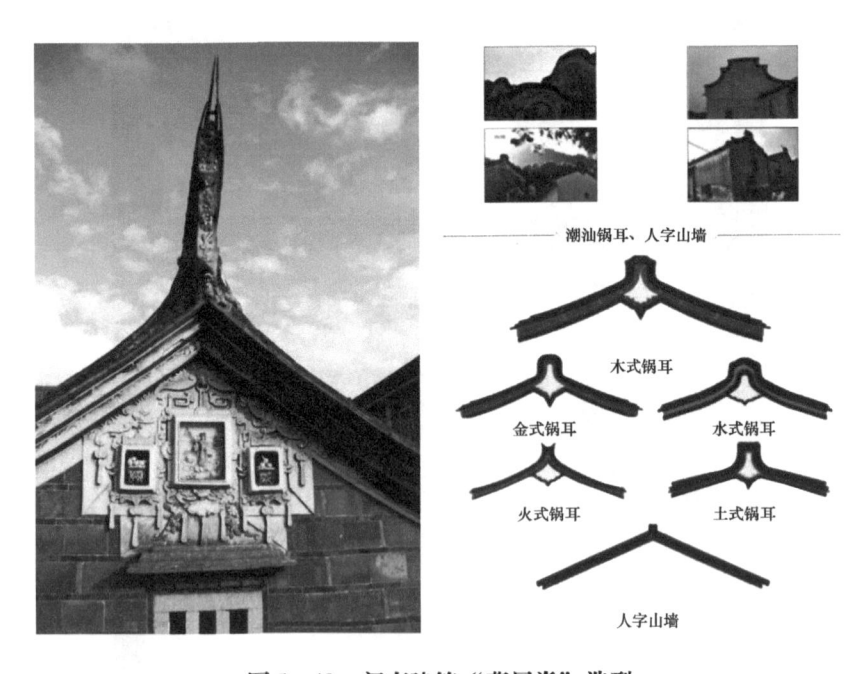

图5-43　闽南建筑"燕尾脊"造型

来源：喻颖整理绘制。

第五章 畲族传统文化在当代建筑中的转化与运用

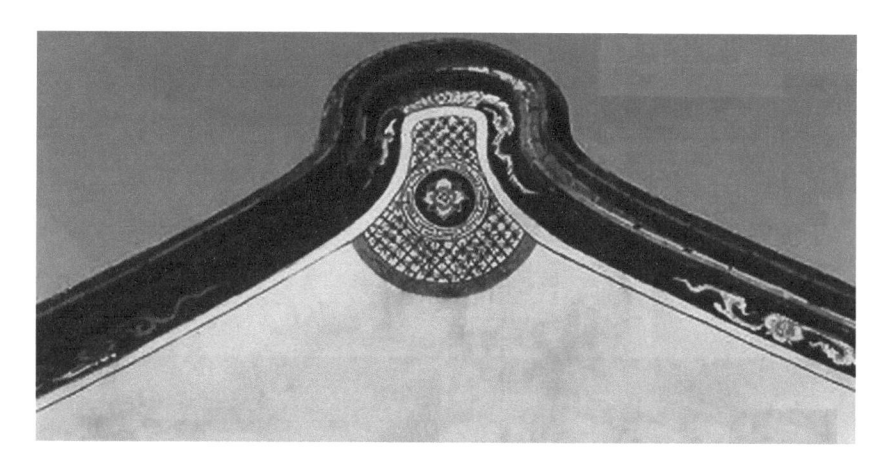

图 5-44　闽南建筑"马鞍脊"造型
来源：喻颖整理绘制。

对建筑装饰性图案的提取应遵循取其外轮廓，弱化其细节的原则，让传统造型能较好融入现代建筑。传统畲族宗祠建筑装饰复杂，题材多样，一般阴刻手法较多。有人物纹、动物纹、植物纹样、器物纹、文字纹等。畲族的建筑木雕居多，一般采用浅浮雕和线刻的手法，木雕的种类比较多，有圆雕、浅浮雕、透雕、线刻等方式，一般用在祠堂局部，比如中堂的前梁、雀替、撑拱、下檐马腿、门窗的栏栅等部位。木雕大多在畲族祠堂、大户人家有体现（见图 5-45、图 5-46）。

总之，畲族传统建筑文化具有地域性、民族性、实用性、装饰性等多元特点，蕴含中华优秀建筑文化基因和符号，融汇丰富的精神价值、美学价值和时代价值，对于今天的建筑仍有借鉴意义，是现代中国建筑蓬勃发展的文化根基，是进行现代运用的源泉。将传统建筑文化进行多种方式的转化设计，如挖掘、提取、简化、抽象、打散、设计等艺术手段，应用在现代环境和建筑设计中，要注意结合地域环境、实用功能和运用场景进行调整，使其体现传承民族特色，能与当地环境结合，进一步地丰富和升华空间环境品质。通过现代建筑设计，继承和发扬民族传统建筑文化精髓，既是对中华优秀建筑文化的保护，也是对优秀民族精神的继承。进一步发挥传统文化的时代价值、运用价值和精神价值。同时，通过传承传统民族建筑文化中丰富的精神，也有助于弥补当下现代建筑设计中存在同质化、功利化和快餐化以及文化底蕴不足、品位不足、审美不足等问题，为现代建筑设计注入丰厚的文化内涵和精神活力，推动现代建筑创造性转化和创新性发展。

图 5-45 畲族建筑构件装饰性图案

来源：浙江景宁畲族自治县畲族博物馆（林毅红摄）。

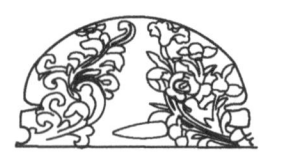

图 5-46 福建福安市坂中畲族乡廉岭村墙壁雕刻纹样

来源：喻颖绘制。

第五章 畲族传统文化在当代建筑中的转化与运用

第六节 文化符号在公共空间的转化

畲族传统文化元素丰富，包括物质文化元素、非物质文化元素和制度文化元素，畲族物质文化元素包括祠堂、祖图、祖杖、祖牌、族谱、服饰、彩带、斗笠、饮食等，非物质文化元素包括祖先信仰、图腾信仰、生产生活民俗、传统节日、传统工艺、体育竞技游艺、神话故事等；制度文化元素主要是指畲族的宗族制度。畲族文化元素运用应注意三个方面的内容：一是应对传统元素进行挖掘，深入剖析传统文化的内涵；二是对文化元素的适当运用，应注意适用对象和场景，不能一概为之；三是对元素本身应进行提炼和设计，避免直接贴标签式运用。

以适合运用于现代建筑及景观运用的畲族传统文化元素为主，如畲族服饰、畲族彩带、畲族传统工艺美术等，建筑元素前文已详细介绍，不再赘述，文化图腾后文单独有详细介绍，不在本章节讨论范围。无论是畲族服饰图案还是彩带图案，作为文化元素应将其进行符号化处理，即化繁为简，符号化处理应遵循艺术美的规律和法则，即应用以点线面和色彩的平衡、韵律和对比为视觉设计准则。彩带部分文字图案具有造型简练、表意清晰，可直接运用；畲族服饰图案较为复杂，可以对单个图案进行简化处理，将其转化在建筑外观、环境景观以及文创产品之中，但需要注意的是，图案在设计过程中是抽象概括，提炼，注重整体神韵，而不是简单移植，随意拼接和拼凑。

一 "畲"字符号转化

畲族的"畲"字，从汉字构成上是上下结构，上面"余"的撇和捺，类似畲族传统建筑斜坡屋顶，可以由此产生畲族建筑屋顶样式，现实中，畲族的传统建筑就是斜坡歇山顶，正好印证了畲族建筑的最大一个特点，这也衍生出畲族传统建筑的设计原则，以斜坡歇山顶为特色，至于运用几层屋檐，那属于建筑装饰和美化层面，因此，畲族传统建筑的现代运用最基本的准则就是不能用平顶而是斜坡屋顶。

"畲"字的第二个转化是在建筑装饰中的运用，比如护栏、窗棂（防盗网）等，由于"畲"字具有很强的视觉识别性，也可以运用于标识标志中，在建筑中局部点缀，起到画龙点睛的作用，"畲"字可以作为装饰图案进行运用，但图案的运用不能过多、过滥，否则就会画蛇添足，多此一举，如墙面大面积彩绘等（见图5-47）。

图5-47 "畲"字在建筑护栏中的转化

来源：江西贵溪市樟坪畲族乡（林毅红摄）。

二 "彩带"符号转化

彩带图案丰富，动物纹、植物纹、几何纹和汉字纹等，图案具有一定的抽象性，非常适合在建筑及景观中使用，转化彩带图案注意三个问题：一是选取汉字纹时，应注意汉字所表达的含义，不能囫囵吞枣，造成名不副实，如彩带中的"吉祥如意"意思可以在公共场合广泛运用，有的特殊含义，则不适宜在公共场合运用，如表达男女定情或恋爱的意思的图案则有一定的限定场景。二是彩带图案一般不直接运用在建筑墙面，需要进行二次抽象创作提取。三是彩带图案不可过多过滥，点到为止，画龙点睛。（见图5-48—图5-51）

图5-48 畲族彩带

来源：浙江景宁畲族自治县东弄村（林毅红摄）。

图 5-49 彩带图案在公共地面中的转化

来源：浙江景宁畲族自治县文化广场（林毅红摄）。

图 5-50 凤图腾和彩带符号在建筑立面中的运用

来源：江西乐安县金竹畲族乡吓通村（林毅红摄）。

第五章 畲族传统文化在当代建筑中的转化与运用

图 5-51 彩带中的"吉祥如意"文字在公共设施（配电箱）中的转化
来源：浙江景宁畲族自治县（林毅红摄）。

三 "花斗笠"符号转化

畲族花斗笠是畲族民间工艺美术品代表之一，畲族花斗笠工艺精细，制作精美，图案简洁大方，不仅在农业生产中作为遮阳挡雨的工具，而且在畲族女子出嫁时还作为陪嫁饰品深受欢迎。霞浦畲族花斗笠是颇有名声的，是较贵重的工艺品，由于花纹细巧、形状优美，加上水红绸带、雪白的织带及各色的珠串，更加显得精巧而富有民族风格，制作斗笠，最复杂、难度最高的环节是破篾和编制的初始阶段，体现畲族心灵手巧的高超技艺，是畲族较为珍贵的文化遗产。

畲族花斗笠造型简洁、朴实无华，富有民族特色，可将造型进行直接提取，无须变形和打散构成等二次创作，适合运用于建筑外墙局部悬挂装饰，外墙装饰一般不直接悬挂斗笠，可将斗笠做成浮雕造型来美化墙面，花斗笠也可运用于室内装饰，主要是作为门厅墙面或民宿大堂等公共场所的装饰，可直接悬挂。

四 "祖杖"符号转化

畲族祖杖亦称"盘瓠杖"，是畲族族宝之一，在畲族内部被视为民族瑰宝和精神象征，畲族祖杖分为祖杖头和祖杖身两部分，两部分一般为一个整体，也就是用一棵整木或树根雕刻而成，一般不拼接（见图5-52）。畲族祖杖最出彩的是杖头，又称龙头，是畲族祖先盘瓠形象的象征与再现，龙头祖杖一般将杖头雕刻为张口仰头的龙的形象，有的地区雕刻为麒麟形象，在畲族内部具有极高的地位。《逸经》中载："畲族人家祭祖，仅以两竹箱置香炉、红布袋及图像。袋中置木刻龙头，饰以金箔，垩以朱漆，对此物极敬，亦极秘之。盖即所谓盘瓠之像也。"此以"盘瓠之像"的祖杖，头为树根雕刻，雕好后贴上金箔，涂上朱漆或桐油，杖上系有许多条红布，为本宗房人参与"做聚头"（做阳、传师学师）后，受取法名后系上，每一条红布条，代表着一位受宗教仪式"洗礼"的学师人。祖杖除"做聚头"（传师学师）、"做功德"（做阴）、"祭祖"等重大事情外，则不出示。一般为同姓家族所共有，平时装置于红布袋中收藏，祭祖仪式时与始祖画像一起供奉于堂屋中。凡族中有突出的大事、难事需调解解决，亦可动用祖杖，因为祖杖是圣物，实为图腾的标志，畲族已把它崇拜为民族的保护者了。畲族祖杖是权力的象征，它能处罚触犯族规的人，也是畲族社会的一种民主形式。

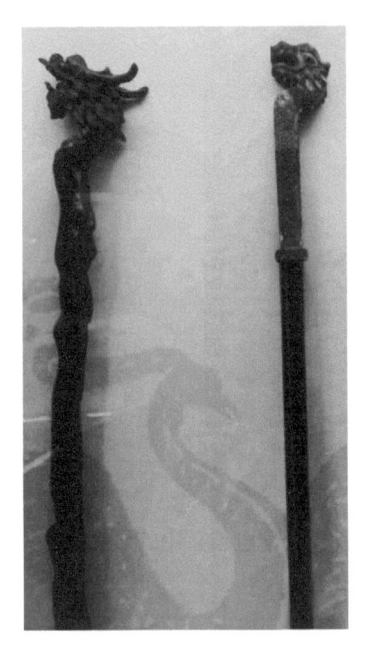

图5-52 畲族祖杖
来源：宁德市闽东畲族文化研究所（林毅红摄）。

畲族祖杖是畲族族宝和畲族宗教信仰的象征。可在畲族民俗文化产业园小广场作为主体景观雕塑运用，也可和图腾柱、图腾壁画配合使用。

五 "图腾"符号转化

畲族图腾符号最具典型的是畲凤和龙麒。由于凤凰是中华民族共有的、共享的图腾符号，经过长期历史发展，不同时期不同阶段凤凰的含义不一样，但在中华民族心目中，凤凰是吉祥美好的象征。畲族作为中华民族的组成部分，对于中华民族都认同的文化符号，从情感上尤其认可和青睐，体现了各民族文化的交融和情感相依。因此，凤凰图腾在服饰上、头饰上都广泛运用，且具有一定的民族特色，和汉族凤凰的造型的精美复杂相比，畲族凤凰更加简化和质朴，充满乡土气息，甚至只有一个似像非像的整体造型，没有过多繁缛装饰。这也正是畲族凤凰的视觉特点，正是现代社会转化时应注意的核心要素。龙麒虽和凤凰同属图腾，由于历史原因，龙麒在畲族地区运用并不广泛。

畲族凤凰图腾经过提取和设计，可以转化为公共文化广场雕塑、壁画、景观小品、建筑装饰、文创产品的装饰性元素（见图5-53）。在畲族民俗文化产业园入口处、核心区以及重要场馆节点和交通节点位置，均可设置凤图腾雕塑，使其成为地标式文化标识，目前国内运用较多，凤凰造型各异，大多华美大气，畲族民俗文化产业园凤图腾应区别汉族凤凰和楚凤凰，其造型不应像楚凤凰那样复古，也不必像龙凤中的凤凰那样奢华，畲族凤凰首先应体现凤凰的柔美，同时要体现畲族凤凰的质朴与敦厚，也可和龙麒图腾一起组合雕塑，目前全国龙麒与畲凤组合雕塑较少，建议考虑龙麒和畲凤组合雕塑作为产业园中心雕塑。此外，凤凰雕塑还可运用于景观小品及建筑立面，此时应注意主次关系，畲族自称三公主后代，因此，凤凰的雕塑选址应注意其严肃性，避免建于角落或者公厕等不合适地段。

图 5-53　凤凰图腾在广场地面中的运用
来源：江西乐安县金竹畲族乡（林毅红摄）。

除主体雕塑外，还可运用壁画等艺术手法，体现畲族图腾信仰，龙麒和畲凤为一对，应相向而行，避免互不相干，将二者割裂开来（见图 5-54—图 5-56）。

因畲族祖图中有"犬"和"龙犬"，畲族图腾形象经历了犬—龙犬—龙麒三个阶段，出于民族情感，浙南、闽东畲族内部不提"犬"图腾，或回避"龙犬"等话题，江西、广东、安徽畲族对"犬"没有忌讳，这也和畲族早期民族禁忌有关。畲族崇"狗"忌"狗"，对"狗"有着复杂的感情，畲族禁忌并不是唯一的，这种禁忌与其他民族一样，与祖先崇拜有着极为重要的关系，体现着他们的宗教观念和思想状态，是其原始宗教思想和祖先崇拜的综合表现。因此，在转化设计畲

图 5-54 畲凤壁画

来源：江西贵溪市樟坪畲族乡（林毅红摄）。

图 5-55 畲凤符号在室内设计中的运用

来源：江西乐安县金竹畲族乡（林毅红摄）。

图 5-56　畲族民俗壁画
来源：江西贵溪市樟坪畲族乡（林毅红摄）。

族图腾形象时首先应尊重民族情感，公共场合杜绝使用"狗"或"犬"类造型的雕塑和壁画，以"龙麒"为造型的蓝本，"龙麒"是畲族始祖盘瓠的化身，龙麒的一言一行，一招一式，反映的是畲族始祖的形象，传说将其塑造为机智、勇敢、勤劳、淳朴的形象，因此，在壁画或雕塑的艺术创作中，应注意将龙麒勇猛、睿智和朴实的内在品质外化为具体形象，使其神性和俗性结合，"龙麒"应区别中国传统的麒麟造型，其头部应和汉族崇拜的麒麟有所区别，造型更简化，以"龙头犬身"为创作依据，而龙头应是三分似犬三分似龙三分麒麟的复合造型，犬身造型应是五分似犬五分似麒麟的复合造型（见图 5-57）。

第五章 畲族传统文化在当代建筑中的转化与运用

图 5-57 龙麒壁画
来源：江西贵溪市樟坪畲族乡（林毅红摄）。

第七节 街巷空间转化

街巷空间作为社区和文化产业园街区的主要外部空间，担负着许多社会功能和空间需求。畲族文化符号在街巷空间转化中应注意是否契合街巷空间的环境、空间布局、业态设置、公共文化布局以及节日活动的开展等。

首先，畲族文化元素在街巷空间的转化应考虑街巷宽度因素，文化产业园是产业园区，具有公共性、产业化和商业性特点。和居民住宅区不同的是，建筑的高度基本定为 2—3 层低层或多层建筑，那么街巷的宽度成为空间布局的重点，居民或游客感官上的体验都跟街巷空间宽度有着密不可分的关系，文化产业园适宜运用步行街的街巷，尺度亲切，适合人的日常生活行为，适合游客或者社区居民之间近距离交流。其次，是考虑气候环境因素。环境因素对不同的产业业态也有影响，需要对其进行合理布局。例如有树荫或通风凉快的地方，在街巷设置上应该稍微宽阔些，充分利用自然环境因素，吸引人气。再次，街巷还需要满足人们行为和情感的需求，不同尺度和比例的街巷空间会给人不同感受，如空间过于逼仄，给人压抑感；空间过于开阔，给人威仪和松散感，只有比例和人的活动适当，人才有舒适感，人的感受反过来又会对街巷尺度的设计控制起到借鉴参照作用。

一 空间尺度中转化

街巷的比值是决定街巷竖向空间尺度的重要因素。日本学者户原义信研究出了一套具体的数据应用于尺度问题，它的核心是建筑高度与其所在街道的宽度的比值关系，根据经验总结得出：高度与宽度比值等于1，空间给人的感觉匀称、安定、空间尺度亲切；高度与宽度比值小于1，随着比值愈小，空间给人的压迫感愈小；高度与宽度比值大于2，随着比值的增大，空间感会给人愈来愈强烈的距离感；高度与宽度比值大于4时，有开敞的感觉，建筑和街道之间表现出较弱的相互关系，失去了空间围合的封闭感。参照这一原理，畲族传统符号转化时适于钟宅街巷空间的比例尺度应以现代人的舒适度感受为主，而畲族传统村落为了节约土地，往往是一户连一户，一家挨着一家，在相对平坦的村里会留出一条相对宽松的公共走道，可以说畲族传统村寨街巷空间比例狭窄，在现代转化中要适当选择和提取，不能一以概之。现代公共街巷空间在土地充分利用前提下，更强调人的感受，建筑高度与宽度比值应控制在1—2为宜，这样的街巷尺度，空间有封闭能力而无建筑压迫感，空间紧凑，显得繁华热闹，还可以保持游客对传统街巷的亲切感。

在营造街巷时还必须注意到，可以借鉴传统畲族村寨中蜿蜒曲折型动态布局，使街巷空间具有探索性和趣味性，避免一条笔直大道的单调枯燥之感，这也是传统村寨乡村肌理的创造性转化。在过去村寨中蜿蜒崎岖，大多是迫于地势环境，实际是和自然环境的和谐相处，这种与环境共存的理念依然可以转化为现代街巷设计的理念，制造生动活泼的趣味空间。在总体设计中，以直线为主的道路适当穿插局部弯曲的街巷设计，可使街巷空间更符合当代社会需求。

二 空间节点中转化

空间节点是文化产业园重要的组成部分，畲族传统文化在空间节点的转化分为两方面。一是借鉴畲族传统村寨节点设计转化为现代街巷节点设计，二是在现代节点中布局畲族文化元素。畲族村寨布局一般在重要位置如村口、村尾或村中布局有碉楼、牌楼和祠堂，祠堂作为重要建筑，一般布局在开阔位置，也是村中最平坦、最显眼的地方，出于防火需求，祠堂一般远离居民聚居区，和村里保持相对距离，这种实用主义的节点布局在现代街巷节点布局仍有借鉴价值。利用空间节点塑造街巷关键性空间，街巷空间节点可利用水埠、桥、各种小的广场、入口空间及点状的绿化来分割和布局。这些节点空间使得街巷空间丰富多变，退让出一定的距离，局部空间放大。畲族文化产业园区地势平坦，视野开阔，可以充分进行合理规划。另外，文化产业园中街区的主体建筑有商业街区、古建街区和公共文化街区，这些街区的布局可以互相交叉布局，也可独立布局，形成互相连通又相对独立的单元，各单元之间的节点应有明显建筑标识符号加以区别，这就需要在各单位转化之间加强节点设计，或者用标牌，或者用标志性建筑或者用色彩进行分割，既是一个整体，各部分又相对对立，显得整个空间变化活泼，避免游客的单调乏味。尤其是业态转换时有所区别，比如古建筑区和民宿区、美食区、购物区等。根据实际需求，通过大门入口、中心广场、空间节点，转换业态，每个空间节点可用景观小品和知识标识进行串联。此处是在街巷节点中布局畲族文化元素，这也是对文化产业园中文化氛围的营造。

三 文化产品配置中转化

伴随着中国经济的高速发展及城市化进程的加快，社区商业作为一种新型的商业理念逐渐走入人们的生活，它以方便、快捷等特点为社区中的居民提供服务，成为人们新的生活消费中心。畲族文化产品在街巷配置时应注重以下原则。

首先是风格统一性。社区商业街和民宿产品是文化产业园区重要的产业业态，其风格应保持统一性，达到可识别性符号化效果，统一风格包括前文提到的从建筑外观、色彩等方面进行统一设计和规划，同时注重统一中有变化，防止过于统一的整齐划一造成视觉疲劳。统一风格中注重营造当地历史文化的氛围，结合钟氏老宅畲族民俗文化，形成具有潮流的旅游新地标。在重视历史、文化和精神的传承，保护并延续老街的传统风貌与文脉的同时注重维护和张扬城市的人文个性，实现传统建筑与现代建筑的对话，传统文化与时尚文化的融合。

其次是社会的共赢性。文化街区应达到集中管理和商户分散管理相结合，推广开放街区政策，让更多社会群众参与社区管理，达到社会共营模式，使更多人流驻留文化街区，激活街区活力。

四　生态环境布局中转化

面海的钟宅畲村，土壤肥沃、绿化茂密等特点，生态学价值是显而易见的。其生态学价值特征：第一，地势平坦，视野开阔。第二，面海：可踏浪旅游，可捕鱼行船。第三，土壤肥沃：有利于耕作，有利于植物生长。第四，绿化茂密：可有助于涵养水源、保持水土，可利于调节小气候，可丰富社区景观。

景观设施主要包括水景、绿景两个部分。畲族非常重视自然环境的保护，一般在村口保护有百年古树，房屋后都保留自然生态环境，畲族建筑还有一个特色，就是家家户户在屋后将山泉水引入后院厨房，有的挖一个小池子蓄水，有的是水缸，既是适应环境的需要，也是生存的智慧。在景观环境中，可以将这种理念转化为水景的营造，如小型瀑布等人工景观。在商业街巷内绿景，应充分尊重当地自然环境，在入口等处种植高大乔木等，也可以通过保护村中原有古树，将古树作为绿色景观。

五 公共文化场所中转化

（一）畲族文化系列展示馆

畲族文化展示馆功能定位：记忆、传承与弘扬。畲族文化系列展示馆的类型有：畲族民俗博物馆、畲族古建筑露天博物馆（包括畲族宗祠、宫庙、古民居等）、畲族福寿楼纪念馆。畲族民俗博物馆通过老物件、老照片、图片、视频、复原场景等方式展示畲族历史来源、宗族制度、建筑、饮食、宗教信仰、传统工艺、生活习俗以及歌舞，通过集中展示，增强文化民族交流和交融，增进民族之间的互相了解，促进民族团结与和谐。畲族古建露天博物馆主要依托钟宅目前保存的畲族宗祠、畲族宫庙和古民居，通过室外露天形式，展示了厦门钟宅畲族的建筑文化和信仰文化；福寿楼纪念馆主要展示历史上钟宅畲族人（包括福寿楼第一代主人钟佑秧、"船王"钟福华等）闯南洋艰辛奋斗历史，体现畲族敢闯敢干的拼搏精神，三种类型的展示馆侧重点不同，功能不同，表达的主题思想一致，三类场馆相辅相成，互为依托，互为补充，具体展示内容如下。

钟宅畲族特色民俗。畲族文化多样，内涵丰富，有历史文化、信仰文化和宗族文化以及独特的民风民俗，特别是厦门钟宅民俗尤其如此，和浙南、闽东、江西等地畲族既有明显区别，也有内在联系，钟宅畲族文化与其他区域的畲族文化是一脉相承的，钟宅畲族在厦门五缘湾久居六百余年，因而他们的节俗已逐渐本土化，并与汉族节俗互相有了交融，一些畲族民俗融入闽南当地的民俗，比如对神明的信仰，包括正月初九、"拜天公"等。但即使如此，现在每逢年节、春节、春祭等民俗活动中，钟宅人至今仍在演绎着本民族特色。如庆年节、"吃祖墓"、送王船等。这些民俗活动均可以通过场景复原、图片资料、视频播放在畲族民俗博物馆内进行集中呈现。畲族建筑文化也是传承民族文化重要的载体，历史上，勤奋而坚韧的钟宅人用种田、养殖、捕捞牡蛎和经商所得，逐渐修造起座座红砖大厝宫庙、红砖楼以及气派的宗祠等百年建筑，厦门钟氏宗祠的建筑规模和格局比一般的宗祠气派，古建筑都带有飞檐、斗拱，配有砖雕、石雕、木雕的饰品，大气恢宏，这些古建筑不是普通民居，不完全是为了改善日常居住环境，而是精神家园和灵魂归依，表达了畲族人对精神信仰的重视，这些建筑实际也是畲族内在精神的需求的外在表现，建筑虽然在岁月的催促下渐渐老去，但仍然成为钟宅畲族辉煌历史的见证和记忆。

保留和传承闽南文化，畲族博物馆还应体现畲族闽南化特色，也就是地域化特征，区别浙南和闽东的畲族，集中反映闽南地区汉族与畲族的互动历史渊源、生产方式、生活习俗、观念形态、民族宗教信仰及其赖以生存的自然环境和社会环境特征。闽南文化是联系闽台两岸人民精神家园的纽带，也是联系畲汉文化的桥梁，展示区有利于促进闽南文化的保护、传承和繁荣，同时有利于推进两岸的文化交流。

缅怀海洋文化，闽南文化中蕴含了海洋文化的因子，如相公庙最早就是为出海打鱼的亲人祈福的地方，靠海吃海也已不再是钟宅人的主流生活状态，但有些饮食文化仍然和海洋有关。

体现海峡两岸血肉相连。临海的地理环境，造就了钟宅畲族人大海弄潮的个性，他们并不固守本土。过去，钟宅人就热衷于下南洋，过台湾，去闯荡创业。这些海外畲族人不忘反哺家乡，钟宅内更流传台湾钟姓千里寻亲的故事。钟宅文化与台湾有着密切关系，对两岸发展很有意义，随着时间的推移其内涵和价值会越来越珍贵。

畲族系列文化博物馆一是保护畲族传统民俗文化、居住文化、宗祠文化、宫庙文化和闽南建筑文化，二是对外展示传统文化的历史价值，让外界了解传统文化的魅力。畲族系列展示馆拓展文化认知，增强钟宅文化认同感，通过住居文化展示，弘扬钟宅文化内涵，丰富钟宅人文资源的层次性。

(二) 文化展示馆教育作用

一是以服务意识为中心，在文化建设中做好服务保障，如创设优美舒适的参观环境，提升观众体验舒适感；提供热情完备的讲解服务，采用无偿配合有偿多种形式，减少馆内成本满足观众需求；搭建多元化的学习园地，努力创造可供不同服务人群参与进来的文化馆；还有供应干净贴心的基本饮食等。

二是突出自身特色加大社区文化品牌塑造与展示力度，钟宅是一座具有文化特色的古城，历史、民俗、建筑、饮食等都是特色，增设互动类设备，在文化展示馆中由单项的图片文字信息传播变为多项传播，让观众产生共鸣等。

三是以互联网理念和手段加速品牌塑造和展示，可以使用微博官方账号、微信公众号进行线上推广，还可以使用当下热门 App 进行宣传，上传讲解事例、日常活动等加大知名度。合理利用网络媒体，结合自身特点和优势，找到合适的宣传点，势必会对当地文化宣传带来有利影响。

四是对既存建筑的适应性再利用。厦门的古宅也被称为大厝，钟宅村现存古宅上百处，但保存完好的建筑寥寥无几，古厝大多花岗石为基座、以红砖为墙，内部还有精美的木石的雕刻，个性鲜明。大厝在闽南的地位好比北京胡同，被称为"台湾文化母体的重要标志之一"，是钟氏畲族建筑文化最直观的体现，这些古宅都以厅堂为中心，两侧布置成卧室，如果不够居民居住就会在住所两旁建护厝，或是在房屋后面加建不同形式规模的"进"或"落"，其规模体现住户的经济水平。形制分为：有二进院的四合院，平面为口字形；有三进二院式平面为日字形的建筑；有四落三院式平面为目字形的建筑，以此类推，最多可达到六进五院，规模十分宏大。钟宅现存最大的"福寿楼"就完美地体现了传统闽南民居与时代碰撞结合的产物。那么，在文化营造过程中重视对既存建筑的适应性再利用，既有效地保护了文化遗存，又能让"岌岌可危"的建筑继续焕发光芒。

六 节日活动运用

（一）日常文化活动

丰富社区居民精神文化生活，提升居民社区认同感，增强社区团结。有效地将文化建设融入社区治理，提高社区治理能力，达到社区治理效果，实现社区治理模式的转变。

一是构筑社区文化的有效载体：文化基础设施。物质文化是社区文化的前提和条件。文化基础设施作为重要的物质实体是构筑社区文化体系的有效载体，是社区文化建设与文化活动实施的重要组成部分。

二是加强教育基础设施：在服务提供方式上，实行社会化和市场化相结合的运营方式，为居民提供有偿、低偿和无偿等多样化的文化服务，成为集便民服务、教育培训、文体娱乐功能于一体的综合性服务平台。例如于钟宅的社区服务中心处安置播放社区新闻的电子显示屏，设计文化长廊以展示社区志愿者，先进社民的优秀事迹，让居民随时随地感受优秀文化的滋养。建立社区图书馆，制定图书馆管理办法，逐步实现了图书资源信息化、图书资源居民共享的目标。健全的教育基础设施是居民家门口的"终身学习站"，既有助于丰富社区居民的科学文化知识，提升居民的思想道德素质，又营造了浓厚的学习氛围。

三是健全文体活动基础设施：打造社区文化资源的同时，也要重视经营性问题基础设施建设，可参考设立融未成年人教育、科普宣传、家长培训、托管辅导、孕婴培训等服务内容为一体的少年宫、多功能社区图书馆等。鼓励社区居民充分施展文艺才能、培养兴趣爱好。致力于吸引社区内不同身份、地位、阶层的居民广泛参与文化活动，最大限度地促进社区居民之间的交往互动，提升居民的社区认同感和归属感，并由此培养居民平等友好、参与合作的社区价值观念和精神追求，丰富居民的业余生活。

在吸收传统与现代、本土与外来文化精华的基础上，充分利用社区文化基础设施，挖掘历史文化资源，可筹备开展民俗节庆、传统文体、手工技艺、闽南文化等类型活动。通过文化活动来陶冶、教育、塑造社区居民，促进居民使用相同的文化符号，遵循共同的价值观念，秉持共有的行为规范，提高自身的精神境界。

一是在社区文化建设中可以树立"社区靠群众、群众靠发动、发动靠活动、活动靠文化"的理念，遵循"三天一个小活动，五天一个大活动，逢年过节必有活动"的原则，常年开展丰富多彩的文化艺术活动。注重提高居民的文化建设主体意识和参与合作能力，从居民的兴趣爱好与文艺特长入手，培养社区文艺骨干和文化领袖，号召居民"培养一个兴趣爱好，加入一个活动团队"。这些"自组织"的社区文化团体，能够壮大社区文化建设的力量，激发了居民参与社区文化建设的积极性与创造性，推动了社区文化朝开放性、包容性以及参与性方向发展。

二是举办独具特色的节日庆典活动，充分利用社区小剧场、公园等休闲场所，开展丰富多彩的歌舞晚会、电影放映、科普宣传等活动；利用文体健身中心开展全民健身、体育比赛活动；利用畲族文化馆开展琴棋书画切磋交流、少儿才艺展示、中老年舞蹈表演等娱乐活动。利用社区图书室开展针对各类对象的学习交流、读书会等教育活动。以公共空间为载体，将丰富的街区文化活动在社区公共空间中呈现。这样既丰富了一般性质的街区生活，又可以吸引外来游客驻足街区，提升多样活力。

三是社区还可以建立"政社企居"四方联动的工作机制，与周边企业、幼儿中小学校、艺术团体、社会组织等加强合作，形成文企共建、文校共建、区域共建工作合力，促进其进社区开展专场或联合文艺演出活动，将优秀文化作品送到居民身边，增强社区文化的活力与生机。

（二）重大文化活动策划

厦门钟宅的畲族文化沿袭了传统畲族的部分习俗，在长期的历史发展过程中，融合汉族文化、海洋文化和闽南文化，形成了具有闽南特色的畲族文化，在全国独树一帜，具有鲜明的地域性、群体性和民族性特征。其中重大文化活动包括每逢清明祭祖"吃祖墓"、四年一次大型活动"送王船"、每年三月二十祭妈祖，三年一轮送祖庙"省亲"等，下文以畲族"三月三"传统文化节为例，做出重大文化活动策划的思路设计。

（三）"三月三"畲族歌会

活动目的应围绕"畲族原生态文化"概念进行推广，展示畲族的社会主义新农村建设成果进一步弘扬民族文化，加强民族团结，促进民族地区的可持续发展。

活动定位应以文化节为基础，分别向旅游推广、文化推广、经济推广、品牌推广四个方向衍生发展。活动看点应以民俗特色歌舞开幕式为主；畲族婚嫁表演（畲家风情活动最具特色、情趣的民俗习俗活动）；民俗体验、祭祀仪式；篝火晚会（篝火旁畲歌对唱）；加强推广旅游化引导，关联性与带动性特征使它承担起了集挖掘传统文化、嫁接现代文化、创新传统和现代于一体的文化形式的"民间担子"，是传播和创造畲族文化特色的有力武器。传统民俗节庆依托独特优势，从旅游出发，在挖掘畲族闽文化问题上按照时代性、现代性的要求对传统民俗节庆形式进行包装，增强旅游的娱乐性与体验性，从而使节庆成为老百姓的文化大餐和吸引游客的重要载体。再是紧扣市场化需求。市场需求是节庆活动策划的前提。不同背景的旅游者需求内容、层次各异，在进行三月三赛歌会系列节庆活动策划时，节庆活动的内容，比如歌曲曲目的选择，舞蹈表演，上刀山、下火海等节目的表演可以紧扣市场的需求。如在选择举办主体时，尽可能通过市场化运作模式，改变政府包办的现实，改变旅游者"被节庆"的感知。根据市场需求的特征策划适应市场需求的节庆活动，实现赛歌会的创新策划。

第八节 景观小品转化

一 转化前提

标识是人类社会在长期的生活实践中逐步形成的一种非语言传达信息的象征符号，起到为公众提供区别、指示、警告等作用。景观标识在畲族民俗文化产业园、高层建筑以及国际学区均有必要进行整体设计与统一规划。区别于其他类型的导视系统，畲族民俗文化产业园景观标识系统应体现功能性与文化性相结合，民族性和设计性为一体，功能性体现在标识系统具有导视、指示、警示等基本功能，文化性应体现一定文化内涵，是构成园区环境的重要组成部分，而不是简单的指示牌；民族性指标识系统以畲族特色为根本，和产业园区风格协调统一；设计性指标识系统应统一设计，而不是大众普通化通用标识；景观导视标识系统虽然是建筑环境细节和建筑辅助要素，一个优良的导视系统能体现建筑环境的精细、精致，提升小区环境品质和品位，相反，低劣的导视系统，能拉低小区环境的品质和品位，使人感觉粗糙和草率。畲族民俗文化产业园区的景观标识应在引导游客、辅助管理动态空间、丰富景观、提升游览质量等方面发挥作用。对于蜂族公寓以及高层自住区的标识导视，应和高层建筑风格相统一，导视功能放第一位，文化品位放第二位，指向明确清晰，避免歧义，无论居民还是访客，都能通过导视系统迅速了解小区的布局和方位；对于国际学区导视标识，应将功能和设计结合起来，给予中小学生有清晰指向的表述。

二 转化原则

景观小品主要体现一个"小"，区别于主体雕塑，一般体量较小、色彩单纯，对空间起点缀作用，能将艺术与自然、社会融为一体，是园林景观中的点睛之笔。景观中的小品同其他艺术形式相比，除了侧重其艺术性，更加注重其公共性体现，强调与公众的交流、互动，将高雅艺术拉进大众视野。艺术小品的出现，满足了精神需求，提高了整个空间环境的艺术品质，改善了城市环境的景观形象，给人们带来美的享受。景观小品在创作过程中所遵循的设计原则，主要从以下几个方面来体现。

一是契合现代人实用需求。景观小品在设计中应以人为本，满足各种人群的需求，体现人文关怀。不能为了转化而转化，简单粗糙地将传统元素移植，应考虑实用需求。

二是契合现代人情感归宿。寻找历史记忆、寻找民族情怀，是现代人精神生活的一部分，大多数具有怀旧寻根的情怀，而怀旧寻根不是将过去的过时的东西直接拿来，而是对过去某种精神价值激励现代人奋发向上的精神力量怀念和寄托，寻根能抚慰现代人的精神，能抚平现代人急躁功利主义思想，经过传统文化的熏陶，不断调适自己，所以传统文化具有"熨斗"的作用。艺术品的价值就能体现让人在美的熏陶得到抚慰，环境艺术品不仅带给人视觉上的美感，而且更具意味深长的意义，就是情感归宿，能产生情感共鸣。精心设计的小雕塑，能让人回味无穷，不仅能产生美好联想，也能达到教育作用，这就是以美化人，以文育人。

三是必须具有独特的个性。这不仅指设计师的个性，更包括该艺术品对它所处的区域环境的历史文化和时代特色的反映，吸取畲族的艺术语言符号，反映闽南地域文化特征，景观小品必须具有一定的本土意识的环境艺术品设计。

四是生态节能，采用可再生材料来制作艺术品，在作品的设计思想上引导和加强人们的生态保护观念。

三　转化方法

其一，对于标识要有整体规划和统一设计，创建一套完整的公共导视系统，使标识系统具有整体性和统一性，这就需要在设计阶段经过科学的论证，合理布局；其二，指示标识不仅满足功能需求，还应成为文化景观，这就是景观识别标识的核心要义，标识不能停留在仅能够说明

第五章　畲族传统文化在当代建筑中的转化与运用

问题的程度之内，还应体现民族特色和文化内涵，成为识别性强，艺术感强、特色鲜明的标识系统；其三，景观标识系统还应和园区建筑的色彩、自然环境整体协调，把环境功能和指示功能融为一体，在解决环境景观管理和秩序的基础上，满足公众在环境中游览行为和心理上的需求，体现出设计规划对人自身的关怀。

　　景观小品主要运用于畲族民俗文化产业园内，高层自住建筑和国际学校区域，为节约成本，可少用或不用。在畲族民俗文化产业园内，通过雕塑小品来营造浓厚的畲族文化氛围，弥补建筑无法达到的视觉形象艺术美。景观小品主要通过以下几种类型体现：一是纯艺术公共艺术小品，包括文化石、景观墙、小型装置、小型雕塑等小品，这类纯艺术小品小中见大，特色鲜明，能较好体现民族文化内涵，增添民族文化品位，但缺点是造价高，提高开发成本，可量力而行；二是实用性公共艺术小品，如路灯、门牌和小舞台装饰，将实用和艺术结合，将民族元素与功能相结合，这类小品造价低，成本可控，艺术效果明显，可适量使用。如图 5-58—图 5-60 所示。

图 5-58　建筑符号在文化广场中的运用

来源：江西乐安县金竹畲族乡（林毅红摄）。

图 5-59　"盘""蓝""雷""钟"字路灯
来源：江西乐安县金竹畲族乡（林毅红摄）。

图 5-60　凤凰装在村貌改造墙绘上的运用
来源：江西乐安县金竹畲族乡（林毅红摄）。

参考文献

习近平：《在文艺工作座谈会上的讲话》，人民出版社2015年版。

中共中央宣传部编：《习近平总书记系列重要讲话读本》，学习出版社、人民出版社2014年版。

《习近平谈治国理政》第一卷，外文出版社2018年版。

（宋）林洪撰，章原编著：《山家清供》，中华书局2013年版。

（明）李时珍编纂，刘恒如、刘山永校注：《本草纲目》（新校注本），华夏出版社2002年版。

（清）屈大均撰：《广东新语》，中华书局1985年版。

丁世良、赵放主编：《中国地方志民俗资料汇编·华东卷》，书目文献出版社1995年版。

丁世良、赵放主编：《中国地方志民俗资料汇编·中南卷》，北京图书馆出版社1991年版。

高丙中：《居住在文化空间里》，中山大学出版社1999年版。

何子星：《畲民问题》，《东方杂志》1933年第30卷第13号。

华红莲、潘玉君：《文化生态视野下民族传统文化的保护与传承》，《云南电大学报》2012年第4期。

皇甫晓涛：《创意中国与文化产业：国家文化资源版权与文化产业案例研究》，暨南大学出版社2007年版。

《景宁畲族自治县概况》编写组编写：《景宁畲族自治县概况》（修订

本），民族出版社2007年版。

贾秀清、王珏：《数字化手段在我国文化遗产传承与创新领域中的应用》，《现代传播》（中国传媒大学学报）2012年第2期。

金成熺：《畲族传统手工织品——彩带》，《中国纺织大学学报》1999年第2期。

蓝岚：《畲族祖图长连的地域风格及审美理想探析》，《丽水学院学报》2012年第6期。

蓝雪霏：《畲族音乐文化》，福建人民出版社2002年版。

蓝运全、缪品枚主编：《闽东畲族志》，民族出版社2000年版。

雷阵鸣：《从太阳神崇拜看畲族与东夷的历史渊源关系》，黔东南州民族研究所编《百越文化国际学术讨论会暨贵州省侗学会第三届学术年会议文集》，凯里，1995年10月。

李玉臻：《从边缘到中心：旅游背景下民族传统节日转型研究——以四川凉山彝族火把节为例》，《学术论坛》2009年第2期。

李宗桂：《文化批判与文化重构：中国文化出路探讨》，陕西人民出版社1992年版。

林耀华主编：《民族学通论》（修订本），中央民族大学出版社1997年版。

林毅红主编：《畲族三月三（乌饭节）》，光明日报出版社2018年版。

明跃玲：《文化重构与民族传统文化的保护——以湘西民族旅游文化为例》，《中央民族大学学报》（哲学社会科学版）2007年第1期。

彭克宏主编：《社会科学大词典》，中国国际广播出版社1989年版。

邱国珍、姚周辉、赖施虬：《畲族民间文化》，商务印书馆2006年版。

《畲族简史》编写组编写：《畲族简史》（修订本），民族出版社2008年版。

施联朱：《畲族》，民族出版社1988年版。

施联朱、雷文先主编：《畲族历史与文化》，中央民族大学出版社1995年版。

王文章主编:《非物质文化遗产概论》,文化艺术出版社2006年版。

韦润物:《南方少数民族"三月三"与古代中原上巳节习俗关系探讨》,《广西民族学院学报》(哲学社会科学版)1987年第2期。

吴微微、骆晟华:《浙江畲族凤冠凤纹及其凤凰文化探讨》,《浙江理工大学学报》2008年第1期。

张文勋等:《民族文化学》,中国社会科学出版社1998年版。

张亚文:《文化生态学视野下少数民族传统文化教育传承之探究——以霍林郭勒市蒙古族中学为个案》,硕士学位论文,苏州大学,2010年。

浙江省少数民族志编纂委员会编:《浙江省少数民族志》,方志出版社1999年版。

钟雷兴主编,雷志华等编:《闽东畲族文化全书·歌言卷》,民族出版社2009年版。

钟亮:《畲族》,辽宁民族出版社2014年版。

《中国少数民族社会历史调查资料丛刊》福建省编辑组编:《畲族社会历史调查》,福建人民出版社1986年版。

[美]路易斯·亨利·摩尔根:《古代社会》,杨东莼、马雍、马巨译,商务印书馆1981年版。

后 记

畲族是中华民族大家庭中的一员,在长期的历史发展过程中,畲族和汉族以及周边各民族,形成了你中有我,我中有你,互相不可分离的经济、文化、情感的共同体格局。如何保护传承好畲族传统文化,如何深入挖掘和正确解读畲族传统文化,这是本书研究的出发点;如何提炼和树立畲族典型的共有共享文化符号,在当代进行创造性转化和创新性发展,使传统文化成为滋养社会发展的营养剂,这是本书的落脚点。

对畲族文化热爱和研究由来已久。作者长期在中南民族大学民族学博物馆工作,馆内珍藏有珍贵的清代畲族祖图、太公图、六代容图、金鸡图、神像等畲族历史遗产原件,对畲族传统文化研究有着天然的条件。真正深入研究畲族传统文化是从2003年开始,受江西省贵溪市樟坪畲族乡委托,主持设计畲族图腾文化广场,第一次肩负畲族民众的期望和重托,深感责任重大,查阅大量畲族文献并展开调研,拿出设计方案,最终,具有典型畲族文化符号的文化广场落地实施,成为地方一道文化风景线和文化标识,受到当地群众广泛好评!自此,和畲族研究结下不解之缘,先后签订畲族文化旅游、畲族博物馆设计、畲族文化村规划设计等多项横向合作项目,在《装饰》等期刊发表论文,这是对畲族传统文化"先实践、后理论"的成功尝试;2005年,作者参与《畲族简史》(修订本)编写,作为官方修史,责任和担子之重不言而喻,从2005年开始,先后深入江西、福建、浙江等畲族聚居地进行田野调

后　记

查并收集大量历史文献和地方志，于2008年圆满完成《畲族简史》（修订本）并正式出版发行；2012年，承担文化部民族民间文艺发展中心委托项目"中国节日志——畲族三月三（乌饭节）"编纂工作，课题组成员又先后到福建宁德、福安、霞浦，浙江景宁畲族自治县等畲族聚居地开展调研，收集大量第一手资料，对于日新月异的畲族传统文化的当代传承与运用有了更深入的理解和思考。2019年，有着600多年历史的畲族聚居地——福建厦门五缘湾钟宅，即将面临拆迁，如何保护畲族传统文化并适应时代洪流，作者承担厦门五缘湾钟宅畲族风貌设计，对畲族建筑风貌的当代转化与运用进行了较为全面的研究。任务完成后，激起我开始系统性、整体性思考畲族传统文化的当代转化与运用问题，经过深入思考，申请国家民委民族研究后期资助项目"畲族传统文化的现代运用研究"获准立项，2021年结项，鉴定等级为良好。基于此，将研究成果进行整理出版。这就是本书的来龙去脉，本书源于内心热爱，成于努力耕耘。

在长达20年的畲族理论研究和实践过程中，得到畲族地区各界人士倾力相助。在江西省贵溪市樟坪畲族乡开展工作时，得到时任江西贵溪市樟坪畲族乡党委书记雷纪文（畲族）、乡长郑占煌全力帮助和大力支持，使得课题圆满完成。在福建调研时，得到时任福建省宁德市闽东畲族博物馆馆长钟亮（畲族）、宁德市人大常委会主任钟雷兴（畲族）、民族出版社编辑钟美珠（畲族）等同志的指导和提点。在浙江景宁调研时得到校友蓝朝星（畲族）以及多位校友的帮助，他们怀着对母校的感情，为调研的顺利开展提供了力所能及的帮助。在厦门五缘湾开展调研时，得到时任福建省厦门市湖里区宣传部部长丁宏斌女士、厦门建发集团总工程师李小宁大力支持。本书出版得到中南民族大学民族学与社会学学院南方少数民族研究中心的资助，同时中南民族大学科学研究发展院给予大力支持，在此一并表示衷心感谢！

本书出版是在厦门五缘湾畲族风貌设计的基础上，结合前期基础和近期理论思考，按照专著要求和体例，进行系统性整合完成。本书体例大纲、内容撰写、统稿工作由本人完成，我的研究生喻颖参与第五章的撰写。由于作者水平有限，有些内容和观点有不少瑕疵和不当之处，恳请各位方家给予批评指正，在此表示衷心感谢！

林毅红

2022 年 4 月 28 日